10 Dinge, die du nach dem Abitur nicht tun solltest

W0060612

Carlo Reumont

10 DINGE,
DIE DU NACH DEM
ABITUR
NICHT TUN SOLLTEST

SCHWARZKOPF & SCHWARZKOPF

Inhalt

»Es gibt keine Erfolgsgeheimnisse.
Erfolg ist das Geheimnis.«

WILLKOMMEN IM DSCHUNGEL

Unser Leben ist voller Möglichkeiten. Möglichkeiten, das Leben zu meistern, und Möglichkeiten, sich das Leben schwer zu machen. Im Dickicht dieser Möglichkeiten sind Gefahren und Gewinnchancen oft schwer zu unterscheiden. Es gibt Landkarten, um sich zurechtzufinden, doch richtig verstehen können wir sie erst mit Zeit und Erfahrung. Wer sich diese Zeit nimmt, kann die alten Landkarten um seine eigenen Erfahrungen und seinen eigenen Weg erweitern.

Warum üben wir nicht bereits in der Schule, die Landkarten des Lebens zu lesen? Eine mögliche Antwort ist, dass es nur wenige Menschen gibt, die sich mit den Landkarten aus Erfahrung auskennen. Sie haben auch kein Interesse, sie zu erweitern, weil sie den Dschungel einfach so hinnehmen, wie sie ihn vorgefunden haben. Dann kann es aber auch sein, dass die meisten Menschen einfach das tun, was andere tun, und mit der Falle, in der sie stecken, mehr vertraut sind, als mit der Aufregung und Aktivität des Dschungellebens. Seltsamerweise findet man im Dschungel immer wieder Menschen, die in Fallen feststecken und nichts dafür tun sich aus ihnen zu befreien.

Früher dachte ich, die magere Vorbereitung auf das wilde Treiben nach der Schule werde vorrangig an deutschen Schulen vernachlässigt. Doch nicht nur aus Gesprächen mit Deutschen, sondern auch in persönlichen Begegnungen mit Niederländern, Franzosen, Australiern, Tschechen, Israelis, Schweizern, Amerikanern und Südafrikanern stellte ich fest: Nach der Schule sind viele mit ähnlichen Fragen zur Lebensgestaltung konfrontiert. Wie ist der Neuanfang nach der Schule am besten anzupacken? Studieren? Wenn ja, was und warum? Oder reisen? Reisen und arbeiten? Nur arbeiten oder (in Deutschland) eine Ausbildung machen? Was ist mit freiwilligen Diensten? Bundeswehr? Zivildienst? Praktika? Und chillen? Kann ich nicht einfach mal nichts tun?

Du kennst sicher die Story von Alice im Wunderland. Alice fällt in ein Kaninchenloch und findet sich in einer wundersamen Welt wieder. So scheinen sich Menschen in vielen Ländern nach der Schule zu fühlen. Zu selten gibt es Warnschilder, die auf die Risiken und Nebenwirkungen hinweisen. Es wird scheinbar davon ausgegangen, Schulabgänger wüssten, worauf sie sich einlassen. Nur woher denn? Manche Kaninchenlöcher sind abgetretenes Terrain. Andere noch wild und unentdeckt. Wieder andere sind, wie Urlaubsorte, nur zu bestimmten Zeiten viel besucht. Überall können Risiken und Chancen gefunden werden. Wenn du, wie Alice, momentan ein oder mehrere Kaninchenlöcher siehst und überlegst, ob du dich da reinstürzen willst, dann schau nicht einfach auf das Schild, das drüber steht. Achte lieber darauf, wie viele Menschen dort anstehen, um reinzukommen.

10 Dinge, die du nach dem Abitur nicht tun solltest ist kein Buch über Warnschilder und Kaninchenlöcher, es ist ein Buch über den Dschungel. Es reicht nicht, die Fallen zu erkennen, die auf einen lauern. Du willst verstehen, warum Menschen in sie hineinfallen, wo die Fallen hinführen könnten und was die Fallen mit dir zu tun haben. Erst im Zusammenhang miteinander und mit dir ergeben die Fallen und Fehler Sinn.

DSCHUNGELFIEBER

Seit 2005 bin ich selbst im Dschungel des Lebens unterwegs. Viele Kaninchenlöcher und Fallen haben mich verängstigt und verunsichert. Doch alle Abenteuer zusammengesehen, haben in mir das Dschungelfieber geweckt wie die stürmische See das Herz eines sportlichen Seglers. Deshalb spreche ich in diesem Buch zu dir mit drei Tönen in der Stimme: Begeisterung, Offenheit und Überzeugung.

Ich spreche aus Überzeugung, weil ich denke, dass jeder, der von diesen Fehlern weiß, sie auch vermeiden kann. Im Dschungel gibt es zwar viele Schlangen, Schamanen und Scharlatane, doch die Ideen in diesem Buch sind kein Hokuspokus. Mit der Zeit bin ich zu der Überzeugung gekommen, es gibt einen Weg, der dein Weg ist. Und wenn du weißt, welche Abzweigungen auf dem Weg du nicht wählen willst, und darüber geht es in diesem Buch, ist das genauso viel wert wie das Wissen darüber, welche Abzweigung die richtige ist.

Ich spreche auch aus Begeisterung zu dir, ja. Es gibt viele verschiedene Gründe, warum ich begeistert bin. Der erste ist, weil ich mich für dich freue, dass du dieses Buch in der Hand hast. Mit diesem Buch hältst du nicht nur ein paar Gramm Papier in der Hand, die mit schwarzer Farbe bedruckt sind. Sobald du dich gedanklich auf die Ideen einlässt und verstehst, was sie *für dich* bedeuten, findest du erstaunlich schnell deinen Weg. Alle meine Begeisterung für dich, deine Situation und was und wer Großartiges aus dir werden kann, steckt in diesem Buch. Wenn du allein schon diese Begeisterung für dich und dein Leben aus dem Buch mitnimmst, hast du schon unglaublich viel gewonnen.

Und schließlich rede ich auch ganz offen mit dir. Verwechsele aber Offenheit und Aufrichtigkeit nicht mit Wahrheit. Natürlich erzähle ich in diesem Buch die Wahrheit. Es ist allerdings *meine* Wahrheit. Es kann sein, dass alle 10 Fallen in diesem Buch für dich relevant sind. Es kann aber auch nur eine einzige für dich relevant sein. Das festzustellen liegt ganz bei dir. Es geht hier also mehr um *deine* Wahrheit. Lass dir von niemandem sagen, wer du bist, auch nicht von mir, deinen Freunden oder deiner Familie. Indem ich offen und aufrichtig bin, wünsche ich mir, dass du möglichst schnell zu deiner Wahrheit kommst. Die meisten Menschen finden nie zu dem, was sie wirklich können, weil sie ganz einfach nicht zu sich selbst und ihren eigenen Ideen finden. Es gibt einen Spruch: »Die meisten Menschen wollen die Wahrheit wissen. Doch keiner will fünf Jahre studieren, um die Wahrheit herauszufinden.« Die folgenden 10 Kapitel sind meine Wahrheit darüber, was die größten Fehler der meisten Menschen nach dem Abitur sind. Entscheidungen darüber, wie du am besten im Dschungel des Lebens zurechtkommst, sollten aber deinen eigenen Schlussfolgerungen entstammen.

BEVOR ES LOSGEHT ...

Vielleicht fragst du dich, warum ich nicht darüber schreibe, was du besser *tun* solltest, anstatt darüber, was du lieber *lassen* solltest. Warum sag ich dir nicht einfach, was bessere Möglichkeiten sind? Nun, ich hörte mal die Geschichte eines Bauunternehmers, der unzählige Bauprojekte hinter sich gebracht hat, aber keines mit dem angestrebten Erfolg. Zwar hatte er über die Jahre viele Erfahrungen gesammelt, wertvolle Erfahrungen, doch weniger aus Erfolgen, sondern aus Misserfolgen. Anstatt Empfehlungen darüber auszusprechen, was man bei einem Bauprojekt tun sollte, gab er aufrichtigerweise sein Wissen darüber weiter, was man nicht tun sollte. Nur darüber konnte er ja aus Erfahrung sprechen. Als ich mit 25 diese Geschichte hörte, kam mir das alles nur zu bekannt vor. Auch ich hatte bis dahin viel seit meinem Abi gelernt und konnte sicher dem ein oder anderen mit meinem Wissen weiterhelfen. Doch nur zu selten habe ich das Gefühl gehabt, ich bekomme, was ich will, oder erreiche, was ich mir vornehme. Die Warnschilder in diesem Buch zeigen warum. Und so kann auch ich nur weitergeben, was ich aus Erfahrung weiß.

Bevor es losgeht, noch drei Anmerkungen:

In einigen Beispielen und Geschichten schreibe ich nur »er« oder »sie«. Natürlich sind damit aber immer beide Geschlechter gemeint.

Es kann auch sein, dass es noch viele andere Fallen gibt, die in diesem Buch nicht aufgezählt werden. Auf deinem Weg wirst du immer noch deine eigenen Fehler machen. Doch es müssen nicht diese hier sein, weil sie so einfach zu sehen, und zu vermeiden sind – wirklich. Ich selbst habe auch viele weitere, komplexere Fehler gemacht. Hier habe ich für dich einfach meine Top 10 aufgelistet.

Auch wenn alle Zahlen, Daten und Fakten in diesem Buch genau recherchiert und mit Bedacht gewählt worden sind, kann ihre 100-prozentige Genauigkeit nicht gewährleistet werden. Das hier ist kein wissenschaftlicher Diskurs, der zeigen soll, wie schlau ich bin. Das ist ein sorgfältig geprüfter Erfahrungsbericht.

Dieses Buch enthält nur Ideen, die ich mir zu eigen gemacht oder am Erfolg meiner persönlichen Freunde miterlebt habe. In neun der zehn Fallen bin ich selbst getreten. Alle Erfahrungen, von denen ich berichte, habe ich selbst gemacht, und alle Empfehlungen, die ich ausspreche, habe ich selbst erprobt.

Und nun rein in die Dschungelboots, den Sonnenhut auf und lass das Mückenspray daheim. An die Mücken des Alltags willst du dich einfach gewöhnen. Niemand hat gesagt, dass es einfach wird. Es wird keine Abkürzungen geben, auch keine Pfuschwege oder Wege mit weniger Anstrengung. Wir werden aber die richtigen Anstrengungen unternehmen; Anstrengungen die uns durch das Dickicht zum richtigen Weg führen – zu deinem Weg.

*»Die Leute [die studiert haben]
ham 'ne Menge Wörter gelesen.
Ich hab 'ne Menge Leben erlebt.«*[1]
Jay-Z

Die wohl häufigste Frage an AbiturientInnen lautet: Was willst du studieren? Doch was nützt dir ein Studium, wenn du noch nicht einmal weißt, was du mit deinem Leben anfangen willst? Aus meiner Erfahrung wissen die wenigsten Leute vor, während oder auch nach dem Studium, was sie in ihrem Leben erreichen und erleben wollen. Doch ist das nicht die entscheidende Frage? Wenn die meisten sich selbst gegenüber ehrlich sind, studieren sie, weil sie eigentlich nicht wissen, was sie sonst machen wollen.

Jetzt sagst du vielleicht: »Hey! Klar weiß ich, was ich will. Ich studiere International Law und werde Anwalt – bam!« Ähm, ja, okay. Das ist alles schön und gut. Ne wirklich, das ist ein solider Plan, ehrlich. Als Anwalt kannst du so viel lernen und erleben, hast immer eine Geschichte zu erzählen und kennst unglaublich viele einflussreiche Leute. Obendrein kannst du Millionen verdienen. Das ist alles erstrebenswert, und gute Anwälte sind nicht nur ihr Geld wert, sondern auch unersetzlich in jeder Gesellschaft. Doch es bleibt immer noch eine Frage offen: Was willst du mit deinem Leben machen?

*

Der Wecker klingelt. Es ist 4:30 Uhr in der Früh. In einer halben Stunde ist Abfahrt. Durch Kälte, Regen und Dunkelheit marschiere ich 20 Minuten durch den Park ins Büro. Standortleiter André weiht das fünfköpfige verschlafene Team in den Auftrag im 350 Kilometer entfernten Frankfurt ein. Wir warten noch auf Maria. Für ihre Verspätung kassiert sie einen Lohnabzug von einer Stunde. Mit dem Minibus auf der Autobahn angekommen, versuchen wir alle zu schlafen, doch wie so oft muss jemand den Fahrer wachhalten. Diesmal übernimmt die Aufgabe das Radio. Es läuft wieder Rihannas Hit *Unfaithful*. Der Refrain brennt sich, zusammen mit dem Blick durchs Autofenster auf die nächtliche Silhouette des Kohlekraftwerkes bei Eschweiler, in meine Erinnerung:

> *»I don't wanna do this anymore*
> *I don't wanna be the reason why*
> *Every time I walk out the door*
> *I see him die a little more inside*
> *I don't wanna hurt him anymore*
> *I don't wanna take away his life …«*[2]

Ich bin auf dem Weg zu einem weiteren Job für einen Personaldienstleister in der Gastronomie. Das ist kein Nebenjob. Das ist auch kein Sprungbrett. Das ist mein Alltag. 18 Monate nachdem ich mein Abizeugnis entgegennahm, singt Rihanna von einem Schmerz, der widerspiegelt, wie es sich für mich anfühlt, dass meine größte Angst, was nach dem Abi passieren könnte, wahr wird: Ich verkaufe meine Zeit für Geld, um über die Runden zu kommen. Ich stecke fest.

Dieses traurige Szenario ist zu schnulzig, um wahr zu sein. Doch wie heißt es so schön: Das Leben schreibt die besten Geschichten. Wie gut Rihannas Song zu meinen Gefühlen über mich passte, konnte ich nicht erfinden. Ich wollte das alles nicht mehr machen. Ein Sinn und Zweck war auch nicht darin zu sehen. Es war meine

Lebenszeit, wertvolle Lebenszeit, die ich hier hergab. Und doch war ich nicht ganz unschuldig an der Situation. Immerhin war ich derjenige, der sein Studium in München knapp ein Jahr zuvor abgebrochen hatte. Ich war derjenige, der keinen brauchbaren Plan aufgestellt hatte, wie es nach dem Studienabbruch weitergeht. Ich war schließlich derjenige, der sich nach dem Abi nicht die Auszeit genommen hatte, die Welt, ihre Menschen und ihre Möglichkeiten zu entdecken, bevor die Entscheidung fällt, welche Richtung mein Leben in diesen kritischen Monaten nach der Schule einschlägt. Was von so vielen als »der richtige« Weg gelobt wurde, stellte sich für mich als der falsche heraus.

Zu meiner damaligen Überraschung war ich mit meiner Desorientierung nicht allein. Unter KellnerkollegInnen sprachen wir viel übers Studieren. Nach nicht allzu langer Zeit machte ich eine interessante Entdeckung. Unter allen Studenten herrschte damals ein weit verbreiteter Glaube, dass ein Studium allein Erfolg verspricht. Ich wollte wissen, woher das kam, also entwarf ich durch Experimentieren eine Reihe von Fragen, um in einem kurzen Gespräch herauszufinden, was meine KollegInnen zum Studieren bewegte. Meine Fragekette war immer die gleiche, und die Antworten waren auch immer die gleichen, wirklich immer. Ich fragte: »Was studierst du?« Antwort: »Ich studiere BWL / Wirtschaftsingenieurwesen / Mathematik / Medizin / Physik.« – »Und warum studierst du?«, fragte ich (und bei dieser Frage kamen schon der erste schräge Blick oder rollende Augen). »Ja, damit ich 'nen Job krieg!« – »Wie, du willst nen Job!?«, entgegnete ich. »Warum willst du denn 'nen Job?« So blöd die Frage klang, so blöd war dann auch der Gesichtsausdruck meines Gegenübers. Doch er oder sie antwortete der Vollständigkeit halber: »Ja, damit ich Geld verdienen kann!«, mit offensichtlich verwunderter und genervter Stimme. Worauf ich dann fragte: »Wie, und warum studierst du dann?« Keine Antwort.

Es wunderte mich nicht, dass keine Antwort mehr kam. Es wunderte mich auch nicht, dass immer die gleichen Antworten kamen.

Was mich so wunderte, war, dass keiner auf die Idee kam, was anderes im Leben zu planen, als zu studieren oder eine Ausbildung zu machen, um danach einen Job zu finden. Als wäre das alles, worum es im Leben geht. Die Krönung in diesen Gesprächen war für mich eine junge Frau, die mit Ende 20 ihren Doktor in Medizin in der Tasche hatte und immer noch bei diesem Gastrodienstleister arbeitete. Sie hatte einen Doktor in Medizin!!, einen Status, für den junge Leute in Amerika Hunderttausende von Dollar ausgeben (ehm Verzeihung, sich mit Hunderttausenden von Dollar verschulden), weil sie ja auch anschließend Hunderttausende von Dollar pro Jahr verdienen. Und diese besagte Frau Dr. med. arbeitete immer noch als Kellnerin zum Ende ihres Studiums. So ein Studium ist eine Menge Arbeit. Warum sich diese ganze Arbeit machen, wenn man nicht weiß warum, wenn es keine Garantie für Geld und Erfolg darstellt, wie so viele glauben? Mehr noch: Warum nicht diese Energie in eine andere Unternehmung stecken, welche wirklich Geld bringt, wenn Geld allein das Ziel ist?

MYTHEN UND MÄRCHEN
VOM NICHT-STUDIEREN

Damit wir uns verstehen: Jedes Studium ist sinnvoll und wertvoll. Die akademische Lehre ist immer noch dafür gedacht, uns weiterzubilden, unseren wirtschaftlichen Wert zu erhöhen und herauszufinden, was wir vom Leben wollen. Nur gleich nach dem Abi zu studieren ist nach Berechnungen des gesunden Menschenverstandes in 93,74 Prozent der Fälle destruktiv. Willst du nach 12 oder 13 Jahren Schulstress und wochenlangem Abistress gleich von einer Aufgabe zur nächsten hetzen? Nein? Dann studiere nicht sofort nach dem Abi. Willst du nach dem Abi direkt weitere 4–10 Jahre ca. 4–6 Mal pro Jahr den Arbeitsaufwand vom Abitur haben? Nein? Dann studiere nicht sofort nach dem Abi. Willst du im Zweifel darüber sein, ob dein Studium die richtige Wahl war, und dann von einem Studiengang zum nächsten hüpfen, nur um dir von Freunden und Familie anzuhören, du wüsstest nicht, was du willst? Nein? Dann studiere nicht sofort nach dem Abi.

In Gesprächen mit werdenden und frischgebackenen Abiturient-Innen haben sich über die Jahre zwei Mythen bzw. Märchen über das »späte« Studieren herausgestellt. Vielleicht kommt dir der ein oder andere Gedankengang bekannt vor.

MYTHOS NR. 1

»Ich verlern das Lernen, wenn ich nich' direkt nach dem Abi anfang zu studieren.«

Wie bitte?! Seit wann verlernt man das Lernen? Und außerdem, wann haben wir in der Schule jemals das Lernen gelernt?! In der Uni lernen wir auf einem ganz anderen Niveau, sowohl in der Breite als auch in der Tiefe. Abi ist dagegen Kindergarten – ohne Scheiß! Zur Erinnerung: Ein Studium ist je nach Studiengang vom Arbeitsaufwand ungefähr so, wie 4–6 Mal pro Jahr Abi machen. Glaub mir, da legst du, was das Lernen angeht, noch mal einen ganz anderen Gang ein.

Eines Sommers wollte ich mich mit einer Lehramtsstudentin auf ein Date verabreden. Ich schreibe: *Morgen Abend aufn Wein?* Sie schreibt: *Sieht schlecht aus. Ein andermal :). Bei mir steht das Staatsexamen an* :(Ich: *Hm, okay. Was heißt denn »ein andermal?«* Sie: *Nach Weihnachten.*

Das Lernen verlernen wir nicht einfach so. Mit 24 habe ich auf einen Golftrainerschein gelernt und bestanden, mit 1,0. Mit 25 habe ich mein BWL-Studium begonnen. Gut, das habe ich versemmelt, doch wie du in Kapitel 2 siehst, hatte das andere Gründe, als das Lernen verlernt zu haben. Ich hatte einfach keinen Bock drauf. Im BWL-Studium habe ich aber auch Prüfungen mit 2,0 bestanden, auf die ich nur drei Tage statt der marktüblichen 10–14 Tage gelernt hatte. Warum? Weil ich aus Abizeiten immer noch wusste wie.[*] Und mit 26 habe ich dann wieder Philosophie studiert. Auch Philosophie erforderte einen erheblichen Lernaufwand (Lesen, Schreiben und sogar Rechnen), und ich habe es geschafft – mal besser mal schlechter, doch ich habe es geschafft. Willst du noch mehr Geschichten? Mein älterer Bruder hat mit 31 noch mal einen Master in *International Maritim Management* gemacht. Hey, ich kenne sogar Leute, die noch mit 50 einen Master hinterhergeschoben haben und in Fächern wie Statistik mit 1,0 abschlossen. Klaro, das schüttelt keiner so aus dem Ärmel. Doch wie heißt es so schön: Erfolg in jedem Bereich ist viel Arbeit. Und damit du wieder im Studium, der Ausbildung oder der Arbeit mit voller Power rangehen kannst, grade deswegen willst du dir mal ein Jahr oder zwei eine Auszeit gönnen.

Was ist das Wichtigste und gleichzeitig das Schwerste beim Lernen? Motivation. Und woher kommt Motivation? Nein, nicht aus Amerika. Motivation kommt entweder von großer Freude oder von großen Schmerzen, d. h. von verdammt guten Gründen. Punkt. Aus. Ende.

Kann es sein, dass du immer wieder im Leben gute Gründe finden kannst, etwas zu tun? Aber sicher! Gute Gründe kommen auch nicht immer von allein. Wir dürfen uns ruhig mal Zeit nehmen, sie zu finden. Und das geht am besten auf Reisen und in Ruhe- und Pausenzeiten. Deshalb zieht auch die Mehrheit der Leute, die sich nach der Schule eine Auszeit genommen haben, ihr erstes Studium erfolgreich durch; sie finden in dem Jahr nicht nur heraus, was sie wollen, sondern, was genauso wichtig ist, *warum* sie es wollen. Und die, die schon vor dem Abi genau wussten, was sie studieren werden, haben in ihrer Auszeit einfach Abstand gewonnen und Energie getankt.

Es gibt auch Ausnahmeabiturienten, die von der Schulbank gleich in den Hörsaal fallen und mit klarer Linie ihr Studium durch-

---

[*] *Und weil ich die Psychologie der Multiple Choice Fragen durchschaut hatte ;).*

ziehen. Dabei berichten sie, es kam nicht auf den Zeitpunkt ihres Studienbeginns an, sondern auf die Gründe. Aus meiner eigenen Erfahrung und vielen Begegnungen mit orientierungslosen Ex-Schülern kann ich sagen, was auf dich zukommt, wenn du dir kein freies Jahr gönnst: Stress, Frust und Unsicherheit.

Punkt ist, genau das Gegenteil dieses Mythos ist also der Fall: Anstatt das Lernen zu verlernen, kommst du in der Uni erst richtig auf den Trichter. Und mehr noch, in einem freien Zauberjährchen tankst du die wichtigste Zutat für dein Studium: Motivation – also verdammt gute Gründe, etwas durchzuziehen.

MYTHOS NR. 2

»Wenn ich mir 'ne Auszeit nehme, bin ich später zu alt für den Abschluss.«

Sorry, aber was für ein Schrott, ohne Scheiß. Dieses Märchen ist älter als du, ich und Mahatma Gandhi zusammen. Schon vor 150 Jahren hat der Philosoph Friedrich »Freddy« Nietzsche sich darüber gewundert, warum die Gesellschaft von jungen Menschen erwartet, mit 23 Jahren berufsfertig zu sein. Freddy hat es kapiert. Es geht nicht darum, möglichst schnell Status, Geld und Arbeit zu haben, man braucht auch noch Gold, Immobilien und Edelsteine. Ne, mal im Ernst, die entscheidende Frage lautet:

Was willst du mit deinem Leben machen?

Doch weil das keiner weiß, flüchten wir alle gleich in die Uni. Laut dem *Deutschen Zentrum für Hochschul- und Wissenschaftsforschung* (DZHW) ist Deutschland das Land mit der höchsten Studienabbrecherzahl. Ja, buon giorno! Wen wundert das, wenn die wenigsten sich nach dem Abi die Zeit nehmen, sich zu erholen und neu zu orientieren? Es heißt, 30 Prozent der Abbrecher haben Leistungsprobleme, 19 Prozent finanzielle Probleme und 18 Prozent Motivationsprobleme[3]. Dann gibt es noch weitere, die wegen Krankheit, Familienproblemen oder anderen Problemen abbrechen. Lass mal kurz überlegen: Sind das nicht bis auf die Familienprobleme alles Motivationsprobleme, also Probleme, bei denen verdammt gute Gründe fehlen? Versteh mich richtig: Ich selbst hatte mit all diesen obigen Problemen in all meinen Studienjahren immer wieder zu kämpfen. Doch romantische Geschichten von schier unbezwingbaren Bücherbergen, leeren Girokonten und Antibiotikakuren erspar ich dir hier mal. Wie habe ich es trotz dieser Hindernisse geschafft? Mir war klar: das Einzige, was mittlerweile zählte, war ein Abschluss. Wer kennt sie nicht, diese Tischgespräche bei Freunden und Familie, wo dann Fragen kommen wie: »Und, wie läuft das Studium?«, »Was arbeitest du?«, »Was sind deine Zukunftspläne?« Auf solche Gespräche hat keiner Bock, der keine Antworten hat, die nur ansatzweise schlüssig und nachvollziehbar sind. (Und wenn du auch keine Lust auf solche Gespräche hast, dann lass dich nicht darauf ein. Sag einfach höflich und bestimmt: »Tante Nina/Onkel Richard, dein Interesse an meinen Plänen weiß ich zu schätzen, doch möchte ich ungern darüber reden, jedenfalls zurzeit nicht.« Familie und Freunde, die dich feiern, respektieren diesen Wunsch.) Solche Gespräche haben aber auch ihr Gutes bei mir bewirkt: Sie haben mich dran erinnert, dass ich nicht weiß, wohin ich im Leben gehe. Nicht nur die Vorstellung, mein Leben lang solche inquisitorischen Gespräche zu führen, sondern auch tatsächlich keine Antworten auf diese Fragen zu haben, machte mir große Schmerzen und gab mir verdammt gute Gründe, konsequent an meinem Studium zu arbeiten. Ich wollte nicht nach meinem dritten Studienbeginn ohne Lappen, ohne Ergebnis und ohne Abschluss dastehen.

Die oben genannten Gründe der Studienabbrecher sind nicht die tatsächlichen Probleme. Es sind lediglich Symptome eines viel größeren Problems namens Warumlosigkeit. Damit ist nicht ein fehlender Lebenssinn gemeint. Grundlos zu studieren reicht schon aus, um an Warumlosigkeit zu leiden. Wie kommen wir nun da raus, ohne das Studieren selbst an den Nagel zu hängen? Ein möglicher Ausweg ist, einen Lebensentwurf zu gestalten, der größer ist als das Studium selbst. Das heißt, wir wollen lernen und üben, ein Bild von unserem Leben zu malen, welches klarmacht, wie ein Studium in unser Leben passt. Das Wort »lernen« ist dabei ganz bewusst gewählt. Jeder, der zu einer soliden Entscheidung im Leben gekommen ist, hat mit Ideen experimentiert, sie durchdacht und geschaut, wie sie, aus seinem oder ihrem Blickwinkel betrachtet, am besten funktionieren.

Haben wir nicht alle bereits im kleineren Rahmen gute Gründe gefunden, etwas zu tun, und es dann auch bekommen? Wann war das letzte Mal, als du etwas unbedingt (d. h. ohne Bedingung) haben wolltest? Vielleicht wolltest du eine Reise machen, ein Date mit jemanden haben oder ein Fahrrad oder ein Auto kaufen. Haben dich die Leistungsanforderungen gestoppt? Die Kosten? Bist du krank geworden? Mehr noch: Wolltest du das Auto, die Reise oder das Date um die Sache oder die Person in deinem Leben zu haben, oder war damit ein höheres Ziel verbunden, ein Lifestyle oder ein bestimmtes Gefühl? Du und ich kennen die Antworten.

Wo waren wir jetzt eigentlich? Ach ja, beim Mythos, man sei zu alt für einen Abschluss. In Kapitel 8 erzähl ich eine Story darüber, wie du tatsächlich zu jung sein kannst für einen Universitätsabschluss. Doch eins nach dem andern. Woher kommt diese Idee, dass man zu alt ist für den Abschluss? Es scheint zwei offensichtliche Erklärungen zu geben, die mehr in die Welt der Märchen gehören als irgendwo anders hin.

KONKURRENZ- UND ELLENBOGENDENKEN

Die erste Erklärung ist Konkurrenz- und Ellenbogendenken. Dieser bedauernswerte Zustand entsteht, sobald jemand glaubt, es gäbe einen Mangel an Karrierechancen und sein Wert für Arbeitgeber sinke, je älter er oder sie wird.

Okay, gehen wir die Sache mal von der anderen Seite an. Was hat eine 60-Jährige mit 35 Jahren Arbeitserfahrung, was du nicht hast? Ähm, wie wäre es mit 35 Jahren Arbeitserfahrung? Ist das denn nichts wert? Klaro, du hast vielleicht mehr Energie und mehr Lebenszeit. Heißt das aber, dass du mehr leistest als sie, also in weniger Zeit mehr Ergebnisse bringst? Heißt das, dass du besser führen kannst als sie, also ein Team auf seine Ziele ausrichten und Konflikte bewältigen kannst? Heißt das, dass du die Ruhe und Gelassenheit aufbringst, die es in stressigen Situationen braucht, um Projekte auf Kurs zu halten? Heißt das, dass du aus Erfahrung das Wichtige und Wesentliche von Ablenkungen und Trivialitäten unterscheiden kannst? Wenn ich mir erlauben darf, von mir in meiner Zeit als Abiturient auf dich zu schließen, dann heißt das nein, nein, nein und nochmals nein.

Was heißt das jetzt für dich? Es heißt, wenn du mal aus der Schule und dem Bildungssystem für eine Weile rauskommst, kann es sein, dass du echte Lebenserfahrung sammelst. Davon mal ganz abgesehen, denken wir doch mal an all die Leute, die ihr Leben über Geld definieren und ihm hinterherlaufen. Die werden sicher erst mal nach dem Abi eine Runde studieren, um anderen »voraus« zu sein. Willst du mit denen konkurrieren, oder willst du deine eigenen Ziele verfolgen? Entscheide für dich selbst.

Tatsache ist, viel wichtiger als die Frage, was andere mit ihrem Leben anstellen, ist die Frage, was du mit deinem Leben machst. Du läufst dein ganz eigenes Rennen; ein Rennen, bei dem es darum geht, deine eigenen Ideen vom Leben, in deiner eigenen Zeit zu verwirklichen – das betrifft jeden, egal ob 17 oder 70 Jahre alt. Und ob wir dieses Rennen erfolgreich abschließen, entscheiden nur wir selbst.

Einer meiner besten Freunde hat (erst) mit 28 seinen Master abgeschlossen, und Arbeitgeber haben sich um ihn gerissen. Warum? Weil er nicht nur fachlich gut ist, sondern weil er das Studium genutzt hat, die Branche kennenzulernen, sich weltweit von Los Angeles über Zürich bis Auckland (Neuseeland) zu vernetzen und obendrein ein ambitionierter, umgänglicher und lässiger Typ ist. So eine Situation kommt nicht davon, dass du mehr Bücher wälzt und die Bibwände besser kennst als jeder andere. Ja, mein Buddy ist eine Ausnahme. Er ist eine Ausnahme, weil er anders als die meisten sieht: Fachliche Kompetenz ist austauschbar, Lebenserfahrung, Führungsfähigkeiten und Persönlichkeit nicht.

Arbeitsplätze sind keine Karrierechancen. Arbeitsplätze sind Plätze zum Arbeiten. Davon gibt es so viele, wie die Wirtschaft zur Verfügung stellt, und deshalb sind sie begrenzt – logisch. Karrierechancen gibt es jedoch mehr, als es Menschen gibt. Es heißt, jeder Mensch hat mehr Talente, als er in einem Leben ausbauen kann. Wenn das stimmt, liegt es nicht an unserem Einfallsreichtum und unserer Ausdauer, diese Talente zu Karrierechancen zu entwickeln? Nehmen wir Stefan Raab als Beispiel. Mit einer Ausbildung zum Metzger ist er zu einem der größten Medienmenschen in Deutschland emporgestiegen. Stefan packte eine Idee und ein Talent nach dem andren aus und nutzte mehr als eine Karrierechance. Ob du ihn magst oder nicht, Stefan blickt zurück auf eine Karriere als Musikproduzent, Sänger und Songwriter. Mit seinem Einfallsreichtum hat er von *TV Total* bis zur Wok-WM (wo Leute auf asiatischen Kochpfannen eine Bobbahn runterrutschen!!) die denkbar unterschiedlichsten Fernsehformate bedient, Filme gemacht und online Entertainmentportale mit aufgebaut. Die meisten Menschen könnten von nur einer seiner Einkommensquellen leben. Meinst du, das hat er geschafft, indem er sich fragte: »Wie schlage ich die Konkurrenz der Metzgergesellen?«

Oder nehmen wir die Geschichte eines türkischstämmigen Juweliers aus Köln. Nach der Schule versuchte er sich ohne Studium und Ausbildung als Goldhändler und Juwelier. Überall wurden ihm durch Behörden und Konkurrenz Steine in den Weg gelegt. Er musste mit seinen Geschäften ständig umziehen, und schließlich musste er sie schließen. Eines Abends sah er eine Dokumentation über Australien und war von der Schönheit des Landes umgehauen. Gleich am nächsten Tag buchte er einen Flug und war eine Woche später dort in Urlaub. Was ihm *Down Under* auffiel war die Brotkultur – es gab überhaupt keine. Würden Menschen in Australien die deutsche Brotkunst schätzen?, begann er sich zu fragen. Je mehr er darüber nachdachte, desto mehr Sinn machte die Idee. Schließlich gelang es ihm, mit seiner Familie nach Australien auszuwandern und eine Kette von deutschen Bäckereien erfolgreich aufzuziehen. Wenn du mal in Australien bist, halte Ausschau nach Bäckereien mit dem Logo der deutschen Bäckerei Kamps.

Die Moral der Geschichten hier ist klar: Konkurrenz machen wir uns, indem wir darüber nachdenken. Anstatt nach anderen Ausschau zu halten, frage dich, was du kannst, pack deine Talente aus und entwickele sie nach deinem eigenen Anspruch.

SCHLECHTES GEWISSEN

Die zweite Erklärung, warum viele Leute nach dem Abi denken, sie müssen gleich mit einem Studium loslegen, ist ein schlechtes Gewissen. Ja, wir alle malen uns Horrorgeschichten im Kopf darüber aus, was passiert, wenn wir ein Jahr lang mal »nichts« tun, also uns mit etwas beschäftigen, was keinen Sinn zu ergeben scheint. Eine Frage: Willst du ein schlechtes Gewissen für dich entscheiden lassen? Noch eine Frage: Wenn wir uns einfach mal von etwas erholen und einen Erfolg feiern, ist das gleich nichts tun bzw. sinnlos? Als studierter Philosophenpeter kann ich über Sinn jedenfalls Folgendes sagen: Sinn entsteht, sobald es eine Zuordnung zwischen zwei Dingen gibt. Arbeiten wird Erfüllung und Geldverdienen zugeordnet – ergibt Sinn. Sport wird Gesundheit und Spaß zugeordnet – ergibt Sinn. Studium wird Lernen und Karriere zugeordnet – ergibt auch Sinn. Was ist mit Erholung? Was ist mit Neuorientierung? Was ist mit Reisen? Was ist mit Abenteuer? Was ist mit Mal-ohne-Druck-Leben? Ergeben diese Sachen etwa keinen Sinn?! Nur weil andere ihre Zuordnung und damit ihren Sinn nicht sehen, heißt das nicht, dass sie für dich keinen Sinn ergeben. Sicher, keiner braucht ein ganzes Jahr, um sich vom Abistress zu erholen. Und ja, in einem Jahr ohne Aufgabe in Langeweile zu verfallen ist eine Gefahr. Aber was ist mit der Schulzeit als Ganzes? Ist es nicht fair zu sagen, »Ich war jetzt 12 oder 13 Jahre in der Schule und darf mir jetzt ein Jahr zur Erholung und Neuorientierung gönnen!«? Wer sich für eine Blitzkarriere mit dem Weitermachen stressen will, soll das ruhig tun. Nur darf er oder sie sich nicht wundern, wenn das Studium nur Verunsicherung und Trägheit verursacht. Was würdest du von einem Profisportler halten, der jeden Tag bis an seine Grenzen trainiert? Auf den würde ich jedenfalls kein Geld setzen, so viel ist sicher.

In München steht über dem Kunstpavillon am alten botanischen Garten der Spruch »Kunst ist kein Luxus«. Was meinst du, könnte eine Gesellschaft ohne Kunst bestehen? Musik, Gemälde, Theater, Statuen und Denkmäler, Literatur und Film, all diese Dinge haben doch auch ihren Sinn und Zweck. Er mag nicht für alle Menschen immer offensichtlich oder klar definiert sein, doch ist vielleicht genau das das Magische und Interessante dran. Kunst muss nicht gerechtfertigt werden. Und so muss auch das Nichtstun nicht gerechtfertigt werden. Nichtstun ist sowieso eine Kunst für sich. Mal etwas ohne zwingenden Grund zu machen ist kein Luxus – es ist notwendig. Es ist notwendig, um Ruhe und eine klare Sicht der Dinge zu gewinnen. Es ist notwendig, um seine eigenen Ideen zu finden. Es ist notwendig um Kraft zu tanken und etwas offensichtlich Sinnvolles wieder erfolgreich anzupacken.

Sofort nach der Schule zu studieren gehört sicher mit zu den top drei Fehlern, die AbiturientInnen machen können. Früher dachte ich, es sei eine deutsche Marotte, sich gleich nach der Schule mit Arbeit oder Studium zu stressen. Doch wie sich herausstellt, tappen Menschen aus der ganzen Welt in diese Falle. Im Biergarten erzählte mir eine Australierin am Tisch die Geschichte ihres Sohnes:

»Mein Sohn ging gleich nach der Schule auf die Uni. Er dachte sich: Hey, endlich kann ich machen, was ich will. Ich bin frei.[*] Anstatt zu lernen, hing er aber dann nur rum. Dass er das wollte, konnte ich verstehen. Nur warum hat er es nicht gleich konsequent gemacht? Ich stellte ihn sofort zur Rede: ›Hör mal, junger Mann, du verschwendest mein Geld und deine Zeit. Geh arbeiten, studiere richtig oder mach einfach mal ein freies Jahr.‹

Ab dann wollte er sich mit dem Studium Mühe geben, vergebens. Schließlich nahm er einen Job im Verkauf an und studierte nebenbei. Er verdiente gut und arbeitete hart. Doch erst mit 40 machte er seinen Abschluss, weil er sonst keine Aufstiegsmöglichkeiten und Gehaltserhöhungen bekommen hätte. Er brauchte 20 Jahre bis zu seinem Abschluss nur, weil er nicht gleich im ersten Jahr eine Auszeit nahm.«

Ich konnte meinen Ohren nicht trauen. Der Typ hatte angefangen zu studieren, um rumzuhängen, und dann 20 Jahre studiert, 20 Jahre! Klar, heute versteht er sich mit seiner Mom wieder, und Geld verdient er heute auch. Nur denken wir an die Energie und Zeit, die seine Entscheidung gekostet hat, sofort zu studieren. Und das alles nur, weil er nicht von Anfang an das tat, was er eigentlich, und nur allzu verständlich, wollte: rumhängen. Wenn er heute wegen irgendwas ein schlechtes Gewissen haben könnte, dann deswegen, dass er sein Studium unnötigerweise direkt nach der Schule angefangen hat.

* *Warum kommt mir das nur so bekannt vor?*

DIE WAHRHEIT ÜBER UNIS IN DEUTSCHLAND
– ANGST, ABBRECHER UND ALLTAG

Die Wahrheit ist, Unis in Deutschland sind Flüchtlingslager für AbiturientInnen. Wo andere Menschen vor Kriegen flüchten, flüchten hier Jahr um Jahr Tausende AbiturientInnen vor ihrer Angst, nicht zu wissen, was sie mit ihrem Leben machen wollen. Ich selbst war keine Ausnahme. 2015 gab es bundesweit 443.000 AbiturientInnen[4]. Im Wintersemester 2015/2016 zählte man 347.750 Ersteinschreiber[5]. Es liegt nahe, dass zur Mehrheit dieser 347.750 Erstsemester ein Teil der 443.000 frischen AbiturientInnen gehört. Keiner kann mir erzählen, die wüssten alle genau, was sie machen. Das ist kein Vorwurf – ich wusste es ja auch nicht. Woher denn auch? Laut dem *Deutschen Studentenwerk* gibt es 14.500[6] Studiengänge allein in Deutschland. *Statista* spricht von 16.397[7] Bachelor- und Masterstudiengängen. Die *Süddeutsche Zeitung* hat 18.000 gezählt[8] (indem sie die reißerischste Zahl aus derselben Statistik von *Statista* genommen hat). Es heißt, es gibt 350 Ausbildungsberufe in Deutschland. Wie viele Berufe es insgesamt tatsächlich gibt, weiß scheinbar keiner. Wenn wir nur annehmen, dass zehn Prozent aller akademischen Abschlüsse uns für einen bestimmten Beruf qualifizieren, wie bei Jura und Medizin zum Beispiel, und wir die 350 Ausbildungsberufe dazurechnen, dann darfst du aus fast 2.000 Berufsbildern wählen. Ja buon giorno!

Die Wahrheit ist: Die meisten der 347.750 Studienfrischlinge wechseln entweder den Studiengang oder sie brechen ganz ab. Angeblich bricht jeder vierte Bachelorstudent sein Studium ab. [9]* Das sind dann nach den Zahlen von oben fast 87.000 Studenten. So ist also Alltag an Unis in Deutschland. Hey, ich war auch einer dieser

---

* Das ist ein Mittelwert von allen Studiengängen. Bei Mathe und Ingenieursstudiengängen ist die Abbruchquote noch höher – klaro, wer hat schon nach dem Abi Bock auf noch mehr Mathe?!

87.000. Der Grund? Weil ich keine Ahnung hatte, worauf ich mich da einlasse, und vielmehr aus Angst als aus Begeisterung mein Studium aufgenommen hatte. Wenn du unbedingt auch zu den Abbrechern gehören willst, fang gleich nach dem Abi mit dem Studieren an. Rein rechnerisch stehen die Chancen, dass du es durchziehst, ja immerhin bei 75 Prozent. Bei allem, was mit Mathe zu tun hat, eher 50:50, könnten aber auch nur 50 Prozent sein.

Entscheidest du dich gleich im ersten Jahr nach dem Abi für den Weg des Studiums, stehen die Chancen gut, dass es der unsichere Weg sein wird. Du wirst dir unsicher sein, ob du das Richtige machst. Du wirst dir unsicher sein, ob es die ganze Arbeit wert ist. Du wirst dir unsicher sein, ob deine Freunde, die ein freies Jahr einlegen (um Abstand zu gewinnen und nachzudenken), nicht doch die bessere Entscheidung getroffen haben. Und wie wir bei der Geschichte vom Australier in Extremform gesehen haben, trägst du diese Unsicherheit auch in andere Bereiche deines Lebens. Glaubst du nicht, du hast nach zwölf Jahren Schule eine Pause verdient?

LEBE MIT DEN KONSEQUENZEN

Anfang 2016 sprach ich mit einem werdenden Abiturienten, der es einfach auf den Punkt gebracht hat. Er fragte sich: Was machst du in einer Welt, in der du alles machen kannst? Die Antwort, die ich dir in diesem Kapitel anbieten will, heißt: nachdenken. Erst mal nachdenken, dann entscheiden. Doch was machst du, wenn du dich bereits jetzt im falschen Studium findest? Finde gute Gründe. Sei ehrlich zu dir. Kein Larifari Blabla von wegen »Das kann man immer gebrauchen«. Wer ist dieser »Man(n)« der das immer gebrauchen kann? Finde ehrliche gute Gründe, warum du studieren willst, was du studierst. Zeichne dir ein größeres Bild vom Leben und überlege, wie dein Studium da reinpasst. Und wenn es dir nicht gelingt, dann lass es. Ein Studium abzubrechen scheint heute wenig Anerkennung zu finden. Immer noch gilt der Drill: »Man muss immer wissen, was man will!«, »Man muss studieren«, »Man muss arbeiten, arbeiten, arbeiten«, »Man muss, man muss, man muss«. Wo bleibt denn da die Lebensfreude? Wo bleibt denn da das Abenteurer? Wo bleibt eine ehrliche und neugierige Auseinandersetzung mit sich selbst und der Welt? Und wie solltest du wissen, was du willst, wenn dich niemand danach gefragt hat? Alle haben doch immer nur gefragt: »Was willst du werden?« Oder: »Was willst du studieren?« Wie langweilig. Was willst du mit deinem Leben machen – das ist die entscheidende Frage, erinnerst du dich? Logo, du musst die Suche nicht ewig hinziehen, um mit deinem Leben zu beginnen (siehe Kapitel 10). Wenn du dich grade in einem Studiengang befindest, der dich langweilt, überfordert oder nicht in die Richtung führt, die du dir wünschst, drück mal auf Pause. Es ist kein Scheitern, wenn wir nicht wissen, was wir wollen. Erlaube dir ein Urlaubssemester, um zu entschleunigen, und stehe dazu. Dich auf Dauer mit dem falschen Studium oder der falschen Arbeit zu bedrücken raubt dir nur Energie und macht wortwörtlich krank. Würdest du dich auch in einer langweiligen Partnerschaft quälen, die nirgendwo hinführt?

Mach doch mal deinen eigenen Drill: »Es ist in Ordnung, wenn ich (mal für ein Jahr) nicht weiß, was ich will«, »Es ist in Ordnung, nicht studieren zu wollen«, »Es ist in Ordnung zu wollen, was ich will«. Denn wenn wir mal etwas über den Tellerrand des Studiums hinausschauen, ist es doch mehr als legitim, ja, sogar natürlich, mit dem Leben zu experimentieren, um herauszufinden, was *für dich* funktioniert.

ALSO …

… lass dir von niemandem erzählen, du *musst* sofort studieren. Finde für dich selbst raus, was du willst, und lass dir Zeit, deine

Zeit. Keine Firma der Welt braucht oder sucht mehr frustrierte oder verunsicherte Hochschulabsolventen. Gefragt sind Menschen, die mitdenken können und im Leben wo hingehen. Wenn du mitdenken können willst, lerne zuerst, für dich selbst zu denken. Wenn du deinem Leben eine Richtung geben willst, dann nimm dir die Zeit, dich selbst zu verstehen und deine verdammt guten Gründe zu entdecken.

Die Mythen, man könne das Lernen verlernen oder man sei zu alt für den Abschluss, sind Schnee von übermorgen – gibt es praktisch nicht. In der Uni legen wir, was das Lernen angeht, einen ganz neuen Gang ein. Darauf kannst du dich freuen, denn es ist nichts dagegen einzuwenden, im Lernen besser zu werden. In einem freien Zauberjährchen machen wir auch darin sicher enorme Fortschritte, weil wir mal sehen, was es bedeutet, ohne fremden Druck unser Leben zu gestalten, und üben, für uns selbst zu entscheiden.

Wer mehr sucht als einen Platz zum Arbeiten, hat es sowieso nicht eilig zu studieren. Das Zauberwort zu deiner bestmöglichen Zukunft heißt »Karrierechancen«. Die kann uns keiner geben. Die wollen wir lernen, uns zu erarbeiten und zu nehmen, indem wir unsere Talente entwickeln und mit guten Gründen unseren Weg gehen.

FALLE 1

FÜR GELD ARBEITEN

»Ich wünschte, alle Menschen würden ihre Träume
nach Reichtum erfüllt bekommen, denn dann würden sie sehen,
dass es nicht das ist, worum es in ihrem Leben geht.«[10]
Jim Carrey

Halt Stopp!, denkst du vielleicht. Jeder braucht Geld. Jeder muss irgendwie schauen, dass er finanziell flüssig ist! Du hast vollkommen recht. Jeder in unserer Gesellschaft muss sich mit Geld beschäftigen. Geld ist sehr, sehr wichtig. Doch obwohl Geld sehr, sehr wichtig ist, heißt das nicht, dass es wichtiger als andere Dinge ist, dass man allein für Geld arbeiten oder gar sein Leben an Geld und Einkommen orientieren muss. Und doch tun es so viele Menschen und nennen es normal. Es ist aber ein Unterschied, ob wir für Geld arbeiten und dabei unsere Zeit verkaufen, oder ob wir arbeiten, um etwas zu lernen, uns mit anderen zu vernetzen oder ein anderes höheres Ziel zu erreichen.

Überlege mal kurz: Wer allein des Geldes wegen arbeitet, macht genau das, was ca. 95 Prozent aller Menschen tun. Damit konkurrieren sie auch mit allen anderen, die dem Geld hinterherlaufen. Ja aber wofür soll ich denn sonst arbeiten?, magst du dich fragen. Darum geht es in diesem Kapitel. Wer in größeren Maßstäben denkt, wer mehr erreichen will, als Geld zu verdienen, gehört zu den wenigen freien Menschen, die ein Leben nach ihrem eigenen Entwurf leben. Wie bei allen anderen Dingen, die im Leben von Wert sind, wollen wir uns dieses freie Leben erarbeiten. Willst du dein Leben lang für Geld arbeiten, oder willst du dir einen Weg erschließen, auf dem Geld nur als eines von vielen Zahnrädern in der Maschinerie deines Lebens läuft?

*

Damit wir uns verstehen: Es ist mehr als in Ordnung, übermäßig viel Geld zu haben. Geld hat mehr Menschen Glück, Freiheit, Gesundheit und Ruhe im Leben gegeben als ein Mangel davon. Wie rappt Run DMC: »Won't you tell me the last time that love bought you clothes? It's like that, and that's the way it is … huh!«[11] Das hier wird auch keine »Lass dein Geld für dich arbeiten«-Predigt. Wenn ich sage, Geld ist ein Zahnrad in der Maschinerie deines Lebens, dann heißt das, Geld ist nur ein Teil, ein gleichwertiger und wichtiger Teil, deiner Entscheidungsfindung im Leben. Und das sollte es auch sein. Wie sagte Oscar Wilde überspitzt: »Als ich jünger war, glaubte ich, Geld sei das Wichtigste im Leben. Jetzt, wo ich erwachsen bin, weiß ich, dass es stimmt.« Ich kenne AbiturientInnen, die sagen »Ich will 'n Vermögen von 500 Millionen Euro«. Feier ich! Mein Ziel damals waren bescheidene 0,5 Millionen. Habe ich es erreicht? Noch nicht. Noch nicht mal ansatzweise. Warum? Weil es mir früher immer nur um Geld allein ging, nie um was Größeres, nie um die Menschen oder um den Wert, den ich gegen das Geld eintauschte.

ERFOLGREICH GESCHEITERT

Eine meiner ernsthaften Unternehmungen direkt nach der Schule war eine Selbstständigkeit als unabhängiger Finanzdienstleister. Oh ich weiß, mit einer Arbeit als Finanzdienstleistungspapierformulierberatungserklärvorleser kann man richtig angeben. Wie fast jeder frischgebackene Abiturient hatte ich alle Zeit der Welt zum Arbeiten. Nur wo? Für sechs Euro die Stunde Unkraut jäten war jetzt nicht so der Hit. Zufällig traf ich eine alte Freundin, und sie erzählte mir von einem überdurchschnittlich gut bezahlten Promotionjob. Lässig!, dachte ich mir. Promotion kann ich auch, und stolzierte Tage später ins Büro der Firma. Dann stellte sich heraus, womit die das eigentliche Geld scheffelten: mit Finanzdienstleistungspapierformelversicherungsinstrumenten – also Versicherungen, Fondsanteilen, Altersvorsorgeplänen usw. Von allen Mitarbeitern wurde ich freundlich behandelt, und nachdem die mir auch noch erklärten, wie viel Geld ich da verdienen konnte, war ich schwer beeindruckt und wollte direkt einsteigen – 100-prozentig. Die einzige Herausforderung bestand dann darin, Leute zu finden, die den Stoff brauchten. Potenziell waren das alle Menschen, die mit Altersvorsorge zu tun hatten, also letztlich jeder Mensch, der mir begegnete. Null problemo, dachte ich. Aber in Wahrheit gab es da ein Problemo. Problemo numero uno war eine alte Handelsweisheit, die lautet: »Wenn jeder dein Kunde ist, ist keiner dein Kunde.« Sich einen Kundenstamm aufzubauen braucht Wissen, Strategie und vor allem Zeit. Wer nur zwei von diesen drei Voraussetzungen erfüllte, hatte eine Chance. Ich hatte von allen nur eins. Das zweite Problem war das allseits bekannte Vorurteil gegen Finanzpeter und -peterinnen, nämlich, dass sie Halsabschneider und Geier sind. Woher sollte ich das wissen? Ich war nicht nur grün hinter den Ohren, weil ich grad frisch aus der Schule kam, sondern auch, weil ich von einer Lebensversicherung nur aus schlechten Krimis gehört hatte, in denen Leute andere umbringen, um die Kohle der Versicherung einzuheimsen. Doch all diese Probleme hatte ich nicht gesehen. Okay, seien wir fair, vielleicht hat mich jemand vor diesen Hindernissen gewarnt (ungefähr jeder in meiner Familie), und ich habe es nicht gehört, weil ich es nicht hören wollte. Alles, was ich wollte, war cash money, so viel wie möglich und so schnell wie möglich. Das Gute an meiner Einstellung war meine Bereitschaft, zu arbeiten und auf Leute zuzugehen. Auf der anderen Seite sah ich jedoch nur die Geldscheine als Ziel meiner Tätigkeit. Geld war die Fata Morgana auf der anderen Seite der Finanzwüste, die mich von meinen Arbeitsqualen erlösen würde. Wie so viele andere verfiel ich dem weit verbreiteten Glauben, dass, wenn ich nur Summe X verdient habe, ich endlich tun und lassen kann, was ich will. Wie kurzsichtig. Wie ignorant. Wie gewöhnlich.

Natürlich kannst du dir denken, was dann passiert ist: nichts, nada, niente. Also klaro, ich habe mich mit ein paar guten Freunden verstritten, weil ich ihnen »ermöglichen« wollte, von den »großartigen Angeboten« dieser Firma zu profitieren. Doch Kohle habe ich keine bekommen, nicht einen Cent. Das Einzige, was mir aus dieser Episode noch geblieben ist, ist das *Bekenntnis zum freien Leben* von Albert Schweitzer. Dieses 152 Worte kurze Bekenntnis hatte eine Führungskraft bei einem Training an uns ausgeteilt, und ich habe den Zettel noch bis heute. Aber noch was habe ich aus dieser Episode gelernt: Gehe nicht für Geld arbeiten! Jedenfalls dachte ich, dass ich das gelernt hatte.

WENN GELD MOTIVIERT

Ich weiß nicht, wie es dir geht, aber Zahlen motivieren mich nicht. Sicher, die Idee von Reichtum begeistert nahezu jeden Menschen. Doch holt der Wunsch nach einer langen Zahlenreihe auf einem Bildschirm einen Tag für Tag aus dem Bett? Wer sich vornimmt, eine bestimmte Summe Geld zu verdienen, kommt weniger in Wallungen durch die Vorstellung der Zahlen auf einem Bankauszug. Wer sein Gehirn beim Träumen beobachtet erkennt, es macht sich Bilder des Lebensstils, den das Geld ermöglicht, oder der glücklichen Gesichter, die am erstrebten Reichtum profitieren. Wer sich auf der negativen Seite mit Sorgen über Armut plagt, schiebt kein Kopfkino in Form von überzogenen Dispokrediten, sondern eher mit Bildern, wie man wieder zu Hause einzieht oder gar unter einer Brücke haust.

Wenn wir Geld wichtiger nehmen, als es ihm zusteht, passieren meistens zwei Dinge: Erstens, wir haben Dollarzeichen in den Augen. Zweitens, wir bleiben langfristig unmotiviert und unerfüllt.

Sprechen wir über die Dollarzeichen in den Augen. Du kennst sicher das Gefühl, wenn ein Verkäufer dir dein Geld aus der Tasche ziehen will. Es ist so eine Mischung aus Misstrauen und Genervtsein. Wer ist bei dieser Voraussetzung schon bereit, sein Geld auf den Tisch zu legen? Als Student habe ich in München als Stadtführer auf einer Fahrradriksha gearbeitet. Dabei war ich selbstständig und akquirierte meine Kunden selbst; ein gutes Verkaufs- und Verhandlungstraining. Es gab Tage, da lief das Business eher langsam, und es gab Tage, da schienen mir die Kunden einfach zuzufliegen. Aus meiner Erfahrung waren 80 Prozent der langsamen Tage Dollarzeichen-in-den-Augen-Tage. Ein Fahrer der schon über 10 Jahre Hauptberuflich tätig ist, sagte: »Die Kunden merken das, wenn du dich zu sehr anstrengst und es erzwingen willst. Es ist die Stimme, der Blick, die Körpersprache. An Tagen wie diesen [es war ein mieser Tag, an dem wir sprachen] kannst du nur eins machen: entspannen.«

80 Prozent der guten Tage hingegen waren Tage, an denen ich einfach Spaß mit den Kunden haben wollte. Was mir besonders Spaß machte, war, Sprüche auszutesten, die Leute ins Gespräch brachten, oder Antworten auf die immer gleichen Ausreden zu finden. Einmal antwortete ein Passant auf meine Einladung, indem er auf seinen dicken Bauch zeigte und scherzte »Wir müssen gehen…«, nach dem Motto das müsse er noch abtrainieren. Da konterte ich mit einem Augenzwinkern: »So weit kann der Weg aber nicht sein.« Ein vorbeigehendes Paar lachte schallend auf und sagte: »Bei dir fahren wir auf dem Rückweg mit.« Und tatsächlich, zwei Stunden später ging das Pärchen an all meinen Kollegen vorbei und stieg bei mir ein. Gier und Bedürftigkeit waren an solchen Tagen Fremdworte für mich. Wer unfreundlich, aber kaufwillig war, musste zu Fuß gehn – »Nächster bitte!«

Es scheint, wir haben alle ein Geldgierradar bei uns eingebaut, mit dem wir uns um Dollarblickpiloten herumnavigieren. Wer stressfrei Geld verdienen will, scheint also besser beraten, seine

Gier daheim zu lassen und andere gute Gründe mit zur Arbeit zu bringen als das Geld allein.

Zweitens, wenn wir allein des Geldes wegen arbeiten, bleiben wir langfristig unmotiviert und unerfüllt. Keine Frage: Geld ist unersetzlich in den Bereichen, in denen wir es brauchen. Und Geld ist unglaublich unwichtig in den Bereichen, in denen es uns nichts kaufen kann. Ja, das klingt banal, doch überlegen wir mal, wo Geld keinen Wert hat:

- in unserer Fähigkeit, großzügig zu sein,
- in der Wahl unserer wohlwollenden Einstellung gegenüber einer Aufgabe oder einem Menschen,
- was unseren Geschmack und Stil angeht,
- in unserer Redegewandtheit,
- was unseren Ehrgeiz, unser Bestes zu geben, betrifft,
- bei der Wahl unserer Freunde,
- und nicht zuletzt kann Geld uns keine Seelenruhe kaufen – das weiß doch jeder.

Würdest du sagen, die Sachen oben sind wichtig? Wichtig oder nicht, Menschen, die in diesen oben genannten Bereichen Schulnoten von 2+ oder besser bekommen, machen sich um Geld sicher keine Sorgen, ob sie welches haben oder nicht. Klar, Geld kann uns bei der Umsetzung all dieser Ideen helfen. Doch mit Geld allein kann kein Mensch zu einer Persönlichkeit werden, die auch ohne Geld für andere eine Bereicherung ist.

Das erinnert mich an die weit verbreitete Anekdote eines Mannes, der das Vermögen seines Großvaters geerbt hatte. Um es zu bekommen, musste er etwas für seinen toten Großvater erledigen. Seine Aufgabe führte ihn an einen Ort auf der anderen Seite der Erde. Von dort aus ging die Reise weiter zu einer neuen Aufgabe auf einem anderen Kontinent. Das ging so weiter, bis seine Aufgaben ihn schließlich einige Jahre später zum Vertrauten seines Großvaters zurückführten. Dieser sagte dann: »Dein Großvater wäre stolz auf dich. Wie versprochen bekommst du das Erbe. Doch das weitaus Wertvollere hast du schon: die Persönlichkeit, die durch die Reise aus dir geworden ist«.

Oder nehmen wir die Geschichte des Alchemisten von Paulo Coelho – #spoileralert. Ein mittelloser, aber gebildeter Schäfer aus Spanien erfährt von einem Schatz in einem entfernten Land zu Fuße großer Pyramiden. Dieser Schäfer tritt die Reise an und findet erst nach vielen Wochen und einer Reihe bedrohlicher Situationen den Ort, an dem der Schatz begraben liegen soll. Doch was er findet ist nicht der Schatz selbst, sondern eine Karte, die ihm zeigt, dass der Schatz bei ihm zu Hause in Spanien vergraben ist. Dieser Schäfer nahm all diese Strapazen auf sich, ließ sogar für den Schatz seine Herzallerliebste hinter sich, nur um herauszufinden, dass er für den Schatz dorthin musste, wo er hergekommen war. Das Entscheidende auch an dieser Geschichte ist nicht der Schatz selbst, den hat er schließlich innerhalb einer Seite des Buches herausgebuddelt. Was zählte, war die persönliche Reife, die er durch das Abenteuer gewonnen hatte.

So oft heißt es »*Work smart not hard*«, also »Arbeite schlau, nicht hart«. Das spart Zeit und bringt mehr Geld, das kann man auch in jedem *Mickey Mouse*-Heft lesen. Doch was heißt es, hart zu arbeiten? Davon scheint jeder irgendwie eine andere Vorstellung zu haben. Ein Chirurg arbeitet hart, und ein Hausmeister arbeitet auch hart. Die Anforderungen sind allerdings ganz andere, und deshalb werden sie auch unterschiedlich bezahlt, sehr unterschiedlich sogar. Die beste Definition von schlauer Arbeit, die ich finden konnte, lautet: Schlau zu arbeiten heißt nichts anderes als zu verstehen, wie die Dinge funktionieren. Kann es sein, dass es Zeit braucht, um zu verstehen, wie die Dinge funktionieren? Aber sicher! Kann es sein, dass wir genauso eine »Reise« durchmachen werden wie unsere beiden Abenteurer in den obigen Geschichten, um das, was wir verstehen, zu implementieren? Aber sicher! Denn jeder

Mensch braucht Zeit, bis er versteht, wie die Dinge (die Branche, die Kunden, der Arbeitgeber oder die Arbeitsabläufe bei der Arbeit oder die gesamte Wirtschaft) funktionieren. Kann es also sein, dass dieser Lernprozess, der zur schlauen (also zeitsparenden und geld-bringenden) Arbeit führt, an uns vorbeigeht, wenn uns Geld allein interessiert? Welch Ironie, oder? Zu lernen, Geld zu verdienen, geht an denjenigen vorbei, die nur an Geld allein denken.

GELD, BEDÜRFTIGKEIT UND SCHEITERN 2.0

Ein Jahr nach meinem Versuch in der Finanzbranche kam ein alter Freund aus Schulzeiten auf mich zu und erzählte mir, er habe *das* neue Ding entdeckt. Networkmarketing! Networkmarketing wird auch als Direktvertrieb oder *Multi-Level-Marketing* bezeichnet. Dabei geht es darum, Produkte an Menschen im eigenen Bekannten-kreis bzw. Netzwerk zu empfehlen. So kann die Firma einen Preis-vorteil an Kunden weitergeben, da sie viel geringere (oder keine) Werbekosten hat. Zusätzlich, und das ist das eigentliche Geschäft dabei, gewinnst du andere dafür, selbst wiederum die Produkte zu empfehlen und anderen dabei zu helfen, das Gleiche zu tun, und so weiter. (Wenn du den Stoff googelst, findest du sicher viel schlechte Kritik darüber. Es stimmt, viele Networkmarketing-Firmen sind fragwürdig. Doch es gibt auch seriöse Firmen. Die meisten Leute, die über Networkmarketing lästern, haben es nicht verstanden und höchstwahrscheinlich nicht ausprobiert.) Dieses Networkding von meinem Buddy jedenfalls machte es möglich, Menschen fair und legal dabei zu helfen, bei Alltagsausgaben, wie Telefon, Strom und Gas zu sparen. Wenn das Ding durch die Decke geht, muss ich nie wieder arbeiten, glaubte ich.

Verstehe mich richtig, obwohl jeder einsteigen kann, ist es aller-dings nur etwas für Leute mit ausgereiftem Businessverständnis. Und was machen Leute mit ausgereiftem Businessverständnis? Sie machen sich schlau über Dinge, die sie nicht kennen oder nicht verstehen. Leute, die schnell reich werden wollen, tun das nicht. Zwei Mal darfst du raten, was ich gemacht habe. Weil wir Business nicht in der Schule lernen, denke ich mal, du gehörst, so wie ich damals, zu den 99 Prozent aller AbiturientInnen, die kein ausgereiftes Businessverständnis haben. Eine etablierte Geschäftsfrau, die ich an einem der vielen Infoabende kennenlernte, sagte in etwa Folgendes über die Branche:

»In meinen 20 Jahren im Business habe ich so viele kommen und gehen sehen. Menschen, die diese Arbeit nur des Geldes wegen gewählt haben, scheitern daran, dass sie nicht wirklich helfen wollen. Es geht hier um Empfehlungen. Und wer empfiehlt jemanden, der nicht hilft?«

Ihre Worte hatte ich zwar damals gehört, aber nicht verstanden. Doch noch etwas habe ich von dieser Frau (erst Jahre nach unserer Begegnung) gelernt, nicht nur als Idee, sondern vom Gefühl her; etwas, was meiner Meinung nach das eigentliche Fundament ihres Erfolgs war: Unabhängigkeit! Unabhängigkeit ist das Gegenteil von Bedürftigkeit. Beim menschlichen Paarungstanz (auch *daten* genannt) zum Beispiel geht der- oder diejenige, die spitz ist wie Lumpi, und eine bestimmte Person unbedingt haben muss, muss, muss, meistens leer aus. Warum? Weil das bedürftiges Verhalten ist. Und nichts ist so abturnend wie Bedürftigkeit, weil sie eine seltsame Mischung ist aus Abhängigkeit, Gier und Unsicherheit. Sicher, wir alle brauchen andere Menschen, um unsere Ziele zu erreichen, und das ist auch gut so. So helfen wir uns gegenseitig. Diese Geschäftsfrau machte sich allerdings nicht zum Spielball der Ziele anderer. Letztendlich war sie nicht unabhängig, weil sie reich war. Sie war reich, weil sie unabhängig war.

Was war jetzt mit der Story von meinem alten Schulbuddy und der Telekommunikations-, Gas-, und Stromsache? Wenn ich mir die Gesichtsausdrücke und Kommentare derer vor Augen führe, denen ich dieses Business vorgestellt habe, sehe ich nur Verwunderung und Misstrauen. Zwei Begegnungen bleiben mir dabei besonders in Erinnerung. Bei der einen fragte mich eine gute Freundin aus der Schule: »Carlo, warum ich?«, also warum wollte ich, dass sie zu meinem Team gehört? Stotternd suchte ich nach einer glaubhaften Antwort, die nichts mit Geld zu tun hatte, doch kullerten mir nur irgendwelche leeren Komplimente aus dem Mund. Damit war die Sache durch, und ich auch. Die zweite bezeichnende Begegnung war mit einem Freund vom Bolzplatz. Nachdem er begriffen hatte, dass mein Geschäftspartner und ich ihn für *Networkmarketing* gewinnen wollten, schaute er nur noch abwesend in sein Telefon. Wir redeten weiter auf ihn ein und stellten den sensationellen Vertriebsplan vor, während er in sein Handy tippte. Bis heute ist mir schleierhaft, was er am Telefon gemacht hat, denn damals gab es noch keine Smartphones. Mit den Tasten konnte er nicht mehr tun, als SMS zu versenden und *Snake* zu spielen.

Kurzum, dieses neue Networkding, wofür mein alter Buddy mich gewonnen hatte, war genauso ein Lauf ins Leere wie die Arbeit ein Jahr zuvor mit den Finanzdienstleistungsgeldgesichtern. Weil Geld die Motivation war und das Geld erst mal ausblieb (aus Geldgiergründen), war schnell von Motivation keine Spur mehr zu sehen. Also wieder keine Kohle.

Wenn du noch eine Story lesen willst, wie ich Jahre später wieder dem großen Geld hinterhergelaufen bin, dann schalte auf Kapitel 5, wo ich davon erzähle, wie ich für einen lustigen Schotten in der spanischen Gemüsewüste kabelloses Internet verkauft habe, bzw. nicht verkauft habe.

DENK GRÖSSER ALS GELD

Geld und Arbeit sind untrennbar miteinander verbunden. Es ist nur gut und richtig, wenn wir nach Reichtum und Fülle streben – je mehr, desto besser. Doch wie wir gesehen haben, werden wir nicht unbedingt reich, indem wir den ganzen Tag allein auf das Geld schielen. Wie können wir nun diese scheinbar gegensätzlichen Ideen verbinden? Geschäftsmann und Multimillionär Oran Klaff erklärt: »Making life about money is a losing frame«[12]. Mit »frame« meint Oran den Rahmen, den wir setzen, um unser Verhalten und das anderer einzuordnen und zu bewerten. Wer beispielsweise am Strand im Rahmen eines ausgewiesenen FKK-Bereiches in seinem Adamskostüm rumrennt, wird akzeptiert und in Ruhe gelassen. Wer hingegen mit seinen naturgegebenen Juwelen ein Fußballspiel unterbricht, wird nicht zu vorsichtig vom Platz geholt. Wie wir Dinge bewerten, wird also maßgeblich vom Rahmen bestimmt, in dem sie stattfinden. Wenn es um Geld geht, setzen wir den Rahmen selbst. Oran sagt weiter: »Money is there to get people working together on a greater vision«[13]. Auf Deutsch heißt das dann: »Das Leben über Geld zu definieren ist ein verlierender Rahmen. Geld ist dazu da, um Menschen dazu zu bringen, an einer größeren Vision zusammenzuarbeiten.« Mit anderen Worten: Geld ist kein Erlösungsmittel von Arbeit, sondern ein Ermöglichungsmittel für Arbeit – richtig gelesen: *Ermöglichungsmittel*. Meine gut situierte Schwägerin meinte mal »Geld ist mehr als ein Stück Papier«. Genauso ist Arbeit mehr als Broterwerb. Arbeit stiftet Sinn. Wer beschäftigt ist, dient anderen und kann, wenn er oder sie die Arbeit gut gewählt hat, neben Geld auch Abenteuer, Erfüllung oder einen Lebensauftrag finden. Alles beginnt mit der Frage, in welchen Dienst und welchen Rahmen wir Geld stellen.

Ein europäischer Banker bewarb sich Anfang der 1930er Jahre bei Bankhäusern in New York. Seine mitgebrachte Arbeitserfahrung erwies sich als Nachteil, da die Amerikaner eher lernhungrige und formbare Verkäufer suchten. Nach unzähligen Bewerbungen saß er endlich im Vorstellungsgespräch mit zwei weiteren Brokern. »Sagen Sie mir, meine Herren«, schloss der Vertreter der Bank das Bewerbungsbattle ab, »was machen wir hier eigentlich in diesem Geschäft?« Der erste Bewerber sagte: »Wir kaufen und verkaufen

Wertpapiere.« Der zweite dachte schon weiter und meinte: »Wir spekulieren auf Trends im Markt.« Schließlich sagte der Europäer: »Wir investieren in die Zukunft Amerikas.« Mit wem würdest du gerne zusammenarbeiten?

Geld zum einzigen Rahmen unserer Absichten und Handlungen zu machen ist eine Perspektive, mit der wir im Leben (und natürlich auch im Business) verlieren. Warum? Nicht nur, weil Menschen mit Dollarzeichen in den Augen unsympathisch sind, sondern auch weil wir so mit 95 Prozent der Menschen im Geschäftsleben konkurrieren. Die meisten Menschen machen nämlich genau diesen Fehler. Macht es da nicht mehr Sinn, zu den fünf Prozent der freien Menschen zu gehören, die einfach für ihre eigenen Ziele arbeiten und mehr aufbauen wollen als Kreditkartenhäuser?

SELBSTVERWIRKLICHUNG – EIN »FIRST WORLD PROBLEM«?

Wir leben in Europa einer freien Welt. Unseren Beruf können wir uns selbst aussuchen. Unseren Liebes- und Lebenspartner können wir selbst wählen. Wann und wohin wir auf Reisen gehen, können wir auch selbst entscheiden. Selbst den Grad unserer Bildung und unseres gesellschaftlichen Status können wir kraft unseres Ehrgeizes selbst bestimmen. Klaro, Bildung und Status wollen wir uns erarbeiten. Der Punkt ist, wir haben die Freiheit, es zu tun. Das war nicht immer so. Bei den alten Römern, Griechen und den benachbarten Babyloniern und Ägyptern war Sklaverei selbstverständlich. Wer bei denen zum Beispiel seine Schulden nicht begleichen konnte, wurde versklavt. In Europa gab es bis ins 19. Jahrhundert Leibeigene (das deutsche Wort für Sklave, wenn du mich fragst), so wie es in den USA bis 1865 Sklaven gab. All diese Menschen »gehörten« ihren Gutsherren. Laut der *Walk Free Foundation*, die

Sklaverei in unserer heutigen Zeit bekämpft, gibt es heute 45,8 Millionen Menschen[14], die als Sklaven arbeiten. Stell dir das mal vor: Diese Menschen haben vielleicht ihr ganzes Leben lang nicht die Chance, sich selbst zu verwirklichen. Ist Selbstverwirklichung dann nur noch ein Luxus? Anders gefragt: Heißt das, dass wir es uns jetzt schwermachen müssen, ein schlechtes Gewissen haben sollten und unsere Umstände nicht noch weiter verbessern dürfen, weil es so vielen andern Menschen schlechter geht?

Vielleicht gibt es Kritiker, die meinen, es sei ein *first world problem*, sich über Selbstverwirklichung Gedanken zu machen. Sie könnten sagen: »Was soll dieses ganze Freiheits- und Selbstentfaltungsgerede. Das sind doch keine Probleme. Geh arbeiten und leiste was für die Gesellschaft!« Hm, mir scheint, solche Kritiker haben das Konzept der Freiheit noch nicht ganz durchdrungen. Leistung ja! Arbeit ja! Einen Beitrag leisten oh ja! Nur muss ich dafür mit meiner eigenen Freiheit bezahlen?

Unsere Schwierigkeiten der Orientierungslosigkeit und des Überschusses an Möglichkeiten abfällig als *first world problems* zu bezeichnen ist nicht nur unfair, sondern auch falsch. *First world problems* sind keine Probleme in dem Sinne, als wären sie nicht wichtig, gewichtig oder lösenswert. Ein Leben in Freiheit hat seine eigenen offensichtlichen Herausforderungen, die es für jeden Einzelnen zu meistern gilt. Earl Nightingale sagt: »Wer nicht liest, ist nicht besser dran als derjenige, der nicht lesen kann«[15]. Genauso ist derjenige, der mit seiner Freiheit nichts anzufangen weiß, nicht viel besser dran als derjenige, der nicht frei ist. Eine der größten Schwierigkeiten, mit denen wir uns wissentlich oder unwissentlich beschäftigen, ist die Freiheit selbst. Nennen wir dementsprechend Herausforderungen wie Selbstentfaltung, Orientierungslosigkeit oder Entscheidungsunfähigkeit ab jetzt besser *freedom problems*, also Freiheitsprobleme. Das nächste Kapitel lässt schon grüßen, denn Verantwortung ist sicher ganz oben auf der Liste der Probleme, die die meisten Menschen in der freien Welt herausfordern.

Zynische Menschen glauben, die Welt sei ungerecht und schlecht, dass reiche Menschen andere Menschen ausnutzen. Sicher, solche Menschen mag es geben. Doch die gibt es in jeder Gesellschaft. Es gibt auch arme Menschen, die andere Menschen ausnutzen. Das hat nichts mit Arm oder Reich zu tun. Freiheit ist nicht eine Position auf einem Podest, bei dem man über der Masse steht. Freiheit ist was Individuelles. Frei sind die Menschen, die ihre Umstände und Möglichkeiten zu nutzen und auszubauen wissen. Das sagen uns zumindest die Häftlingsgeschichten von Menschen wie dem Österreicher und KZ-Häftling Victor Frankl, dem amerikanischen Gefangenen Victor Herman (in russischer Gefangenschaft) und Louis Zamperini (in japanischer Gefangenschaft) und Nelson Mandela.

Stellen wir uns für einen Moment vor, Freiheit ist wie eine Leiter. Auf dieser Leiter stehst nur du allein. Je weiter oben wir auf dieser Freiheitsleiter sind, desto mehr Möglichkeiten haben wir, über unser Leben zu entscheiden. Auf jeder Sprosse ist der Ausblick neu. Nach dem Abitur zum Beispiel hast du eine weitere Sprosse erklommen, weil du noch mehr Freiheiten und Möglichkeiten hast als zuvor. Doch es geht noch weiter nach oben. Studium, Geld, Beziehungen, Lebenserfahrungen, Wissen und Weisheit, all diese Dinge ermöglichen dir neue Sichtweisen und Handlungsmöglichkeiten. Wie weit du nach oben kommst, liegt ganz bei dir. Wie hoch die Leiter ist, weiß keiner. Doch je mehr Menschen in einer Gesellschaft auf ihrer eigenen Leiter emporklettern, desto reicher und friedlicher ist sie. Wie wäre es mit einer Gesellschaft, in der sich Familien vertragen und verstehen, anstatt sich zu bekämpfen? Wären wir da nicht alle ein Stück freier? Sicher, Konflikte wird es immer zwischen Menschen geben, doch warum müssen sie sich gleich dafür beschimpfen oder umbringen? Wie wäre es mit einer Gesellschaft frei von finanziellen Problemen, frei von Sorgen und Ängsten, frei von Eifersucht, Hass, Mobbing, Orientierungslosigkeit, Fettleibigkeit, Krankheiten, Langeweile und Depression? Das sind doch echte Probleme, oder nicht? Das sind mögliche Sprossen, die es auf der Leiter zu erklimmen gilt, einen Schritt nach dem anderen. Solange diese Probleme einzeln oder zusammen bestehen, begrenzen wir uns darin, unser Leben in vollen Zügen zu leben. Nur weil wir Internet, Smartphones und Elektroautos haben, heißt das etwa, dass wir schon auf dem Olymp der gesellschaftlichen Entwicklung sind? Und selbst wenn wir all diese oben erwähnten Probleme gelöst haben sollten, vielleicht in ein oder zwei Millionen Jahren, wie könnte es dann weitergehen? Gibt es nicht noch eine Sprosse auf der Freiheitsleiter? Und noch eine? Du siehst, auch in der sogenannten freien Welt haben wir noch einige Probleme zu lösen. Diese Fragen werden wir hier und jetzt nicht beantworten, doch zeigen sie, dass die Probleme der freien Welt genauso würdig sind, angepackt zu werden, wie die Probleme anderswo. Der Punkt ist, Freiheit hat viele Facetten. Nicht allein für Geld arbeiten zu müssen, ist nur der Anfang.

LERN DOCH, WAS DU WILLST

Wie gesagt, über uns selbst entscheiden zu können, und nicht allein für Geld arbeiten zu müssen, ist erst der Beginn von Freiheit. Wenn das so ist, wie machen wir dann von hier aus weiter?

Wenn es um Geld geht, wollen die meisten Menschen auf der Welt vor allem eines: einen Job. Ein Job bringt Geld, ja, doch meistens bringt er nicht mehr. Was kann oder soll ein Job denn noch bringen? Wie wäre es mit anderen Werten oder Ressourcen wie Zeit, Flexibilität, Autarkie, Kontakte und Wissen. Der berühmte Abraham Maslow hat sich zu Beginn des 20. Jahrhunderts gefragt, warum nur wenige Menschen mehr aus ihrem Leben machen. Er wollte wissen, warum so wenige daran arbeiten, sich selbst zu verwirklichen, also wirklich sie selbst zu sein. Die Ergebnisse seiner Arbeit beschreiben, welche unterschiedlichen Bedürfnisse Menschen haben und wie Menschen von ihnen motiviert werden. Seine Kategorisierung beginnt mit Grundbedürfnissen wie Atmung, Essen, Trinken und Sex. Danach kommen Bedürfnisse nach Sicherheit und Arbeit, sowie Familie, Freundschaft und Intimität. Erst weiter oben in der Hierarchie findet man Wünsche nach Erfolg, Respekt und schließlich Spiritualität, Moral und Kreativität. Heute ist seine Einteilung in Form der Bedürfnispyramide weit verbreitet. Das Interessante ist jedoch, dass die Pyramide nicht von Maslow selbst entwickelt wurde. Maslows Arbeit bestand lediglich darin, die oben gestellte Frage zu beantworten. Im Zuge dessen stieß er auf die Bedürfnisse und kategorisierte sie. Das Ergebnis seiner Arbeit ist nicht, dass die Bedürfnisse des Menschen in dieser Reihenfolge befriedigt werden müssen, sondern vielmehr, dass Menschen sich dafür entscheiden, ihre Bedürfnisse in dieser Reihenfolge zu befriedigen. Und das ist der Grund, weshalb sie nicht wirklich sich selbst und ihr Leben ausleben. Anders gesagt: Wer Selbstverwirklichung ganz an die Spitze der Pyramide stellt, also in der Reihenfolge ganz nach hinten, braucht sich nicht zu wundern, dass er oder sie so lang braucht, um sie zu erreichen. Noch mal: Selbstverwirklichung bedeutet, wirklich zu sein, wer du bist. Dieses Ziel betrifft jeden Menschen. Und weil Arbeit ein so großer Teil unseres Lebens ist, sollte sie uns nicht dabei hindern, sondern unterstützen. Doch damit sie das kann, dürfen wir nicht bei den einfachsten Bedürfnissen nach Essen, Trinken, Schlaf und Sex anfangen. Wie schreibt Maslow: »Wer sagt, dass ein Mangel an Liebe weniger wichtig [zu behandeln] ist als ein Mangel an Vitaminen?«[16] Fange bei deinen Wünschen an. Fange bei deinen Träumen an. Fange an bei dem, was du geben kannst und willst. Es mag einfach klingen, doch wenn es so leicht wäre, würden es so viele Menschen tun.

Es liegt an uns herauszufinden, womit wir uns beschäftigen wollen. Erst wenn wir damit beginnen, können wir Menschen finden, die unsere Tätigkeit so sehr schätzen, dass sie uns dafür bezahlen. Sicher, es kann ein Studium und einige Arbeitsstellen brauchen, bis wir an diesen Punkt kommen. Wir fahren langfristig jedoch am sichersten, im persönlichen wie im finanziellen Sinne, wenn wir uns danach ausrichten, aus unseren Fähigkeiten und Wünschen Kapital zu schlagen, statt nur aus dem Verkauf unserer Zeit gegen Geld.

Nach fast vier Jahren des Reisens und Experimentierens wollte ich zur Abwechslung was Vielversprechendes anpacken. Wenn es sich nicht lohnte, für Geld zu arbeiten, dann müsste es sich wenigsten lohnen, für Geld zu studieren. Dann könnte ich mir den passenden Job aussuchen. Und mit welchem Studium kriegst du fast jeden Job? Richtig, mit BW fucking L – **B**ulimiemäßig **W**irtschaft **L**ernen. Beim Einschreiben für BWL kam bei mir Hochzeitsstimmung auf, denn ich glaubte, endlich »das Richtige« gefunden zu haben. Doch wie das bei den meisten Ehen so ist, war bald von dieser Hoch-Zeit nicht mehr viel zu spüren. Wenige Wochen nach Semesterbeginn waren meine obersten Prioritäten Ausschlafen und ausgiebiges Essen. Ich studierte nicht tagelang Rechnungswesen, sondern nächtelang Sitcoms. Und am Wochenende noch in die Bar? Aber klaro, ich konnte doch nicht meine Kumpels vernachlässigen. Was kann schon schiefgehen?, dachte ich mir Mit BWL mach ich jetzt endlich was Vernünftiges. BWL zu studieren war cool und machte reibungslose Familienbesuche und Tischgespräche. Doch weil mir wieder verdammt gute Gründe fehlten, ließ ich meinen Grundbedürfnissen freien Lauf und wurde in dieser akademischen Ehe zu einem Gatten mit einer ordentlichen Plauze der Gleichgültigkeit. Da hat mein Abo beim *Handelsblatt* auch nicht helfen können. Mich derart gehen zu lassen, war angenehm, nett und schön, doch was hat es mir letztendlich gebracht? Was es mir gebracht hat waren drei Drittversuche. Zwei dieser Drittversuche habe ich verhauen und darf deshalb in Deutschland nicht mehr BWL studieren. Was für eine Scheidung.

Noch mal, Selbstverwirklichung ist nicht die Spitze der Pyramide, weil Menschen so gebaut sind. Selbstverwirklichung ist die

Spitze, weil sich Menschen dafür entscheiden. Vielleicht sagst du jetzt: »Aber Carlo, wir müssen doch essen und schlafen und so weiter.« Ja, das müssen wir. Und doch ist es unsere Entscheidung, wann wir das müssen und wie viel wir das müssen und warum wir das müssen. Wir haben jedoch alle ausreichend Zeit, neben der Befriedigung dieser Grundbedürfnisse auch an unserer Erfüllung zu arbeiten, richtig gelesen, zu arbeiten.

An meinem Badezimmerspiegel hängt ein Spruch von meinem Lieblingskoch Gordon Ramsey: *Don't get intimidated, get organised.* »Lass dich nicht einschüchtern. Organisiere dich.« Jeder Koch weiß, wie heiß es in einer professionellen Küche hergeht. Starköche haben jahrelang ihre 12, 16 oder 18 Stunden täglich gearbeitet und sind zum Schluss mit geschliffenen Fähigkeiten aus diesem jahrelangen Lernprozess rausgekommen. Nun gibt es so viele Möglichkeiten zu arbeiten, wie es Firmen und Positionen gibt. Nach Arbeit zu suchen ist so, als würden wir lesehungrig in einen Buchladen gehen und uns fragen, welches der 1000 Bücher wir zuerst lesen wollen. Wo wollen wir bei der Suche nach Arbeit beginnen? Zum Glück gibt es eine Antwort auf diese fundamentale Frage: Wir sollten uns zuerst daran orientieren, mit welchen Menschen wir arbeiten, und zweitens was wir dort lernen.

Kommen wir zum ersten Punkt: Welche Menschen findest du bei deiner Arbeit? Als ich mich bei der Post als Briefsortierer beworben hatte, war es ursprünglich wegen der kurzen Strecke zum Briefsortierzentrum und weil die Post über zehn Euro die Stunde zahlte. Warum ich blieb war ein ganz anderer Grund.

Die Tür zur Maschinenhalle ging auf, und neben dem süßen Geruch von Papier vernahm ich vor allem das Klackern und Summen der Maschinen. Der Personalleiter, ein älterer Herr mit kurzen grauen Haaren, Brille und einer zu großen hellblauen Jeanshose sagte: »Hier lang« und ging gemächlich vor mir an den Briefsortiermaschinen vorbei. Mit staunenden Augen schaute ich beeindruckt dem Sortierpersonal zu und versuchte, mir ein Bild davon zu machen, wo das Summen der Maschinen herkam. Auf der Inputseite der Maschine schwenkte eine kleine Frau mit Leichtigkeit die gelben Briefeimer auf kleine Förderbänder, an deren Ende die Briefe von der Maschine einzeln reingezogen wurden. Am anderen Ende stand eine weitere Person, die mit der Geschwindigkeit und den Bewegungen eines Kung-Fu-Kämpfers die nun neu geordneten Briefe in andere gelbe Kästen sortierte. Alle Bewegungen und Vorgänge ging rasend schnell. Doch trotz der unerbittlich nachkommenden Mengen an Briefen, die in gelben Kästen per Fließband aufrückten, und trotz des Lärms wurde bei allen mit einer Ruhe gearbeitet, die ich bei einem Konzern wie der Post nie im Leben erwartet hatte. Mein Begleiter war an einer Tür angekommen und winkte mich zu sich. Wir gingen in den Keller, und ich bekam einen Spind, Stahlkappenschuhe und Handschuhe. Wieder oben angekommen, fielen mir inspirierende Zitate an den Wänden auf, sowie Feedbackboxen und mehrere Wasserzapfsäulen mit kostenlosem Wasser. Bis auf wenige Ausnahmen schienen alle gerne hier zu arbeiten. Die Stimmung war entspannt und zielgerichtet zugleich. Es waren nicht die Aufgaben, die besonders spannend waren, auch die Arbeitszeiten waren nicht immer die besten, denn auch sonntags wird Post sortiert. Neben einer fairen Bezahlung lag die positive Einstellung vor allem an den Menschen. Hier bin ich also, bei einem Konzern wie der Post und sortiere Briefe (eine Tätigkeit, die ohne Zweifel an den Arbeitsabläufen gemessen der absolute Gipfel der Monotonie unter all meinen gefühlt 157.399 Arbeitserfahrungen war), und auch ich mach es gerne. Nicht nur wegen des kurzen Wegs zur Arbeit, nicht nur wegen der fairen Arbeitsbedingungen und angemessenen Bezahlung, sondern vor allem wegen der Menschen.

Bei meinem Stammitaliener Gino ist jeden Tag die Hölle los. Wenn das Mittagsgeschäft vorbei ist, komme ich auf eine Pasta und einen Cappuccino vorbei, und er nimmt sich Zeit, sich mit mir zu unterhalten. Im Restaurant herrscht eine familiäre Atmosphäre, und auch sein Küchenpersonal kommt gerne bei ruhigem Betrieb raus und setzt sich zu uns. Jedes Mal werde ich freundlich und aufmerksam gegrüßt. Ich brauchte nicht lange, um herauszufinden warum der Laden jeden Tag voll ist, warum er so lange die gleichen Mitarbeiter hat (was grade in der Gastro selten der Fall ist) und warum das Essen so gut ist: wegen der Menschen, genauer gesagt, wegen Gino. Sein oberster Koch sagt immer: »Wir sind hier wie Familie. Gino macht auch mal klare Ansagen, weil er der Chef ist, aber alle sind wir hier gleich wichtig.« Bei Gino arbeiten die Menschen wegen der Menschen.

Neben dem menschlichen Aspekt zählt eine weitere wichtige Sache bei der Arbeit, nämlich was wir lernen. Wenn wir schon für jemanden arbeiten und ihn oder sie damit reicher machen, ist es nicht sinnvoll, dabei wenigstens schlauer und fähiger zu werden? Im Verkauf zum Beispiel lernen wir, Menschen mit Ideen, Produkten und Dienstleistungen zusammenzubringen – eine zeitlos wertvolle Fähigkeit. In jedem Team lernen wir, entweder als Führungskraft Menschen anzuleiten oder, als aufmerksames Teammitglied, uns von Menschen leiten zu lassen. Wenn du in einem Feld arbeitest, in dem dich die Inhalte interessieren, vielleicht im Kino, einem Buchladen, einem Modeladen, einer Backstube, einer Mode- oder Medienagentur, einem Fahrradladen oder Autohaus, mag es sein, dass dir die Leute nicht gefallen und die Kohle unter deinen Möglichkeiten ist. Die zentrale Frage lautet dann: Was will ich aus dieser Arbeit lernen? Frage dich: Von welchen Menschen lerne ich hier? Wenn ich in dieser Firma und dieser Position tätig bin, wie bringt mich das charakterlich oder in meinen Fähigkeiten voran? Die Arbeit kann ja auch soziale Arbeit sein. Statt Geld bringt sie Lebenserfahrung. Der Punkt ist, wenn wir die Einstellung wählen, unsere Arbeit als Gestaltungsprozess unserer Fähigkeiten und Person zu sehen, investieren wir unsere Zeit. Das heißt, wir bekommen Zeit zurück, sobald wir als fähigere Menschen unsere Vorhaben in weniger Zeit verwirklichen oder in der gleichen Zeit mehr erreichen. Wie sagte Jim Rohn: »Wer in seinem Job hart arbeitet, verdient ein Gehalt. Wer an sich arbeitet, verdient ein Vermögen.«[17]

Noch ein Job meiner Unizeit war eine Trainertätigkeit in einem Büro für Projektmanagement. Zehn Euro pro Stunde gab es für diese Stelle als Werkstudent. Als Stadtführer hätte ich das Doppelte verdient, mindestens. Selbst in meinen Zeiten als Briefsortierer bei der Post habe ich mehr verdient. Doch warum habe ich den Job gewählt? Weil ich dort bei der Arbeit zum Trainer für Kommunikation und Verkauf ausgebildet wurde, kurz, fähiger wurde. Nur wenige Monate nach meinem Arbeitsauftakt kam ein ehemaliger Studienkollege aus BWL-Zeiten auf mich zu und sagte: »Carlo, du arbeitest doch jetzt als Trainer oder?« Ich so: »*Absolutely!*« Er sagt: »Ja, da hab ich 'nen Kontakt zur Hochschule, die suchen 'nen Trainer für Präsentationskurse.« Mit meinem neuen Job und meinen bis dahin gesammelten Erfahrungen als Redner war ich natürlich der beste Mann für den Job. Mit der Hochschule verstand ich mich wunderbar und bekam auch gleich einen Auftrag. Da habe ich dann mehr Geld verdient als bei der Post, das kann ich dir versichern.

Nehmen wir doch die Geschichte von meinem Buddy Joshua. Wir lernten uns auf einem Kommunikationstraining kennen und haben bald darauf gemeinsam ein Projekt zum Thema Kommunikation gestartet. Bevor er Unternehmer wurde, arbeitete er viele Jahre äußerst loyal und gewissenhaft für eine studentische Unternehmensberatung. Klar wollte er dort Geld verdienen, doch ging es für ihn um mehr. Er wollte schon immer selbst ein Unternehmen gründen und lernte in dieser Zeit so viel darüber, wie er konnte. Wenn du bei Josh in die Wohnung kommst, sind das Erste, was dir auffällt, die vielen Bücher (der Farbe nach geordnet), deren Themen sich hauptsächlich um Business, Design, Entrepreneurship und Unternehmerpersönlichkeiten drehen. So wechselte er mit den Jahren vom Unistudium zum Eigenstudium und gründete sein eigenes Unternehmen. Jetzt stellte er die Studenten ein, die er in seiner Zeit beim alten Laden kennengelernt hatte. Joshua hat gearbeitet, um zu lernen. Jetzt *lässt* er arbeiten um zu lernen.

Oder nehmen wir Michael als Beispiel. Michael ist Mitte 20, hat nicht studiert und ist als Filmproduzent mittlerweile für Projekte mit Millionenbudgets zuständig. Anders als sein studierter Bruder ist Michael Jahr für Jahr weltweit auf Drehs unterwegs, ist den ganzen Tag mit seinen Gedanken bei der Arbeit, am Telefon und am Computer (manchmal ein wenig viel, findet seine Freundin). Doch nicht weil er muss, sondern weil er will und weil er weiß warum. Michael will das Filmgeschäft lernen. Auch wenn es in seinem Job um hohe Summen geht, wird er dabei selbst nicht grad mit Geld überschüttet, noch nicht. Als ich ihn fragte, worin er die Gewissheit findet, dass alles gut geht, sagte er schlichtweg: »Ich finde Gewissheit darin, dass das mein Weg ist. Mein Weg muss für mich gut gehen.«

Michael und Joshua sind nur zwei von vielen Tausend Beispielen von Menschen auf der Welt, die ohne Studium ein gelungenes Leben führen. Das soll aber nicht heißen, ein Studium ist für jeden überflüssig oder nutzlos. Wenn ein Studium »nur« hilft, den Horizont zu erweitern und uns im Dschungel der Möglichkeiten zu orientieren, ist es das mehr als wert. Andere Gründe als Geld in unserer Arbeit zu finden, wollen wir allerdings unabhängig vom Studium lernen. Das darf jeder auf seine eigene Weise herausfinden.

ALSO ...

... arbeite nicht für Geld. Und arbeite erst recht nicht hart für Geld. Wenn wir uns an Geld allein orientieren, bewegen wir uns in einem verlierenden Rahmen, weil wir uns verhalten wie 95 Prozent der Menschen. Finde lieber gute Gründe zu arbeiten, und du findest mehr als genug Arbeit. Sobald wir unser Leben größer denken als Geld, also Geld lediglich als ein Zahnrad in einer größeren

Ideenmaschinerie sehen, ändert es seine Bedeutung. Wir werden unabhängiger von Geld in unseren Entscheidungen. Wir werden strebsamer, ehrgeiziger und ausdauernder bei unseren Projekten. Und auch wenn Geld zunächst in anderen Mengen fließt, als es für den gewünschten Lifestyle geplant ist, werden wir dabei trotzdem glücklicher.

Wenn es in deinem Leben nicht mehr um Geld allein geht, beeindruckt dich Geld auch nicht mehr. Was dann für dich bei Menschen zählt, sind sinnvolle Motive und ausgefallene Lebensentwürfe, von denen du lernen kannst. Auf der Suche nach geeigneter Arbeit konzentriere dich auf zwei Dinge: erstens auf die Menschen, mit denen du arbeitest, und zweitens auf das, was du in der Arbeit, deiner speziellen Position oder von den Menschen in der Arbeit lernst. Je mehr wir lernen, desto besser verstehen wir, wie Dinge funktionieren. So machen wir uns auf den Weg von harter Arbeit zur schlauen Arbeit. Ja, das kann anstrengend und zeitaufwendig sein. Doch meistens ist anstrengende Arbeit nicht harte Arbeit, sondern lediglich die falsche Arbeit.

Wer sich einer Arbeit hingibt, die hart ist, einem nicht entspricht oder nur dem gewünschten Kontostand entsprechen soll, steht eines Tages mit leeren Händen und leerem Geiste da. Gute Gründe, selbst gewählte gute Gründe, etwas zu tun, lässt die Idee von harter Arbeit schwinden. Wer ist sich schon zu schade zu tun, was es braucht, um ein selbst gewähltes Ziel zu erreichen? Was uns nach einem gelungenen Job bleibt, ist nicht nur gutes Geld, sondern der Mensch, der aus dir geworden ist.

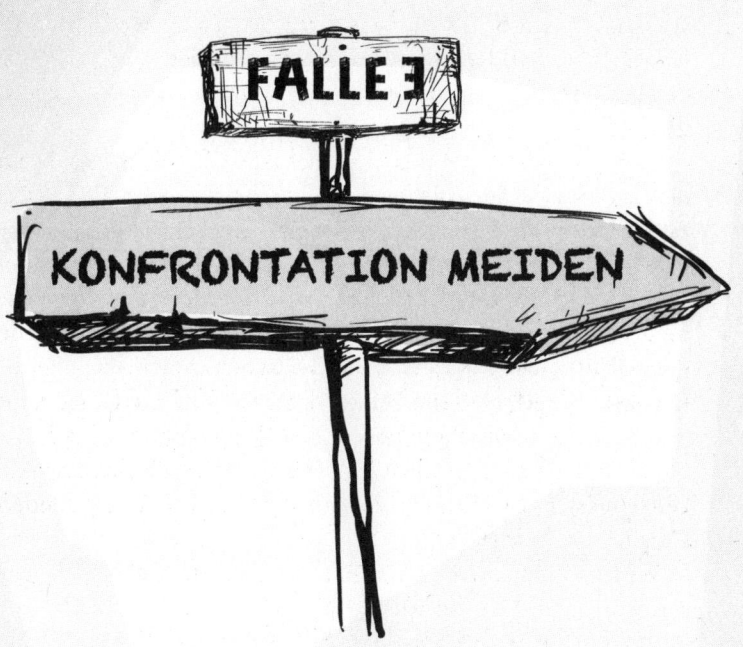

FALLE 3

KONFRONTATION MEIDEN

»Wie du antwortest, zeigt deinen Charakter.«[18]
James Marshall

Verantwortung, damit beginnt doch der Ernst des Lebens, oder? Also, der Ernst des Lebens ist nicht grade mein bester Freund, denn er ist nicht nur langweilig, sondern irgendwie bei jedem anders. Und doch überall, wo man ihm begegnet, taucht eine Sache immer wieder auf: Verantwortung. Doch was ist das?

Machen wir es doch mal einfach: Das Leben bedient uns tagtäglich mit Situationen und Begegnungen. Wir antworten ständig auf Reize und Eindrücke. Wer es vermeidet, Rede und Antwort zu stehen, vermeidet Verantwortung. Wer sich Konfrontationen stellt, nimmt sie an. Vereinfacht gesagt, ist Verantwortung also lediglich die Fähigkeit zu antworten. Konfrontationen zu meiden, ist somit der sicherste Weg, ein anstrengendes und sorgengeplagtes Leben zu führen. Segler würden sich ja auch gerne eine konstante Brise wünschen, doch jedes Wasser bringt auch Böen, Stürme und Flauten mit sich. Ein guter Segler feiert die Herausforderungen auf dem Wasser.

Das hier ist keine »Lern Verantwortung zu übernehmen«-Predigt. Es geht darum, besser darin zu werden, Antworten auf die Situationen und Fragen des Lebens zu finden, genauso wie jemand, der meisterhaft segeln will, lernt und übt, Ausrüstung, Boot, Wind, Wetter und See zu beherrschen, indem er oder sie sich ihnen stellt.

*

Wer Verantwortung und Konfrontationen meidet, meidet auch Freiheit. Es ist nicht dumm, Freiheit zu meiden. Es ist einfach feige, es ist ängstlich. Und ist es nicht das Natürlichste der Welt, Angst zu haben? Hat nicht jeder Mensch Ängste? Meine erste große Angst nach dem Abitur war es, beim Wehr- oder Zivildienst meine Zeit zu verschwenden. Denn alles, was ich nach der Schule wollte, war *action*, *business* und *satisfaction*. Diese Dienste waren damals ja noch verpflichtend, und keiner von ihnen passte in meine Planung. Mein oberstes Ziel war es also, um jeden Preis den Zivi zu vermeiden. Für mich war es schlichtweg unfair, dass ich es mir nicht aussuchen durfte. Der Konfrontation mit meiner gesetzlich vorgeschriebenen Dienstpflicht zu entkommen, hatte oberste Priorität.

Um eine lange Geschichte kurz zu machen: Vor dieser Verantwortung zu flüchten, hat mich eine Menge Aufwand gekostet und nur Schwierigkeiten gebracht. Es kostete mich Energie, mir Alternativpläne auszudenken. Es kostete mich Energie, die Musterung zu meiden und aufzuschieben. Und am meisten Energie kostete mich schließlich, sofort zu studieren, was auch darauf abzielte, meinen Einzug zu verhindern. Ich dachte mir: Wenn ich das mit dem Zivi nur so lang wie möglich aufschiebe, wird es sich schon in Luft auflösen. Durch diese Vermeidungsstrategie traf ich eine fatale Entscheidung nach der anderen. Jahre später fand ich mich immer noch ohne nennenswerte Abschlüsse, Einkünfte oder Erlebnisse im Leben wieder. Welch Ironie, dass die Angst, meine Zeit zu verschwenden, mich nur mehr Zeit gekostet hat.

Damals dachte ich, es ginge um die Sache, also darum, dass ich der Zivildienstpflicht entkomme. Doch heute sehe ich, es war nicht das Zivi, vor dem ich weglief. Es hätte auch ein Studium, eine Ausbildung, ein Vollzeitjob, ein Familienproblem oder irgendetwas anderes sein können, was ich vermeiden wollte. Ohne Motivation hielt ich es nicht lange im Studium aus und brach ab. Enttäuscht und vom Ernst des Lebens im Armdrücken eindeutig geschlagen, zog ich wieder zu Hause ein. Und bam, ein Jahr nach dem Abi war ich genau dort, wo ich nicht sein wollte: in derselben Stadt, mit denselben Gesichtern, demselben Kontostand und denselben unausgereiften Plänen. In der Zeit hätte ich auch einfach Zivi machen können, über meine Pläne nachdenken, ein bisschen Geld verdienen und zur Abwechslung einfach mal plannix n' chill. Plannix n' chill, so komisch das vielleicht klingt, wäre in meiner Situation viel verantwortungsvoller gewesen.

Verantwortung ist ein Geschenk. Sich Aufgaben zu stellen, und Antworten darauf zu finden, setzt nämlich zuallererst voraus, dass wir frei sind zu antworten. Was für ein Privileg, in einer Freiheit zu leben, in der unsere Antworten Geltung finden und Auswirkung haben können. Unterschätze das nicht. Sobald wir aus der Schule kommen, gibt es so viele Sachen, mit denen wir uns intensiver beschäftigen wollen, können und sollten – Studium, Geld, Beruf, Partnerschaft, Reisen, Freiwilligendienst, Sprachen lernen, Business, Selbstsuche und andere Lebensfragen. Alle diese Themen suchen Antworten, *deine* Antworten. Auch wenn wir uns nicht unbedingt 100-prozentig aussuchen können, *ob* wir uns mit diesen Dingen beschäftigen, können wir doch entscheiden, *wann* wir uns damit auseinandersetzen. Das heißt, du musst dich zum Beispiel nicht hier und jetzt mit Beruf & Co beschäftigen. Du hast grad zwölf Jahre oder mehr in einem Knast mit Öffnungszeiten verbracht. Da darfst du dich ruhig erst mal zurücklehnen und überlegen, was dir wichtig ist. Es ist allerdings ein Unterschied, ob du dich zurücklehnst, weil du dich dafür entscheidest, oder weil du etwas vermeiden willst bzw. dich vor etwas versteckst.

Alles, was Will Smith nach der Highschool machen wollte, war Musik. Er hatte es nicht eilig, zu studieren oder Bürokarriere zu machen, obwohl er die Chance hatte, auf das renommierte *Massachusetts Institute of Technology* (M.I.T.) zu gehen. Seine Eltern waren natürlich nicht begeistert. Also vereinbarte Will mit seinen Eltern einen Deal: Er darf das College ein Jahr lang aufschieben, und in der Zeit macht er nur Musik. Bereits in diesem besagten Jahr wurden Will und sein Buddy Jazz zu Musikstars in ganz Amerika. Danach ging es bergab und wieder bergauf, klaro, das nennen wir Leben. Doch dieses Experimentierjahr wurde zur Grundlage seiner beispiellosen Karriere. Will hat die Konfrontation mit seinen Eltern und dem College nicht gemieden, er hat stattdessen einen Weg gefunden, sich der Sache zu stellen und seine Antworten durchzusetzen.

JA ODER NEIN? – DAS IST HIER DIE FRAGE

Wenn es um Verantwortung geht, gibt es nur zwei Möglichkeiten: Du sagst ja zu ihr, oder du sagst Nein. Es gibt keine halbe Verantwortung oder ein bisschen Verantwortung. Entweder du bist im Business oder nicht. Wer sich bewusst entscheidet, nach dem Abi erst mal »nichts« zu tun, sagt nicht Nein zur Verantwortung, sondern eindeutig Ja. Warum? Weil du dich damit der Lage stellst und wissentlich entscheidest. Konfrontationen auszublenden und Entscheidungen aufzuschieben, oder dem Zufall zu überlassen, sind typische Vermeidungssymptome.

Wer Situationen aus dem Weg geht, in denen er sich selbst und anderen die sprichwörtliche »Rede und Antwort« steht, vermeidet die Möglichkeit, seinen eigenen Weg zu gehen. Doch warum tun wir das überhaupt? Warum versuchen wir, Problemen, Konfrontationen oder Herausforderungen aus dem Weg zu gehen?

Anfang 2016 lief eine grässliche Geschichte in den Medien. Ein neugeborenes Kind wurde tot in einem Mülleimer gefunden. Wie kann ein Mensch nur zu so etwas fähig sein? Das ist grausam und entwürdigend. Die einfache Erklärung einer solchen Tat ist, dass dieser Mensch schlichtweg böse ist. Doch ist das nicht etwas kurzsichtig? Eine andere Möglichkeit wäre es doch zu sagen, der Täter hatte Angst; Angst vor den Konsequenzen, mit dem Kind zu leben, Angst vor seiner eigenen Unfähigkeit, mit der Situation umzugehen. Der Punkt ist, wenn wir uns nur mit der Schrecklichkeit einer solchen Tat beschäftigen, übersehen wir, was zu ihr geführt hat. Sie ist ja nur eine Auswirkung von dem, was in dem Menschen stattfindet. Es heißt, Menschen handeln immer nach ihrer besten Option. Wie furchtbar ist es, dass für diesen Menschen Mord die beste Option, die beste Antwort war. Diese grausame Geschichte zeigt, was Menschen sich selbst und anderen an Leid zufügen können, wenn sie Angst haben und vor etwas weglaufen.

Wir alle haben Ängste, klaro. Meine liebe Oma hat noch mit 96 Jahren Arztbesuche gemieden, wenn sie schwächelte, aus Angst, man würde sie im Krankenhaus behalten. Eine der größten Ängste der meisten Männer ist es, eine hübsche Frau anzusprechen. Die zweitgrößte Angst von Männern ist, dass die hübsche Frau antwortet. Eine amerikanische Studie aus den 90er-Jahren fand heraus, die größte Angst von Menschen sei es, vor Publikum zu sprechen. Erst auf Platz zwei kam der Tod. Was haben diese Erlebnisse (außer dem Tod) alle gemeinsam? Das Vermeiden von Konfrontationen, das Vermeiden einer Situation, in der gefordert wird, den Tatsachen ins Auge zu schauen, eine Entscheidung zu treffen, und mit dieser zu leben.

Schauen wir uns die Idee des Ja- und Neinsagens aus einer anderen Perspektive an. Bei Kaufentscheidungen will keiner übers Ohr gehauen werden. Doch die meisten Menschen haben es gern, wenn ihnen jemand bei der Kaufentscheidung hilft. Mit Anfang 20 dachte ich bereits über einen Altersvorsorgeplan nach, weil ich in den vielen Jahren bis zur Auszahlung mit 65 die Wirkung des Zinseszinses voll ausnutzen konnte. Doch bei all den Angeboten und Möglichkeiten fiel es mir schwer, mich für das Richtige zu entscheiden. Interessant waren die verschiedenen Herangehensweisen der Vertreter. Manche drängten hartnäckig auf eine Entscheidung. Sie waren keine Hilfe und haben mich folglich nicht wiedergesehen.

Andere wiederum haben mir alle Zeit der Welt zur Entscheidung eingeräumt. Interessanterweise haben die lässigen Verkäufer mich auch nicht wiedergesehen, weil sie ebenso keine Hilfe waren. Was hat das jetzt mit Konfrontation und Ja und Nein zu tun? Einen Kaufabschluss machen wir erst, wenn wir den Kunden an einen Punkt der Entscheidung bringen. Es ist die Aufgabe eines Verkäufers, dem Kunden die Chance zu geben, ein klares Ja oder Nein auszusprechen. Das ist nicht nur im Sinne des Verkäufers, sondern auch im Sinne des Kunden. Wenn dem Kunden mit einem Kauf geholfen wird, sollte der Verkäufer ihn an den Punkt der Entscheidung und darüber hinaus bringen. Und selbst wenn sich der Kunde gegen den Kauf entscheidet, herrscht wenigstens für beide Klarheit darüber, wie es weitergeht. Doch diese Klarheit ist nur denen vorenthalten, die sich trauen, eine deutliche Antwort zu fordern und auszusprechen. Manche Menschen lernen es schnell, manche lernen langsam, so wie ich, doch jeder Mensch muss lernen zu antworten. Wäre es für die Versicherungsvertreter, die mir alle Zeit der Welt zur Entscheidung einräumten, nicht wenigsten besser gewesen, ein eindeutiges Nein von mir zu bekommen, anstatt ein »Bleiben wir in Verbindung«, oder »Mal sehen«? Das ist so wie wenn dein Date sagt: »Lass uns Freunde bleiben.«

Wie gesagt, es gibt so viele Dinge, auf die wir nach dem Abi Antworten finden wollen. Wo fangen wir an zu üben? Fangen wir doch dort an, wo es am meisten Wirkung hat: bei Menschen. Es gibt zwei Reaktionen oder Antworten, mit denen wir tagtäglich zig oder hundert Mal konfrontiert sind. Erstens ob wir reden oder schweigen. Zweitens wozu wir Ja und wozu wir Nein sagen. Das klingt jetzt sehr elementar, verstehe ich, doch diese im wahrsten Sinne des Wortes Grund-legenden Entscheidungen sind das A und O jeder Beziehung. Das sind tief veranlagte Annäherungsschritte zwischen Menschen. Es sind die Grundschritte der Konfrontation und Verantwortung.

WANN REDE ICH, UND WANN SCHWEIGE ICH?

Stille hat Macht. Mal zur Abwechslung einfach die Klappe halten hat schon mehr Menschen vor Schwierigkeiten bewahrt als Reden. Ob wir überhaupt reden ist eine der ersten Entscheidungen, die wir überhaupt in Beziehungen treffen. Wenn Menschen nicht mehr miteinander reden, sagt das ja sehr viel über die Beziehung aus und heißt meistens nichts Gutes. Wie fühlst du dich, wenn du zu jemandem freundlich »Guten Morgen« sagst und er oder sie antwortet einfach nicht? Je nachdem, wer das ist, kann es von befremdlich bis verärgernd wirken. Schweigen kann aber auch positiv eingesetzt werden. Wir alle feiern Freunde und Buddys, denen wir ein Geheimnis anvertrauen können und von denen wir wissen, dass sie nicht schlecht über uns reden.

Manchmal ist es einfach weise oder geschickt zu schweigen. So können wir uns raushalten, ohne Nein zu sagen. Als junger Teenager war ich mit meinen Brüdern auf einer Gruppenreise im Skiurlaub. Wir waren zu sechst im Zimmer auf der Hütte. Als die Lichter ausgingen, prahlten die älteren Jungs gerne mit ihren Frauen- oder Drogengeschichten. Eines Abends fragte dann einer in den dunklen Raum: »Und, holt ihr euch auch mal einen runter?« Stille. Ich schwieg. Mir war es peinlich, über so was zu reden. »Kommt schon«, ermunterte der Initiator, »das macht doch jeder mal. Wir sind doch keine 13 mehr. Das kann man doch zugeben.« Ich schwieg. Dann kam aus einer anderen Ecke im Zimmer: »Also ich geb's nicht zu.« Nicht nur reden, sondern auch schweigen muss gelernt sein.

In der Schule waren die Coolen doch immer die, bei denen viel und laut gelacht wurde, die ein freches Mundwerk hatten und mit ihrer Scheiß-drauf-Einstellung mit allem durchkamen. Coole Jungs und coole Mädels sind laut, das mag sein. Coole Männer und coole Frauen aber nicht. Nur weil uns jemand etwas fragt, heißt das nicht, dass wir auch antworten müssen. In jedem Fall ist es so, dass wir mit dem Antworten selbst, also allein durch die Tatsache, dass wir überhaupt etwas sagen, schon die Beziehung formen. Schau mal, welchen Effekt es hat, einfach mal die Klappe zu halten. Meine Oma sagte mir mal: »Carlo, du musst nicht immer im Vordergrund stehen. Oft ist es viel schlauer, dich zurückzulehnen, zu beobachten und dann eine Entscheidung darüber zu treffen, was zu tun ist.« Ich habe selten einen besseren Ratschlag im Leben bekommen.

WOZU SAGE ICH JA, UND WOZU SAGE ICH NEIN?

In der Alltagskommunikation sagen wir mit dem Akt des Redens allein: »Ja, ich bin einverstanden, mich dir zu widmen.« Mit einem Schweigen sagen wir: »Nein, ich bin nicht einverstanden, mich dir zu widmen.« Das mag jetzt alles sehr elementar klingen, doch ist die Entscheidung in ihrer Einfachheit leicht zu übersehen, und doch so folgenreich. Wo fangen wir an beim Ja- und Neinsagen? Ein Freund von mir sagte einmal sehr treffend: »Wenn du nicht weißt, was du willst, bestimme zunächst, was du nicht willst.« Auf dieses zweite Prinzip übertragen heißt das: Wenn wir nicht wissen, wozu wir Ja sagen wollen, sollten wir erst mal lernen, Nein zu sagen. Früher hatte ich Probleme damit, Nein zu sagen, weil ich Angst hatte, mich rechtfertigen zu müssen. Doch dann habe ich verstanden, wenn ich etwas nicht will, dann will ich es halt nicht. Ich muss nicht alles begründen und erklären. Oft ist es sowieso einfach ein Gefühl, das mir sagt: »Nein danke, nicht für mich.« Das reicht aus, um eindeutig und standfest Nein sagen zu dürfen, und bei einem Nein zu bleiben. Wie oft habe ich erwachsene Männer und Frauen erlebt, die auf mein Nein hin ausrasten und versuchen, mit Dramaanfällen und dem Austeilen von Beleidigungen und Schuldgefühlen sich gegen mein Nein zu wehren. Und mehr noch, sie versuchen damit, Menschen in die Ecke zu drängen, in der sie sie haben wollen. Dem nachzugeben, aus Angst vor der Konfrontation oder in der Hoffnung, den Streit zu schlichten, hat noch keinem geholfen. Denn das ist nur eine andere Art zu sagen: »Ja, ich akzeptiere deine Schuldgefühle und deinen Anfall.« Der nächste Streit kann dann auf sich warten lassen. Es heißt ja »Der Klügere gibt nach«. Doch darum geht es hier nicht. Es geht darum, Menschen offen und ehrlich zu begegnen, mit dem Mut, dein Leben und deine Beziehungen auch nach deinen Vorstellungen zu formen. Wer das übt, baut das Selbstvertrauen auf, bessere Antworten in Konfliktsituationen beizutragen.

Diese zwei ganz elementaren Kommunikationsschritte werden alle unsere Beziehungen ein Leben lang bestimmen und begleiten. Sie sind wie Grundschritte beim Tanzen. Je sicherer und eleganter wir sie beherrschen, desto mehr bringen wir uns selbst in Beziehungen ein, und desto eher werden unserer Beziehungen, wie wir sie wollen. Das ist nicht nur eine ehrliche Art zu leben. Wir finden damit vielmehr unsere Art zu leben.

DU MUSST ÜBERHAUPT NICHTS

Wer vor seinen Problemen flieht und Konfrontationen meidet, läuft am sichersten direkt auf größere Probleme zu – das haben wir ja schon geklärt. Natürlich, du kannst abhauen und allen sagen: »Die könn' mich mal!« Nur dann wird dir irgendwo anders in deinem Leben die gleiche Lernchance in abgewandelter Form begegnen. Du kannst so viel davonlaufen, wie du willst, das Leben holt dich wieder ein.

Das Wort »müssen« wird leider so oft benutzt, dass es an Wert verloren hat. Und trotzdem hat es so viel Gewicht. »Du musst zur Schule gehen«, »Du musst lernen«, »Du musst aufräumen und sauber machen«, »Du musst essen«, »Du musst schlafen«, »Du musst aufs Klo«. Hallo?! Warum immer dieses gewichtige *müssen*?

Ist es das Gleiche, aufs Klo zu müssen und in die Schule zu müssen? Nein, natürlich nicht. Ist es das Gleiche, lernen zu müssen und essen zu müssen? Nein, auch nicht. Warum benutzen wir dann dasselbe Verb für komplett unterschiedliche Vorgänge?! Beobachte mal, wann und warum du das Wörtchen »müssen« gebrauchst. Entscheide selbst, ob du jetzt wirklich *musst* oder ob du eher *darfst*, *kannst* oder gar *willst*.

Unterschätze nicht die Macht der Sprache. Was ist zum Beispiel der Unterschied zwischen folgenden Sätzen: »Du musst tanzen!«, »Du darfst tanzen« oder »Du kannst tanzen«? Eine Tätigkeit, drei Hintergründe. Die einzige Situation, in der ich mir vorstellen kann, dass jemand tanzen *muss*, ist, wenn ein C-Promi seiner Karriere einen letzten Schubs geben will, doch weil alle Plätze im Dschungelcamp ausgebucht sind, bleibt nur noch die Fernsehsendung *Let's Dance*.

»Müssen« bedeutet nicht in erster Linie, zu etwas gezwungen zu sein. Viel mehr bedeutet es, dass etwas unausweichlich und gesetzmäßig geschieht. Die Erde muss sich um die Sonne drehen. Feste Körper, die in unserer Erdatmosphäre in die Luft gelangen, müssen zu Boden fallen. Wasser fließt immer den schnellsten Weg zum Meer – nicht den kürzesten, aber den schnellsten. Das ist Gesetz. So läuft der Laden, solang der Laden läuft. Und weil das Wort *müssen* so viel Gewicht hat, dürfen wir es auch guten Gewissens seltener in den Mund nehmen.

Das erinnert mich an die Geschichte eines professionellen Einbrechers, der sehr reich wurde. Im London des 19. Jahrhunderts raubte er geschickt und gewinnträchtig die englische Oberschicht aus. Im Winter wohnte er in Spanien und blieb somit viele Jahre unentdeckt. Doch mit den Jahren schlich sich bei ihm ein unwohles Gefühl ein. Er konnte nicht damit leben, was er für seinen Lebensunterhalt tat. Sein Gewissen holte ihn ein und bereitete ihm schlaflose Nächte. Schließlich stellte er sich selbst bei Scotland Yard und saß eine zehnjährige Haftstrafe ab, zehn Jahre! Doch danach konnte er in Frieden mit sich leben und fand eine neue Aufgabe darin, die Polizei in Sachen Einbrecher zu beraten. Musste der Einbrecher sich stellen? Nein, er wollte sich stellen. Er wollte lieber mit den Konsequenzen seiner Selbstanzeige leben als mit seinem schlechten Gewissen.

Warum glauben die meisten Menschen, ständig irgendwas machen zu müssen? Kein Plan, hat sich halt so eingebürgert. Wenn für jemanden etwas geschehen oder getan werden *muss*, dann scheint es irgendwie dringend oder wichtig zu sein. Doch *muss* etwas wirklich gemacht werden, selbst wenn es wichtig und dringend ist? Bei einer Prüfung in der Schule oder Uni, musst du da lernen? Theoretisch kannst du auch einfach nicht lernen. Wenn ich bei www. woerterbuch.info nach Synonymen für »müssen« suche, kommen Ergebnisse wie: »in der Zwangslage handeln«, »keine Wahl haben«, »keinen Weg sehen« und »unter Druck stehen«. Wer hat sich denn dem Zwang ausgesetzt? Wer sieht denn keine andere Wahl oder keinen anderen Weg? Und wer stellt sich unter dem Druck? Du, du, du und noch mal du. Theoretisch kannst du es einfach sein lassen. Das ist auch eine Antwort. Du musst halt dann mit den Konsequenzen leben. Und genau das trifft eine viel genauere Definition von »müssen«. Wir *müssen* mit den Konsequenzen unserer Antworten leben. Wir haben keine andere Wahl. Sie werden auf uns zukommen, ganz sicher, unausweichlich. Wie wir gesehen haben, sind selbst Schweigen und Nichtstun Antworten. Das Einzige, was wir also tun *müssen*, ist antworten. Du musst antworten.

Ja toll! Jetzt müssen wir unser ganzes Leben lang auf irgendwen oder irgendwas antworten. Klingt nicht grad rosig, ich verstehe. Das ist allerdings nur die eine Seite. Denken wir mal an die andere, denken wir mal an die Chancen. Wie gesagt, Verantwortung bedeutet auch Freiheit, wie beim britischen Einbrecher. Wenn das Leben auf Antworten wartet, dann wartet es auch auf deine Antworten. Elon Musk hat mit Tesla auf Probleme im Bereich von Mobilität und Stromversorgung *geantwortet*. Steve Jobs hat mit Apple auf Probleme im Computermarkt, Musikmarkt und Telekommunikationsmarkt *geantwortet*. Profisportler wie Messi, Nadal und Tiger Woods haben mit einem Haufen Arbeit auf ihre Talente *geantwortet*. Es gibt noch 1000 andere Beispiele von Menschen, die ihre Verantwortung als Chance sahen und was daraus gemacht haben. Also warum davor weglaufen?

Ich wünschte, ich könnte jetzt sagen, sobald wir entschieden haben, Verantwortung zu tragen, dass wir stets Antworten parat haben oder für unsere Antworten entsprechend anerkannt und gewürdigt werden. Kennst du einen Menschen, der auf alles eine Antwort hat? Wenn du jetzt gesagt hast »Ja, ich«, dann feier ich dich zwar dafür, dass du dich feierst, nur ich feier auch die Lernkurve, die dir erst noch bevorsteht. Die ganze Idee der Konfrontation beinhaltet, ständig bessere Antworten zu finden. Weise Menschen sind nicht Menschen, die alles wissen. Weise Menschen sind Menschen, die alles lernen wollen.

Verantwortung zu übernehmen wird auch nicht immer gewürdigt, das sehen wir an der Geschichte von Barack Obama und seinem Gesundheitsplan *Obama Care*. Dieses Programm ist Baracks Antwort auf die nicht vorhandene gesetzliche Krankenversicherung in Amerika. Was in den meisten Ländern Europas selbstverständlich ist, wird vom Großteil der amerikanischen Bevölkerung verschrien, da, unter anderem, die Amerikaner per Kultur den Staat so wenig wie möglich in privaten Angelegenheiten haben wollen. Stell dir vor, es gibt Familien in Amerika, die ihr Leben lang verschuldet bleiben, weil sie die Operation eines Angehörigen aus eigener Tasche finanziert haben. Hier ist eines der reichsten Länder der Welt ohne medizinische Versorgung, ein Mann steht auf und legt eine Antwort vor, mit der dieses prominente Problem gelöst werden kann. Anstatt Anerkennung und Dankbarkeit zu ernten, wird er verspottet und boykottiert. Doch sicherlich hat ein Mann wie Barack auch darauf eine Antwort.

DEINE PROBLEME SIND
AUF DICH ZUGESCHNITTEN

Ich weiß nicht, vor welchem Problem oder welchen Umständen du grade stehst. Bei jedem ist es was anderes. Bei mir war es das Zivi und später das Studium. Bei einem meiner Freunde war es die Freundin, die nicht wollte, dass er ein Auslandsjahr macht, weil er dann so lang weg sei. Er hat es versäumt, sich durchzusetzen, blieb daheim und ist sicher um viele Erlebnisse ärmer im Leben geblieben. Ein Studienkollege erzählte mir, seine Eltern wollten, dass er sofort die Firma übernimmt und dafür erst mal eine Ausbildung nach dem Abi macht. Er hat sich seinen Eltern widersetzt, sich erklärt und war ein Jahr lang in Südostasien. Eine Schulfreundin hat ihre eigenen Berufspläne aufgeschoben, um ihre kranke Großmutter zu pflegen. Sie hat die Herausforderung und die Verantwortung angenommen und sagt heute, es waren mit die lohnendsten Jahres ihres Lebens. Noch andere sind seit der Abizeit chronisch krank. Auch das ist ein Zustand, der seine ganz eigenen Antworten erfordert. Alle hatten sie nach der Schule andere Probleme. Einige sind auf sie zugegangen und haben sie gelöst, andere nicht. Diejenigen, die sich ihren Problemen gestellt haben, hatten vielleicht nicht Friede, Freude, Eierkuchen, aber dafür hatten sie ihre Freiheit und einen Weg der Klarheit.

Das Leben jedes Menschen ist auf ihn zugeschnitten, und so sind auch deine Probleme auf dich zugeschnitten. Sie sind perfekt für dich gemacht, perfekte Lernchancen. Das heißt auch, dass du die Fähigkeiten und Möglichkeiten hast, sie zu bewältigen. Der einzige Weg, bei dem du das herausfindest, ist, dass du dich der Aufgabe stellst und auf sie zugehst. Stell dich der Arbeit, dem Gespräch, der Konfrontation, der Verantwortung. Wovor läufst du denn weg? Das überlebst du schon. Die Angst vor unseren Problemen lebt mehr in unserer Vorstellung als in der Sache selbst. Es gibt einen Unterschied zwischen einem Hund in deiner Vorstellung, der dich beißen will, und einem echten Hund, der dich beißen will.

DER MENSCH MACHT DEN UNTERSCHIED

Eine gut verdeckte Art, Antworten aus dem Weg zu gehen, ist es, Konflikte und Konfrontation mit anderen zu meiden oder totzuschweigen. Doch wo es Menschen gibt, sind Konflikte unausweichlich. Und so sind es oft nicht die Umstände, in denen Menschen stecken, die einen Misserfolg in der Beziehung ausmachen, sondern die fehlenden Fähigkeiten von Menschen, mit ihrem Gegenüber umzugehen. Nehmen wir die Geschichte vom Engländer Robert Falcon Scott. In den britischen Geschichtsbüchern wird Scott als trauriger, aber mutiger Held im Rennen zum Südpol gefeiert. Alles wurde so dargestellt, als sei er auf einem heroischen Abenteuer im Auftrag Ihrer Majestät im arktischen Eis mit seiner Mannschaft tragisch ums Leben gekommen. Vor wenigen Jahren las ich einen Abriss der wahren Geschichte. Scott war nicht nur denkbar schlecht vorbereitet, er hat auch seine Männer grob und herablassend behandelt. Seine schlechte Vorbereitung zeigte sich darin, dass er mit seinen Männern das Wandern im Eis nicht geprobt hat, im Gegensatz zu seinem Kontrahenten Amundsen aus Norwegen. Die Essensrationen waren schlecht geplant, und Scott hat sogar in letzter Minute einen Mann mit auf die Expedition genommen, obwohl das Essen ohnehin schon knapp bemessen war[19]. Stell dir vor, du bist mit schlecht vernähter Leder- und Pelzkleidung in der arktischen Kälte unterwegs, frierst dir den Arsch und einen Fuß ab, es gibt kaum was zu essen, und dein Chef geht dir auch noch auf die Nerven. Und frage bloß nicht nach WLAN. Kein Wunder, dass die Mission gescheitert ist. Geschichten von Abenteuern in Eiswüsten zeigen immer wieder: Es war weniger die Eiswüste, welche es zu besiegen galt. Es war zuerst der Mensch selbst, seine Fehler in der Vorbereitung und sein Mangel an Menschlichkeit. Die Ironie des Schicksals ist, dass das englische Team mit seiner Reise zum Briefträger der Norweger wurde. Sie fanden Amundsens Brief und dokumentierten dessen Fund und ihre Niederlage mit Fotos vom bereits entdeckten Ort. Während die Engländer in der Eiswüste den Tod fanden, wird von Amundsen und seinem Team berichtet, wie sie frohen Mutes und allesamt gesund wieder heimkehrten.

Eine der unglaublichsten Expeditionsgeschichten vom Beginn des 20. Jahrhunderts wird über den Iren Ernest Shackleton berichtet[20]. Shackleton ist heute Vorbild für Management- und Führungspsychologie. Mit einer Mannschaft von 28 Männern ging er auf eine Polarforschungsreise mit der *Endurance*. Das Bemerkenswerte an seiner Reise ist, dass die Mannschaft fast eineinhalb Jahre in der Arktis gestrandet war und alle 28 Männer überlebten. Warum? Shackleton konzentrierte sich nicht auf das Eis. Er konzentrierte sich auf seine Mannschaft. Er war sehr geschickt darin, seine Männer bei Laune zu halten und Konflikte in der Mannschaft zu unterbinden oder zu entschärfen. Es wurde täglich Musik gespielt, er gab viel warme Milch (aus Eis und Milchpulver), und trotz der klaren Hierarchie auf See wurden die Essensrationen fair verhandelt und aufgeteilt. Als Anführer hatte er für scheinbar jede Herausforderung Antworten parat. Seine Männer würdigten ihn besonders dafür, wie er sich selbst immer in den Hintergrund stellte, wenn es um Annehmlichkeiten wie Süßigkeiten und warme Speisen ging. Das Wohl seiner Mannschaft stand bei ihm an erster Stelle, und niemand, weder die Kranken noch die Streithähne, wurde zurückgelassen. Und als zum Schluss des Überlebenskampfes in der Kälte eine 800 Meilen lange Seefahrt in einem kleinen Rettungsboot aus Holz mit fünf Männern anstand, wählte Shackleton die Problemmacher in der Mannschaft als seine Begleiter aus. Damit blieben den Hinterlassenen, für die Rettung geholt werden sollte, kraftraubende Konflikte erspart. Shackleton jedoch musste die Hitzköpfe aushalten und unter seiner Führung halten, um das Überleben der fünf Männer im Rettungsboot zu gewährleisten. Dieser Mann war nicht nur sehr geschickt im Umgang mit Konflikten, er war stets bereit, sich ihnen zu stellen. Neben einem riesigen Herzen hatte Shackleton vor allem eines: Antworten.

Anders als Shackleton war ich früher nicht das beste Beispiel dafür, Konfrontationen angehen und aus ihnen zu lernen und an ihnen zu wachsen. Bei einem Job im Urlaubsresort *La Manga Club* in Spanien kellnerte ich in einem indischen Restaurant. (Warum ich auf gut Glück mit einem One-Way-Ticket und nur ein paar Hundert Euro in der Tasche dort hinflog, erzähl ich in Kapitel 10.) Die Oberkellnerin war bekannt als ein kleiner Napoleon. Sie war 1,60 Meter groß, braun gebrannt und hatte eine dünne sportliche Figur. Neben ihren vorbildlichen Fähigkeiten, alles zu koordinieren und zu organisieren, konnte sie ihre Belegschaft auch vorbildlich zusammenscheißen wie der erste General vom Dienst. Sie war nett, wenn alles glatt lief. Doch wann läuft in der Gastronomie schon alles glatt? Jeden Abend rotierte die ganze Belegschaft von sieben Kellnern, fünf indischen Köchen und zwei Spülmaschinenkräften wie die Schleudertassenfahrgeschäfte auf der Wiesn. Und auf den allabendlichen Anschiss der kleinen Spanierin war auch Verlass. Jedes Mal bot ich ihr Paroli (ein eindeutiges Nein auf ihr ungerechtfertigtes und herablassendes Verhalten), doch wir kamen auf keinen gemeinsamen Nenner. Ihre wüste und unfreundliche Kritik einfach kommentarlos hinzunehmen wäre meiner Meinung nach nicht klug gewesen, es wäre schlichtweg ängstlich gewesen. Nachdem es mir eines Tages mitten in der Hochsaison zu weit gegangen war, beschloss ich, den Restaurantmanager des Resorts vor die Entscheidung zu stellen, mich zu versetzen oder zu entlassen. Damit setzte ich meinen ganzen Arbeitsurlaub in Spanien aufs Spiel. Zum Glück wurde ich versetzt und zwar ins Strandrestaurant. Wie lässig. Anstatt nur noch abends und nachts zu arbeiten, wurde ich im Strandrestaurant auch morgens eingeteilt. Obendrein blickte ich bei der Arbeit auf eine wunderschöne Strandbucht, hatte weniger Gäste und weniger Stress, und der Leiter des Strandrestaurants und ich verstanden uns hervorragend. Über meine Arbeit sagte er eines Tages: »*Carlo, erres una machina!*« Glaube mir, so was hat vom kleinen Napoleon keiner gehört. Es dauerte nicht lange, bis es offensichtlich wurde, dass es sich auszahlte, meiner Stimme Gehör zu verschaffen. Auf der anderen Seite der Konfrontation hatte ein besseres Leben auf mich gewartet.

Jetzt wäre es schön zu sagen, eine solche Einstellung bleibe fest in Menschen verankert, sobald sie einmal Früchte trägt. Doch es stellt sich heraus, wir wollen lernen, sie stets aufrechtzuerhalten. Direkt im Anschluss an mein Spanienabenteuer arbeitete ich als Golflehrer an der deutschen Ostküste. Ziel meiner Tätigkeit an der Ostsee war es, mein Spiel zu verbessern, damit ich in Ausbildung gehen konnte (mehr in Kapitel 8). Dort hatte ich allerdings den Wert und Nutzen von Konfrontationen ganz vergessen. Wie gesagt, wo Menschen sind, gibt es Konflikte. Und dieses Mal bin ich den Konflikten aus dem Weg gegangen. War es, weil ich Sorge hatte, mich mit der etablierten Golfgesellschaft zu verfeinden? War es, weil ich unbedingt meinen Job behalten wollte, und deshalb alle möglichen Reibungspunkte mied? Wer weiß es schon. Mein Verhalten war jedenfalls unkollegial und unzuverlässig. Ein Kollege wollte, dass ich den Club an Schulen vertrete, um das Kinder- und Jugendtraining zu fördern. Bedingungslos willigte ich ein, obwohl ich bei der Idee meine Bedenken hatte. Anstatt einfach Nein zu sagen oder einen anderen Weg zu finden, das Jugendtraining nach vorne zu bringen, schob ich mehr oder weniger geschickt die Terminvereinbarung mit Schulen auf. Oder an Tagen, an denen ich keinen Unterricht hatte, gab es selten was anders für mich zu tun. Meine Langeweile war für alle offensichtlich. Kollegen und Vorgesetzte warfen mir vor, ich würde nur rumhängen. Aus Angst davor, entblößt dazustehen, leugnete ich einfach ihre Vorwürfe und stellte freche Gegenfragen. »Wie kommst du denn da drauf?«, »Denkst du, ich kann mir keine eigenen Aufgaben stellen?«, »Was willst du von mir?« Die Situation war einfach peinlich. Von Monat zu Monat wurde offensichtlich, wie wenig ich in diese Welt passte. Sicher kam ich auch mit einigen klar, und wir hatten auch gute Stunden. Doch du und ich wissen: Es gibt keinen Ersatz für Aufrichtigkeit und Klarheit in Beziehungen. Meine Antireibungsstrategie ging langfristig nach hinten los und verbrannte den guten Willen aller, die mich zu Beginn so unterstützt hatten. Ursprünglich hatte ich es mir zum Ziel gemacht, einfach nur nett zu sein, den Guten zu spielen und keine Umstände, sondern es möglichst allen recht zu machen. Mit dieser Einstellung habe ich es so gut wie keinem recht gemacht, auch mir selbst nicht. Weil ich glatt war wie ein Aal, hatten meine Kollegen Schwierigkeiten, mich einzuschätzen und einzuordnen. Sie konnten mir nicht vertrauen, weil ich mit meiner Konfrontationsvermeidungsstrategie zu allem Ja und Amen sagte.

Sorry, aber von guten Intentionen können wir uns leider nicht viel kaufen. Wir wollen auch lernen, unsere Intentionen nach außen zu kommunizieren. Das geht nicht immer mit einem Anlauf, bei niemandem. Doch gibt es einen Weg, mit dem wir die Anzahl der Anläufe reduzieren können. Wirtschaftsjournalist Karl Pilsl hat eine hervorragende Frage, die uns helfen kann, eine Richtung einzuschlagen, mit der wir Situationen klar konfrontieren. Für ihn lautet die zentrale Frage:

»Was haben andere Menschen davon, dass es mich gibt?«[21]

Von dieser Frage lässt sich so viel ableiten. Ich wiederhole: Was haben andere Menschen davon, dass es mich gibt? Wer sich diese Frage stellt, nimmt sich selbst in Verantwortung. Das ist das Tolle an ihr. Indem wir uns diese Frage stellen, gehen wir aktiv auf eine Situation zu, in der wir Rede und Antwort stehen. Und mehr noch, es geht bei der Frage nicht nur um andere Menschen, es geht auch um uns selbst. Denn wer sich fragt, was andere von ihm oder ihr haben, geht ja davon aus, dass er oder sie was zu geben hat. Anders formuliert könnte die Frage auch lauten: Wie gewinnen andere Menschen mit mir, wenn ich mein Bestes gebe? Zwei Worte sind hier wichtig: dein »Bestes« und »geben«. Haben andere Menschen was davon, wenn wir auf Sparflamme leben und uns bedeckt und verschlossen halten, um nicht anzuecken? Du und ich kennen die Antwort.

Verbinden wir nun die Idee unserer Fähigkeit, zu antworten, mit der Frage »Was haben andere Menschen davon, dass es mich gibt?«, schließt sich ein wichtiger Kreis. Nicht nur das Leben wartet auf unsere Antworten, sondern auch die Menschen, mit denen wir uns tagtäglich beschäftigen. Wer lernen will, im Leben bessere Antworten zu geben, will lernen, ehrlich zu sein. So erleben Menschen das echte Du. Klar, das kann zu Konflikten führen. Doch willst du einen echten Konflikt oder eine falsche Beziehung? Das heißt nicht, dass du gleich morgen deiner Chefin ohne Filter sagst, was du wirklich von ihr denkst. Es heißt aber, dass du einen Weg findest, ihr zu kommunizieren, wie du behandelt werden möchtest und wie du nicht behandelt werden möchtest. Das ist verantwortlich. Das heißt es mitzudenken. Wer sich fragt, was andere davon haben, dass es ihn gibt, versteht, es geht nicht nur immer um Happiness und Nettsein. Denn was haben andere Menschen davon, wenn wir immer nur Ja und Amen sagen, nur um schön umgänglich und unauffällig zu sein? Probleme, das haben andere Menschen davon. Menschen, die keine Meinung haben und sich fügen, sind Lügner. Jeder hat eine Meinung, und jeder hat eine Vorstellung davon, wie etwas laufen soll, von einem Urlaub bis zu einer Ehe. Doch warten wir nicht auf andere, unsere Wünsche zu lesen und zu erfüllen. Lernen wir lieber, unseren Ideen Ausdruck zu verleihen. Das mag nicht immer einfach erscheinen, doch je besser wir darin werden, desto leichter ist unser Leben.

ALSO ...

... vor Herausforderungen, Konfrontationen, Konflikten, Problemen, Schwierigkeiten (also Situationen, in denen Antworten von dir gefragt sind) wegzulaufen ist der sicherste Weg, mehr davon zu erhalten. Antworten auf die Herausforderungen deines Lebens aufzuschieben ist eine Falle, weil es nur zunächst nach dem einfachen Ausweg aus der Situation aussieht. Dabei ist es eher der schwierigere Weg.

Denke dran, du musst antworten. Fragt sich nur, ob du mit einem Ja oder einem Nein antwortest. »Kein Bock auf gar nichts. Ich mach, was ich will, und scheiß auf die Konsequenzen« ist ein klares »Nein!« zur Verantwortung. Kannst du auch machen. Und dann schau zu, wie dir die Möglichkeiten durch die Lappen gehen und deine Probleme größer werden.

Wir sind alle mit anderen Menschen verbunden. Alles, was wir tun, und alles, was wir unterlassen, hat Auswirkungen auf unsere Mitmenschen. Wer es sich zum Ziel macht, Verbindungen positiv zu formen, auch wenn es durch Konfrontation geschieht, wer sich traut, mit Ehrlichkeit und Offenheit sein wahres Ich zu zeigen, der oder die ragt wenigstens klar und poliert in der Gruppe hervor und wird für seinen Charakter respektiert.

»Was auch immer es ist, das kriegen wir schon hin« ist ein eindeutiges »Ja!« zur Verantwortung. Nur indem wir unsere Probleme annehmen, finden wir Lösungen für sie und lassen sie hinter uns. Also anstatt sie zu verfluchen, suchen wir lieber nach besseren Antworten. Wer den Stürmen der Auseinandersetzung nachgibt und klein beigibt, wird zusehen müssen, wie er selbst auf der Strecke bleibt. Nein nein, du hast eine Stimme. Nutze sie! Lerne, sie einzusetzen, indem du übst, Ja zu sagen zu Dingen, die du willst, und bewusst Nein zu Dingen, die dir nicht passen.

Nicht nur unsere Probleme, sondern auch unsere Konflikte sind auf uns zugeschnitten. Nicht nur unsere Probleme, sondern auch unsere Konflikte sind Lernchancen, also Chancen über uns zu lernen, über Menschen zu lernen und über die Welt zu lernen. Nicht die Herausforderung selbst ist die Schwierigkeit, sondern nicht zu wissen, wie wir damit umgehen, verursacht Schwierigkeiten. Der Mensch macht den Unterschied. Ergibt es nicht mehr Sinn Konflikte und schwierige Situationen als Lernchancen zu sehen und zu schauen, wie wir an ihnen wachsen können?

FALLE 4

STRENG SEIN MIT DIR SELBST

»Ich bin so happy, weil ich happiness sehr ernst nehme.«
Lebensmotto meines Mitbewohners

Sich in der Arbeit, im Studium oder woanders durchzu-
peitschen bzw. durchpeitschen zu lassen, ist die wohl
anerkannteste Art, sich selbst zu foltern. Ja, es gibt Zeiten, in denen es ansteht, die Zähne zusammenzubeißen
und ranzuklotzen. Doch wenn das zum Standard wird
und wir nur noch mit den sprichwörtlichen »Schweiß,
Blut und Tränen« unser Leben bestreiten, dann nicht,
weil das Leben an sich hart ist, sondern, weil wir mit
uns selbst zu hart sind. Napoleon Hill (1883–1970) hat
in einem Zeitraum von 20 Jahren über 500 der reichsten
und einflussreichsten Menschen seiner Zeit interviewt
und analysiert. Von John D. Rockefeller bis Mahatma
Gandhi waren die verschiedensten Persönlichkeiten
dabei. Das Buch, das daraus entstand, heißt »Think and
Grow Rich«, auf Deutsch erschienen als »Denke nach
und werde reich«. Der Titel sagt schon fast alles: Denke
nach! Es heißt nicht »Arbeite hart und werde reich«.

Wie in Kapitel 2 schon erwähnt, wollen wir nicht harte
Arbeit meiden, sondern die falsche Arbeit meiden. Wer
sich zu lange in einer missgünstigen Situation befindet,
die nirgendwohin zu führen scheint, darf sich fragen:
Bin ich kämpferisch diszipliniert, oder bin ich zerstöre-
risch streng? Der Ausdruck »Schweiß, Blut und Tränen«
kommt übrigens von Winston Churchill. Winston gab
dem englischen Volk damit eine aufrichtige Antwort
auf das, was ihm gegen die tobenden Nazis bevorstand.
Diese Worte waren damit eine Einschwörung auf eine
noch nie zuvor da gewesene Bedrohung für sein Land.
Diese aufopfernde und kämpferische Einstellung hat
ihre Zeit und ihren Ort gehabt. Doch diese Zeit ist nicht
heute, und dieser Ort ist nicht hier. Wie hart das Leben
ist, entscheiden wir meistens selbst.

*

»Geh doch in den Puff, du Drecksau. Da kannst du ficken, wen du willst.« So hatte sich Antonio die Gespräche zwischen seiner Frau und seinen Brüdern nicht vorgestellt. Antonio hat seine Familie fast zwei Jahre nicht mehr gesehen. Anlässlich seines Geburtstags wurde ein Familientreffen an der Côte d'Azur organisiert. Aus ganz Europa kamen Familie und Freunde angefahren und teilten sich die Kosten für ein Traumhaus, unter anderem auch sein Bruder Daniel. Die Villa war malerisch: ein Landhaus im alten Stil aus Stein direkt am Steilhang der Küste, der Infinitypool mit offenem Blick auf das kristallklare Mittelmeer, eine großzügige Terrasse mit Grill umsäumt von Blumenbeeten und Palmen. Alle 14 Erwachsenen und sieben Kinder kamen in dem Haus unter. In der lichtdurchfluteten Küche wurde ständig gekocht, das Bier war immer kalt und schien nie auszugehen. Und wer nicht in den Pool oder den steilen Weg runter ans Meer zum eigenen Strand wollte, konnte im Wohnzimmer Billard spielen. Ständig lief Musik, die Kinder spielten stundenlang im Pool, und wem das alles zu viel war, der ging ins Dorf nebenan shoppen oder auf einen Trip in die umliegenden Berge. Der Ort, die Zeit und die Stimmung waren perfekt. Doch die Partyrechnung wurde ohne Antonios Frau gemacht. Auf ihrem Partyflyer standen Kontrolle, Macht und Drama. Und weil sie das Haus für den Urlaub mitfinanzierte, fühlte sie sich legitimiert, alles und jeden, der ihr nicht passte, zurechtzuweisen. Antonios Frau hatte ihre fünf Jahre älteren Cousinen zum Fest eingeladen, und sie amüsierten sich bestens im überschwänglichen Luxus. Doch Daniel und ihre Cousinen amüsierten sich für den Geschmack des Drachens ein wenig viel. Eines Abends, nachdem die Kinder im Bett waren, wurden im Pool »Erwachsenenspiele« gespielt. Die Blicke waren tief, aber die Spiele waren harmlos. Am selben Abend war das Haus noch still, doch am nächsten Morgen ging mit der Sonne auch das Käfigtor des Dramadrachens auf. Betrunken vor Wut feuerte sie auf alles und jeden. »Ihr seid doch alle billige Huren«, schrie sie vor allen Anwesenden ihre eigenen

Cousinen an. »Und du, geh doch in den Puff, du Drecksau. Da kannst du ficken, wen du willst!«, rechnete sie mit Daniel ab. Jeder im Haus erachtete die Poolspiele als harmlos. Doch Beschwichtigungsversuche seitens ihrer Eltern und Geschwister waren vergebens. Und Antonio? Antonio bekam Allesverbot. Kein Fußball am Strand. Keine Fahrten raus aufs Land. Keine freie Minute von den Kindern. »Das ging den ganzen Tag so weiter. Sie sprengte den ganzen Laden«, erinnert sich Daniel.

Jetzt weiß ich nicht, inwieweit mein Freund Daniel in der Geschichte übertrieben hat. Doch wenn nur die Hälfte wahr ist, zeigt sich Antonios Frau als ein extremes Beispiel dafür, was es bedeutet, streng mit anderen und streng mit sich selbst zu sein. Wer die Dinge zu eng sieht, der hat keine Freude am Leben. Ordnung, Rücksicht und Fairness, alles gut und richtig, ja. Doch nur, weil wir Ansprüche an uns selbst und an andere haben, heißt das nicht, dass wir auch streng sein müssen. Konsequent ja, aber nicht streng. Fordernd ja, aber nicht streng. Prinzipien- und Wertetreue ja, aber nicht streng.

STRENG KOMMT VON ENG

In vorherigen Kapiteln sprachen wir über die Falle der sinnlosen Arbeit. Hier geht es um die Falle der harten Arbeit. Genauer gesagt, wollen wir hier die Ursache unter die Lupe nehmen, die viele Menschen glauben lässt, sie müssten hart arbeiten. Das zu klären kann uns in allen Lebensbereichen nützlich sein.

Damit wir uns gleich richtig verstehen: Es ist kein Weg zu einem erstrebenswerten Ziel bekannt, bei dem jemandem alles einfach zufällt. Ziele brauchen Pläne, und Pläne brauchen Aufgaben. Doch das kannst du auch in jedem *Mickey Mouse*-Heft lesen. So toll ausgefeilte Pläne und Ideen auf Papier aussehen mögen und sich anfühlen können, dürfen wir in unseren Vorstellungen eine Sache nicht vernachlässigen, nämlich, wie hieß sie gleich noch, die eine Sache, die wir alle erfahren wollen und nach der wir uns alle sehnen? Ähm, ach ja genau, leben.

Das Wort »streng« kommt vom althochdeutschen Wort *strengi* und bedeutet so viel wie gewaltig, unerbittlich, tapfer, hart, unfreundlich, herb und schwierig. Es ist interessant zu sehen, dass ein Teil der Worte durchaus positiv ausgelegt werden kann, andere jedoch eher negativ konnotiert sind. Jemand, der gewaltigen Einfluss hat oder unerbittlich und tapfer für seine Sache kämpft, hat durchaus Vorbildcharakter. Doch wollen wir mit jemandem Zeit verbringen, der hart, unfreundlich, herb und schwierig ist? Und was ist, wenn wir gegen uns selbst diese negative Strenge ausüben? Dann müssen wir ja praktisch 24 Stunden am Tag mit so jemandem klarkommen. Die Etymologie eines englischen Wortes für »streng«, nämlich *strigent*, ist auch interessant. *Strigent* kommt vom altfranzösischen Wort *estreindre*, was so viel heißt wie festziehen, fest (zu) binden. Wenn wir etwas festziehen bzw. feste zubinden, was ist es dann? Dann ist es straff und eng. Wo etwas straff und eng ist, fehlt Bewegungsfreiheit, oder im weiteren Sinne Raum für Veränderung, Fehlentscheidungen und Ausreißer.

Früher dachte ich, wenn ich mich selbst hart rannehme, also wenn ich lerne zu leiden, mache ich mich des Erfolges würdig. Wie bereits erwähnt, arbeitete ich 2006 und 2007 für einen Personaldienstleister der Gastronomie. Wir fuhren stundenlang in alle Himmelsrichtungen mit dem Auto zum Kunden und arbeiteten zusätzlich nicht selten 15, 17 oder 19 Stunden. Auf dem Höhepunkt meiner grandiosen Karriere als Wanderkellner machte ich drei Aufträge direkt hintereinander – ohne Schlaf – und war insgesamt 60 Stunden wach. In dem Monat erhielt ich einen »Ehrenpreis« als Mitarbeiter mit den meisten Arbeitsstunden. Und wo war ich während der Verleihung? Arbeiten. Anschaffen. Malochen. Einmal habe ich am Anfang des Monats spaßeshalber vom Geldautomaten mein gesamtes Gehalt von Konto abgebucht. Beim Anblick der

Scheine gingen mir all die Momente durch den Kopf, bei denen ich mich durch Küchen, Keller, Hotels, Restaurants, Fabrikhallen, Bankettsäle, Sportarenen und Diskotheken in ganz Europa Stunde um Stunde durchgepeitscht hatte. Und wofür? Für Geld allein? Für die Anerkennung meiner Kollegen? Um zu sehen, wie weit ich gehen konnte? Um mir zu beweisen, wie hart ich arbeiten konnte?

LÄSSIGKEIT KANN MAN LERNEN

Wer sich dabei erwischt, mit sich selbst und anderen übermäßig streng zu sein, darf sich zunächst glücklich schätzen. Denn er oder sie hat noch das Beste in Sachen Beziehungen vor sich, wenn, aber auch nur wenn, das Gegenteil der Strenge geübt wird: Großzügigkeit. Großzügigkeit ist Einstellungs- und Übungssache, und wir zeigen sie unter anderem mit drei Verhaltensweisen: Geduld, Humor und zuvorkommender Freundlichkeit.

Es ist so einfach, die Geduld zu verlieren. Geduld zu haben heißt nicht, sich Zeit zu nehmen, wenn man welche hat. Wenn alles lässig läuft, wer braucht da schon Geduld? Geduldig sind Menschen, die die Ruhe bewahren, obwohl Dinge anders laufen, als sie es sich wünschen. In meinem ehemaligen Studentenwohnheim wohnten 18 Leute auf einem Stockwerk. Es gab eine 20 Quadratmeter große Küche mit magerer Ausstattung. Damit hatten wir mehr als genug Platz für Konflikte. Auf jeder Stockwerkssitzung gab es das gleiche Thema: Sauberkeit. Herumstehendes dreckiges Geschirr, verfaulende Essensreste und überfüllte stinkenden Mülleimer waren an der Tagesordnung. Wie in jedem Wohnheim wird es meistens denen zu bunt, die am längsten dort wohnen. Sie denken, ihr Wort zählt mehr als das anderer. Doch das interessierte dort keine Sau, und so verloren die »Alten« schnell die Geduld. Nach vier Jahren war ich dann auch so ein Alter. Fast jeden Tag ärgerte ich mich über die Rücksichtslosigkeit meiner Mitbewohner. Die wohnen doch nicht alleine hier! Wie können die nur so kleingeistig sein?, fragte ich mich ständig. Doch im letzten Semester, bevor ich auszog, verstand ich, dass meine Aufregung weniger ihnen geschuldet war. Der Einzige, der kleingeistig gewesen war, war ich selbst. Warum machte ich Stress wegen Kleinigkeiten wie dreckiges Geschirr? Warum kämpfte ich in Gedanken gegen das Unvermeidbare in einem Studentenwohnheim? Tag für Tag nahm ich eine großzügigere Einstellung an. Schließlich hatte ich die Ruhe weg und duldete jeden Saustall, machte sogar Witze drüber. Warum? Weil ich Geduld gefunden hatte.

Nach der Geduld erweist sich Humor als hervorragendes Werkzeug für Lässigkeit. Humor ist gleichzeitig eine ganz klare und eine ganz kniffelige Angelegenheit. Eine Sache ist nur witzig, wenn jemand auch darüber lacht. Es reicht nicht, dass eine Sache theoretisch lustig ist. Das wäre so, als würde man sagen, eine bestimmte Person ist theoretisch anziehend. Doch auch wenn der Beweis für Humor, nämlich ein Lachen, unmittelbar da ist, lacht trotzdem jeder über etwas anderes. Wie können wir nun die Dinge mit Humor sehen und mit Leichtigkeit nehmen?

Nimm die Vogelperspektive ein.

Charlie Chaplin soll gesagt haben: »Das Leben ist eine Tragödie von Nahem betrachtet, aber eine Komödie aus der Ferne gesehen.« Kennst du dieses Gefühl beim Landeanflug auf einen Flughafen? Du schaust aus dem Fenster, und alles sieht aus wie in einer Spielzeugwelt. Kleine Autos, Hügel, Bäumchen, und vielleicht entdeckt man hier und dort einen winzig kleinen Menschen, der seinen weltbewegenden Aufgaben nachgeht. Jedes Mal komme ich da ins Grübeln und muss darüber schmunzeln, für wie wichtig ich mich selbst manchmal nehme. Dabei sind viele unserer Probleme zum Lachen oder schlichtweg absurd. Wie heißt es so schön: Wer über sich selbst lachen kann, dem gehen nie die Witze aus.

Übertreibe

Auf einem Rückflug aus dem Urlaub mit meinem Dad blieb das Flugzeug nach dem Boarding am Gate stehen. Erst später kam dann die Ansage vom Kapitän, es gäbe Probleme mit dem Bordcomputer und wir müssten den Abflug auf ungewisse Zeit verschieben. Mein Dad hatte aber eine Stunde nach der geplanten Landung in Frankfurt einen Anschlussflug zu kriegen. Er wurde unruhig. »Was soll das denn mit dem Bordcomputer. Können die nicht schneller machen«, beschwerte er sich bei mir, als wären wir alleine im Flugzeug. »Was ist denn das für ein lahmer Laden. Wir müssten doch schon längst über alle Berge sein.« Die ersten Blicke waren schon zu spüren. Früher wäre mir so was peinlich gewesen. Doch anstatt meinen Vater toben zu lassen, oder gar zu kritisieren, warf ich noch ordentlich Holz ins Feuer. »Geh doch ans Mikro, Paps. Die hinten im Flieger ham dich glaube ich nicht gehört.« Mein Papa lachte. »Und überhaupt«, fügte ich mit einem Zwickern in der Stimme hinzu, »den Piloten sollte man sofort entlassen. Dass er sich Zeit für unsere Sicherheit nimmt. So eine Frechheit!« Jetzt mussten wir beide lachen, und der Anschlussflug schien vergessen. Jetzt schauten die Leute, um zu sehen, wer sich bei der Warterei so amüsierte. Mein Vater lachte zum einen wegen der Sprüche und zum andern über sich selbst. Er sah ein, wie sinnlos es war, sich aufzuregen oder zu beschweren. Was meinst du? Wäre ihm das gelungen, wenn ich ihn mit dem rhetorischen Zeigefinger darauf hingewiesen hätte? Wir bestellten schließlich was zu trinken und fanden genug andere gute Themen, über die wir uns unterhalten konnten. Und seinen Anschlussflug hat er auch gekriegt.

Die dritte Strategie gegen Enge und Strenge ist zuvorkommende Freundlichkeit. Freundlich zu sein, fällt vielen leicht, wenn andere zuerst freundlich sind. Doch wer so sein Leben bestreitet, benimmt sich wie ein Kettenraucher, der ohne Feuerzeug aus dem Haus geht und von Fremden erwartet, dass sie ihm ungefragt Feuer geben.

Seien wir die Ersten, die anderen gegenüber freundlich und verständnisvoll sind, anstatt darauf zu warten, bis andere mit guten Gesten auf uns zukommen – das ist zu-vor-kommend. Wenn zum Beispiel eine Servicekraft im Restaurant gestresst ist oder kurz angebunden ist, heißt das nicht, dass wir das erwidern müssen. Ja, es ist ihr Job, zuvorkommend und freundlich zu sein. Nur was spricht dagegen, über solches Verhalten hinauszudenken und dem- oder derjenigen mit einem freundlichen Lächeln oder einem »Dankeschön!« zu antworten. Am Ende des Tages geht es nicht darum, die Stimmung anderer auf die Höhe zu bringen, sondern darum, unsere eigene aufrechtzuerhalten.

DIE NATUR HAT AUCH STRUKTUR

Bruce Lee war der Überzeugung, beim Kämpfen sollte man sein wie Wasser – »*Be water my friend*«. Was unsere Einstellung zum Strengsein angeht, kann dieses Motto genauso hilfreich sein. Wer so anpassungsfähig ist wie Wasser, findet Wege um jede Situation herum.

Stell dir einen Gebirgsbach vor. Er ebnet sich seinen Weg von der Quelle bis ans Meer durch Gebirge und Landschaften. Dabei geht er nicht den kürzesten Weg (eine gerade Linie), auch nicht den logischsten (manchmal scheint er vom Meer weg zu fließen), aber er geht immer den einfachsten, den simpelsten Weg. Er kann nicht anders. Das Wasser fließt einfach dahin, wo es sich am einfachsten ergibt. Und was macht er, wenn der Weg blockiert ist? Beschwert er sich? Ärgert er sich? Fängt er an zu heulen und zu schimpfen? Nein, er fließt einfach weiter, bis der Stau überläuft oder bis der Wasserdruck ihn unten durchsickern lässt. Er läuft und läuft, bis er am Meer ankommt. Die Natur, da wirst du mir sicher zustimmen, ist Sinnbild für das Unbezwingbare und Chaotische. Doch Chaos und Ordnung schließen sich nicht aus. Das Chaos auf deinem Schreibtisch zum Beispiel hat seine ganz eigene Ordnung. Und wie Wasser dürfen auch wir einfach tun, was wir am besten können, ohne Härte und Strenge gegenüber uns selbst.

Das hier ist keine Work-Life-Balance-Predigt, nein. Wer den Mut und die Geduld hat, einen unpassenden Job oder Studiengang abzubrechen, oder gar nicht erst anzufangen, fließt sicher auf Hindernisse und Arbeit zu, doch kommt diese Person langfristig auf ihren eigenen Weg. Menschen, die einfach tun, was alle tun, arbeiten am härtesten. Nicht etwa, weil es hart ist, mitzuhalten, sondern weil es hart ist, ziellos in einem Konvoi der Konformität mitgeschleppt zu werden, ohne Individualität, ohne Kreativität, ohne Abwechslung, ohne Selbstbestimmung. Sobald es uns gelingt, Ideen (von anderen) abzulegen, die uns einschränken, wird unser Leben zwar anspruchsvoller, aber auch einfacher. Warum? Weil wir beginnen, uns an uns selbst zu orientieren. Du musst zum Beispiel nicht irgendeinen technischen Studiengang wählen, nur weil Ingenieure gefragt sind. Du musst auch keine Banklehre oder ein Medizinstudium wählen, nur weil Banker und Ärzte bekanntlich viel Kohle verdienen und Ansehen haben. Warum die Sache so eng sehen? Nehmen wir uns doch den Rat von Onkel Hill zu Herzen: Denke nach! Denke über deine Fähigkeiten nach. Denke über deine wirklichen Wünsche nach und finde heraus, durch welchen Weg du deine Fähigkeiten ausbauen und dir deine Wünsche erfüllen kannst. Es muss mehr als einen Weg geben, deine Ideen vom gelungenen Leben zu leben.

Eines meiner größten Vorbilder zum Thema selbstbestimmtes Arbeiten und Leben ist mein Buddy und Studienkollege Jonathan. Joni ist sportlich, trägt Businesskleidung und finanziert sich neben dem Studium komplett selbst. Er gibt Seminare und Coachings an CEOs und andere Führungskräfte im Bereich Lern- und Lesetechniken, sowie Arbeits- und Selbstführungsmethoden. Mit Vertriebsprofis baut er Webseiten für seine Lernprodukte und schreibt Bücher und Blogbeiträge – und das alles neben dem Studium. Kurz:

Er arbeitet jeden Tag den ganzen Tag. Obendrein kann er über sich und das Leben lachen und findet ab und an abends Zeit auf ein Glas Wein oder einen Film. Dieser Mann schafft es auf eine ehrgeizige und geduldige Art, orientiert und strukturiert zu leben. Jonathan ist 22 Jahre alt.[*]

»Es geht mir darum, einen selbst gestellten Auftrag im Leben zu verwirklichen«, sagt mir Jonathan eines Sommers bei einem Spaziergang im Englischen Garten. Seine Erfolgsgeschichte geht zurück in seine Kindheit, wo er schon als Junge begann, sich mit seinem älteren Bruder beim Fußball zu messen. »Wir wollten beide Profis werden und haben uns in Sachen Fleiß und Ehrgeiz gegenseitig herausgefordert. In der Schule versuchte ich anfangs eher, der Coole zu sein, der seine Lehrer und den Schulstoff infrage stellt.« Diese Einstellung zeigte sich auch auf seinem Zeugnis. »Die Wende kam, als ich nach Südafrika auf die Schule ging. Das Motto meiner Schule war: *It's cool to be clever.*« Cool war es nicht, den Boss vor der Klasse zu spielen, sondern die Prüfungen zu rocken«, erinnert sich Jonathan. Doch dazu musste er erst mal lernen, viel lernen. Und das tat er auch. Auf einmal war alles, was für ihn zählte, seine Schulnoten.

»Nur woher so plötzlich die Wende?«, wollte ich wissen.

»Meine Eltern hatten mir die Schule und das Leben in Südafrika möglich gemacht. Ich wollte sie unter keinen Umständen enttäuschen. Daraus folgte alles andere. Während einer Lernpause rief mich zufällig meine Mom aus Deutschland an. Ich weiß noch, wie ich zu ihr sagte: ›Mama, ich ess noch meinen Apfel auf und lerne dann weiter. So lang können wir noch telefonieren.‹« Ganz schön konsequent, diese Einstellung. Ist sie aber engstirnig? Oder war Jonathan unfreundlich oder schwierig? Entscheide für dich selbst.

»Das war die Zeit, in der ich gelernt habe, hart zu arbeiten«, sagt Jonathan dankbar. »Aber die Arbeit selbst kam mir nicht so

* Mehr über Jonathan auf www.jonathansierck.com

hart vor, wie es vielleicht klingt. Ich hatte es mir schließlich selbst ausgesucht. Ich habe gerne jeden Tag gelernt, weil ich es für mich gemacht habe.«

»Und heute«, wollte ich wissen, »was hast du heute für eine Einstellung zur Arbeit?«

Jonathan dachte nicht lange nach. »Diese Idee von *Do work you love* ist bullshit. Klar will ich mich mit Themen und Menschen beschäftigen, die mich interessieren. Doch ich vermeide es nicht, hart zu arbeiten, wenn ich erwarten darf, dass es sich langfristig lohnt.«

»Und das ist keine Qual?«, fragte ich und kam mir mittlerweile softiemäßig vor. »Du arbeitest schließlich jeden Tag, seit wir uns kennen.«

»Heutzutage sind die meisten Menschen sich zu schade, sich zu quälen. Doch es kann helfen, seine Arbeit wertzuschätzen, wenn man auf Qualen zurückblickt. Entscheidend dabei ist die Frage, wo die Motivation herkommt: Kommt sie von anderen, oder kommt sie von einem selbst? Sobald wir für uns selbst leben, hört die harte Arbeit auf, egal wie steil der Weg ist, den wir uns selbst aufbürden.«

Wow, dachte ich mir, vor mir steht ein lebendes Beispiel der Worte von Malcolm Gladwell »*Work is only a prison sentence if it has no meaning*«[22]. Zu Deutsch: Arbeit ist nur ein Gefängnisurteil, wenn sie keinen Sinn hat, also keine Bedeutung für den Arbeitenden. Und das ist der entscheidende Punkt: Wenn wir nur die Stringenz sehen, mit der Joni seine Ziele verfolgt, übersehen wir dabei den weiten Blick, dem seine Arbeit unterliegt, und den Sinn, den er in seiner Arbeit sieht. Wenn das die wahren Beweggründe seiner konsequenten Art sind, wie kann da noch von Härte und Enge die Rede sein?

VON DER KUNST, SICH GEHEN ZU LASSEN

Vielleicht erinnerst du dich, wie wir im ersten Kapitel darüber sprachen, dass es notwendig ist, mal Auszeiten zu nehmen, um sich neu aufzuladen und zu orientieren. In diesem Kapitel haben wir nun viel davon gesprochen, welchen Wert es hat, einen klaren Plan zu verfolgen, ohne dabei streng mit uns selbst zu sein. Wie können wir die beiden Ideen verbinden, damit wir unser eigenes Maß finden?

Ob wir uns gehen lassen oder ob wir auf Kurs sind, müssen wir oft selbst definieren. Ich habe mal einen Spruch gelesen: »Das Gefühl des Sich-gehen-Lassens ist weit vom kreativen Zustand entfernt.« Sich also nur gehen zu lassen, bringt meistens wenig. Es gibt allerdings ein Gefühl, das wir alle kennen, wenn es um gelungenes Gehenlassen geht: das Urlaubsgefühl. Warum kommt es im Urlaub immer wieder vor, dass wir offen, locker und freundlich sind? Hat das mit dem Ort, den Leuten oder der Sonne zu tun? Weniger oder? Hat das nicht eher mit unserer Einstellung zu tun, frei und flexibel zu sein? Wir meiden schon fast alles und jeden, der streng ist und Ordnung fordert. Warum nicht wenigstens ein Stück von dieser Einstellung wieder mit nach Hause nehmen und daheim das Leben etwas entspannter sehen?

Hier ein spezielles Beispiel aus dem Männerleben: Mein Golfbuddy Herbert ist 34 und Single. Mit Frauen hat er es nie so richtig auf die Kette gekriegt. Beim wöchentlichen Männerabend ging es mal wieder um Frauen, und Herbert äußerte Zweifel über seinen Lebensstil, weil um ihn herum Bekannte und Verwandte reihenweise heiraten und Kinder kriegen. »Männer erreichen ihre Reife erst mit 40«, meldete sich plötzlich der Ruhigste in der Runde zu Wort, »das sagt meine Tante immer.« Dann erzählte er die Geschichte eines Freundes seiner Familie. »Ein Freund unserer Familie ist Franzose. Er ist wohlhabend, selbstständig und sehr busy. Seine Ende 30-jährige Frau war mal Model, und das sieht man heute noch. Gemeinsam haben sie drei bezaubernde kleine Kinder. Das klingt alles idyllisch, schon klar. Nur diese Familie strahlt bei jedem Besuch echte Lebensfreude und Einheit aus. Mach was auch immer du willst, Herbert«, schloss er seine Ansprache langsam ab, »aber

Sorgen musst du dir keine machen. Dieser Franzose ist Mitte 50.« Herbert sah nachdenklich aus, stellte aber keine Fragen. Am nächsten Tag sprachen wir noch mal darüber, und Herbert sagte etwa Folgendes: »Carlo, was der Schweigsame*da vom Franzosen erzählt hat, hat mir die Augen geöffnet. Aber sicher, in den nächsten zehn Jahren kann ich tun und lassen, was ich will, ohne jemanden zu fragen. Ich bin frei. Und mit Mitte 40 kann ich immer noch eine unglaubliche Frau kennenlernen, mit der ich meine Familie gründe, wenn ich es will. Dann beginnt halt ein neues Leben.« Herbert war wie ausgewechselt. Seine Begeisterung konnte ich nur zu gut verstehen. So redet ein Mann, der sich von einer zu engen Idee vom Leben befreit hat. Sicher, so ein Leben ist nicht für jeden Mann, und es mag sein, dass Herbert schon früher eine Ehefrau findet. Punkt ist allerdings, indem er neue Optionen sah, befreite er sich von seinen engen Ansichten.

Noch eine Geschichte vom Lockerlassen kommt von einer Hochzeitsfotografin. »Früher dachte ich, immer aktiv sein zu müssen, und habe den ganzen Tag lang ohne Pause Bilder geknipst«, erinnert sich Marie bei einem Netzwerkfrühstück um 6:30 Uhr in der Früh. »Meine Einstellung war: ›Meine Arbeit ist teuer, da muss ich auch einen entsprechenden Aufwand für den Preis betreiben.‹ Dann traf ich auf einer Vernissage einen Fotografen, der Monate im Voraus ausgebucht ist. Er meinte, das komme von all den vielen Empfehlungen. ›Empfehlungen?‹, fragte ich mich. ›Die meisten Leute finden einen doch übers Netz!?‹

Zu Hause angekommen, ging ich sofort an den Rechner und schaute mir an, wie viele Empfehlungen ich in den letzten zwölf Monaten bekommen hatte. Fünf. Fünf Empfehlungen von 50 Aufträgen. Wie konnte das sein? Am nächsten Tag erstellte ich eine Umfrage für meine bisherigen Kunden mit fünf einfachen Fragen. Die letzte davon war: ›Was hätte ich tun können, damit Sie mich

* Er will unbekannt bleiben. Er ist schließlich auch der Schweigsame.

weiterempfehlen?‹ Nur zehn Kunden haben die Umfrage bearbeitet, doch der gemeinsame Nenner von sieben, die auf die letzte Frage geantwortet haben, war eindeutig: Mehr im Hintergrund stehen und weniger Fotos machen.«

Maries Beispiel zeigt sehr schön, dass es einen Unterschied gibt zwischen Arbeit und Leistung. Den ganzen Tag als Hochzeitsfotografin auf Zack zu sein, um auf Biegen und Brechen alles Mögliche abzuknipsen, ist zwar viel Arbeit, doch bringt es nicht die Leistung, für die sie bezahlt wird. Bezahlt wird sie für die besonderen Momente, die sie festhält. Dabei kommt es mehr auf ein gutes Auge an als auf einen schnellen und ausdauernden Finger. Marie durfte lernen, lockerzulassen, sich ein wenig gehen zu lassen, um das richtige Maß für ihre beste Arbeit zu finden.

Aus Begegnungen mit Uniprofessoren, Ingenieuren, Yogalehrerinnen, Köchen, Ärzten und Schriftstellern weiß ich zum Beispiel: Wer sein eigenes Maß zwischen Strenge und Sich-gehen-Lassen findet, ist auch weit über das 65. Lebensjahr mit Begeisterung tätig. Nicht etwa, weil sie sich gerne in der Arbeit rumpeitschen, sondern weil sie sich ständig verbessern und möglichst viel lernen wollen. Autor und Nahostexperte Peter Scholl-Latour (1924–2014) hat mit seinen unzähligen Büchern und Berichten bis an seine letzten Tage gearbeitet. Bei einem Fernsehauftritt mit Ende 70 wurde er von der Moderatorin gefragt: »Und Herr Scholl-Latour, wann wollen Sie dann in Rente gehen?« – »Rente?!«, sagt er, »Warum soll ich denn in Rente gehen? Was ich mache ist mein Leben.«

ALSO …

… machen wir uns nichts vor: Was uns wirklich wichtig ist, kommt uns nicht einfach zugeflogen. Das Leben kann an sich schon hart genug sein, dann müssen wir erst recht nicht noch streng mit uns selbst umgehen. Hören wir auf, uns in fremde Formen zu pressen. Das mit dem Strengsein haben sich vergangene Generationen ausgedacht, weil sie es entweder selbst nicht besser wussten, oder weil sie die nächste Generation manipulieren wollten.

Willst du so werden wie Antonios Drachenfrau? Das ist keine Frage von männlich oder weiblich. Denken wir nur an die Herkunft der Worte *streng* und *stringent*. So zu werden, ist eine Frage der Einstellung und inneren Enge und Festgebundenheit. Aus meinen eigenen strengen Zeiten sehe ich ja, wie es sein kann. Und heute sehe ich auch, dass wir uns davon verabschieden können wie Herbert von seinen alten Ansichten.

Geduld, Humor und zuvorkommende Freundlichkeit sind die Antipoden von Strenge. Alle diese Dinge können wir täglich üben, so wie ich mit meinem Papa im Flugzeug. Auch loszulassen darf gelernt sein. Denke an den Gebirgsbach. Er fließt kontinuierlich dahin, ohne harte Arbeit, ohne kämpfen zu müssen. Er bleibt einfach am Ball und in Bewegung mit dem, was er am besten kann, und kommt schließlich an.

Vielleicht willst du dir an Jonathan ein Beispiel nehmen. Auch wenn er sich nicht gehen lässt, findet er viel Freude am Leben. Oder vielleicht grade deshalb? Na ja, sich gehen zu lassen ist halt eine Kunst für sich, die nicht nur Marie lernen musste. Das darf jeder lernen.

Solange wir im Leben fremdgestellte Aufträge erledigen, werden wir an ihrem Maß gemessen. Geben wir uns selbst eine Aufgabe, messen wir uns an unserem eigenen Maß.

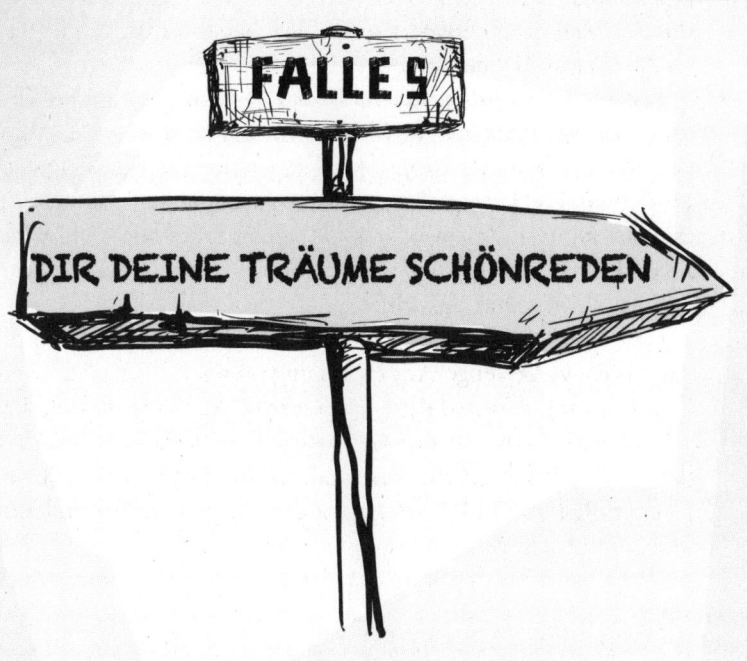

FALLE 5

DIR DEINE TRÄUME SCHÖNREDEN

»Ja, ich bin ein Träumer ..., denn nur Träumer
finden ihren Weg durchs Mondlicht und erleben
die Morgendämmerung, bevor die Welt erwacht.«[23]
Oscar Wilde

Träumen ist lässig. Mit Träumen ist hier nicht Tagträumen oder Nachtträumen gemeint, sondern Wunschträumen – von Wünschen träumen. Jedes von Menschen erreichte Ziel war zu Beginn ein zartes Träumchen, eine Fantasie. Es heißt ja bekanntlich, man soll sich seine Träume nicht schlechtreden lassen. Wer das tut, versäumt sie. Doch wer sich seine Träume schönreden lässt, von anderen oder von sich selbst, versäumt sie gleichermaßen, denn er »verträumt« sie. Wenn du in einem Elternhaus aufgewachsen bist, wo man dich zum Wünschen und Träumen animiert hat, und du von Erwachsenen gelernt hast, deine Ziele ernsthaft und selbstständig zu verwirklichen, dann ist dieses Kapitel vielleicht nichts für dich. Die meistens sind jedoch eher vage und romantisch, was ihre Lebensvorstellungen angeht. Sie fantasieren und sagen: »Klar werde ich mit meinen Freundinnen und einer tollen Geschäftsidee reich!« – »Aber sicher heirate ich meinen Traumpartner und lade zur Hochzeit Freunde und Familie an einem sonnigen Tag in ein teures Hotel ein«, »Selbstverständlich wird die Welt mein Talent erkennen, mich fördern und mir Tür und Tor öffnen; ich mein, ich bin's!« Hey, nichts gegen romantische Idealvorstellungen im Leben. Romantik ist die Starthilfe der Liebe. In derselben Weise brauchen auch unsere Wünsche eine Starthilfe; doch nicht in Form von Gaudi und Glitzer, sondern in Form eines Realitätschecks, eines Realitätschecks mit dem Alltag. Denn der Alltag ist nicht das Ende von Träumen. Der Alltag ist der Anfang.

*

Wer glaubt, seine Träume sind frei vom Alltäglichen, mache sich besser bereit für Enttäuschungen. Das Wort Ent-Täuschung sagt doch schon alles: Es ist eine Entfernung von, oder ein Rausholen aus der Täuschung. Damit ist eine Enttäuschung doch zunächst was Gutes. Bitter ist es nur für die, die es versäumen, aus ihren Enttäuschungen zu lernen – also über sich selbst, über andere und das Leben. Und wenn ich eines über Träume gelernt habe, dann Folgendes: Erfüllte Träume sind nicht magisch. Träume sind Alltag, überall.

Wer alle seine Wünsche erfüllt haben will, muss für sich selbst Rede und Antwort stehen. Zu tun und zu erleben, was wir wirklich wollen, ist zwar die ehrlichste und mutigste Art zu leben, doch ist es die meiste Zeit alles andere als romantico fantastico. Denn um uns zu nehmen, was wir haben wollen, müssen wir zuerst denken, wie wir denken wollen. Klingt einfach, doch wo lernen wir bitte das Denken, wenn es uns unsere Freunde oder Eltern nicht beibringen?

Als ich 2005 Abi machte, war für mich klar: Das Leben läuft von nun an nach meinen Vorgaben und nicht nach denen der Schule, meiner Eltern oder der Gesellschaft. Freiheit, das war meine große Romantik, meine große Träumerei; die Freiheit zu tun und zu lassen, was ich wollte. Mein vorherrschender Gedanke war: Jetzt bin ich frei. Ich kann tun und lassen, was ich will. Doch konnte ich das wirklich? Ich war ein Traumverträumer.

WENN TRÄUMEN TRÄUME TÖTET

Im letzten Kapitel erzähle ich die Geschichte davon, wie ich innerhalb von 24 Stunden nach meiner Abreise aus Deutschland Arbeit in einem Luxusresort in Spanien gefunden habe. Im Zeichen des Schönredens und Traumverträumens, erzähle ich hier gleich das Ende der Spaniengeschichte, um zu verdeutlichen, wie das Schönreden von Träumen uns blenden kann.

Im Spätsommer 2007 lebte ich unter der Sonne Spaniens. Die Gegend an der Costa Cálida ist heiß und trocken im Klima, aber reich an fruchtbarem Boden. Zwischen buschbewachsenen Hügeln und Gemüseäckern liegt, wie eine Oase, der *La Mange Club*; eine Ferienanlage voller großzügiger Villen, sauberer Straßen und grüner Rasenflächen von Fußball- und Golfplätzen. Vor acht Monaten war mein Traum wahr geworden, an die Costa zu ziehen und im Club zu arbeiten. Ich hatte Geld, Arbeit und Freizeit. Doch eine Sache wünschte ich mir noch: Ich wollte einen Mentor; einen Lehrer in Sachen Business und Money. Von einem erfolgreichen Unternehmer wollte ich lernen, selbst ein erfolgreicher Unternehmer zu sein. Eines sonnigen Morgens ging ich wie gewohnt meinen Gang durch den Ort zum einzigen Supermarkt, zur einzigen Bank und ins einzige Internetcafé. Jawohl, kein Smartphone oder so. Und frage nicht nach WLAN in dem Dorf. Anders als sonst war an diesem Tag im Internetcafé der Besitzer da. Ich hatte ihn schon einmal gesehen, doch diesmal schien er meinen Blick zu suchen. Wir grüßten uns freundlich, und ich ging meinem Business am Computer nach. Am nächsten Tag trafen wir uns zufällig an der Bank, und er stellte sich vor als Al der Schotte. Al war angenehm und vertrauenswürdig. Er erinnerte mich irgendwie an Sean Connery in seinen Zeiten als Bond. Im Laufe unseres Gesprächs entdeckten wir unsere gemeinsame Begeisterung für Spanien. Daraufhin schwärmte ich vom Ausblick des Restaurants, in dem ich kellnerte, bis sich herausstellte: Al hat oben im Resort zwei Wohnungen, eine davon mit demselben Ausblick. Ich bin beeindruckt. Nachdem wir uns verabschiedet hatten, dachte ich mir: Von dem kann ich sicher viel lernen.

Einige Tage später im Internetcafé schlug Al ein Treffen vor. Am darauffolgenden Tag saßen wir im Café auf der örtlichen Plaza und redeten bei einem *café con leche* über Business. Es stellte sich heraus, Al verkaufte eine, in Spaniens ländlichen Gebieten, seltene Rarität: Internet. Es gab einen Mangel an Anschlussmöglichkeiten für die Bevölkerung, denn in spanischen Urlaubsorten wurden häufig beim Häuserbau schlichtweg keine Telefonleitungen verlegt. Mit seinem komplett kabellosen Angebot waren die Wachstumsmöglichkeiten enorm. »Carlo,« sagte Al schließlich, »wir suchen einen deutschsprachigen Verkäufer in unserem Team. Wenn du bei uns einsteigst, kannst du eine meiner Wohnungen im Resort beziehen. Wie klingt das?« Wie das klingt?!, schallte es in meinem Kopf. Wenn ich wählen darf zwischen »im Resort arbeiten« und »im Resort leben«, dann entscheide ich mich natürlich für den Lifestyle. Doch es musste nichts überstützt werden. Wir vertagten das Gespräch und vereinbarten ein weiteres Meeting mit seinem Salesman Mike. Mike war groß, mit kurzen braunen Haaren und einer Alkoholnase. Weil ich in Südafrika aufgewachsen bin und mich mit Angelsachsen per Kultur gut verstehe, und Mike genauso gentleman-like wie Al auftrat, hatte ich nach wie vor ein gutes Gefühl bei der Sache. Aus Begeisterung wurde bei mir Euphorie. Oh Mann, ich verkaufe genau das, was jeder will und braucht, fantasierte ich. Dieses Business geht durch die Decke, und ich bin dabei. Dann mach ich mein eigenes Business auf. Und die Partys im Resort, das wird hammermäßig. Mit meinem Geld kauf ich mir erst mal ein Auto. Für mich war die Sache klar: Ich ziehe ins Resort. Ich lerne Sales. Ich lerne Big Business.

Al war Ende 50. Er hatte Verkauf nach der alten Schule gelernt: durch Tür-zu-Tür-Verkauf. Und so sollte ich es auch lernen. Was für ein Aufstieg: vom Kellner zum Klinkenputzer. Zehn Kunden pro Woche war die Vorgabe. An meinem Erfolg gab es für mich keine Zweifel. Zwei erfahrene Salesmänner und ein gestandener Unternehmer standen schließlich hinter mir und glaubten mehr als ich, an mein Verkaufstalent. Al und Mike investierten ab dem ersten Arbeitstag in meine Ausbildung zum Menschenkenner und Verkäufer. Doch ihre wochenlange Unterstützung und Geduld wurden nicht entlohnt. Das Geschäft war alles andere als ein Selbstläufer. Mir flogen nicht die abgeschlossenen Kundenverträge, sondern vielmehr die zuknallenden Haustüren zu. Warum glaubte ich nur, das

Geschäft gehe durch die Decke? Gab es irgendwelche Konkurrenz, die bei dem Mangel an Internet auch auf eine tatsächliche Nachfrage hinwies? Hatte ich irgendwo bei Gästen im Restaurant, bei Freunden oder in Cafés Gespräche überhört oder geführt, bei denen Menschen ihr Leid zu diesem Thema klagten? Waren die Landleute nur im Entferntesten bereit, monatlich 60 Euro für Internet auszugeben? Fragen über Fragen, die ich mir weder gestellt noch beantwortet hatte. Von Woche zu Woche lernte ich immer weniger im Verkauf und ging vom einen enttäuschenden Kundengespräch zum nächsten. Das war der Alltag, das war die Realität, die ich mir mit meiner verträumten und schönredenden Art in meinen Vorstellungen vorenthalten hatte. Zuerst konnte ich nicht, und dann wollte ich nicht in der spanischen Immobilienwüste Internetverträge verkaufen. Mir ging die Motivationspuste aus. Obendrein ging es im Golfresort eher einsam als ausschweifend zu. Und das Auto? Welches Auto?

Einige, denen ich diese Geschichte erzählt habe, sagten: »Carlo, du warst einfach naiv, diesem Typen zu vertrauen. Er wollte dich ausnutzen und übers Ohr hauen.« Doch die haben sich getäuscht. Ich kannte schon abgezockte, geschliffene Geschäftsmänner, die mich glauben lassen wollten, ihre Ziele seien meine Ziele. Bei denen bin ich mitten im Meeting vor allen aufgestanden, durch den Bürogang an verwunderten Rehäugleingesichtern vorbeigeschossen und nie wiedergekehrt. Ich wollte nicht lernen, schlau zu labern und dumm zu handeln. Der Schotte und der Engländer hingegen waren aufrichtig. Als Al mich schließlich feuerte, brach für mich trotz der ohnehin miesen Lage eine Welt zusammen. Nach unserem letzten Gespräch stand ich auf derselben Plaza, wo alles begonnen hatte, und fühlte mich plötzlich vollkommen auf mich alleine gestellt. Mitten in der spanischen Nachmittagssonne wurde mir an Händen und Füßen eiskalt. Vor Angst drehte sich mein Magen um, ich krümmte mich vor Schmerz und hustete. Job weg. Geld weg. Resort weg. Mein Spanien? Weg. Ich fing an zu weinen. So fühlte sich Freiheit also auch an. Kein Halt, keine Richtungsangaben, kein Richtig oder Falsch. Es gab nur Konsequenzen; Konsequenzen, mit denen ich leben musste; Konsequenzen aus dem, was ich für mich entschieden hatte. So habe ich mir das romantische Businessabenteuer aber nicht vorgestellt.

REALITÄT – DAS GROSSE MISSVERSTÄNDNIS

Was ist real oder realistisch? Es scheint, jeder hat da eine andere Meinung. Ist es realistisch, mit 21 Jahren Multimillionär zu sein, sein eigenes Haus am Strand zu haben, einen Bestseller herauszubringen, einen Musik-Hit zu landen, fünf Sprachen fließend zu sprechen oder in seiner Sportart Weltmeister zu sein? Aber klar ist das realistisch. Natürlich, ohne Scheiß. Schauen wir uns doch einfach im Netz und im Fernsehen all die Leute an, die das und Ähnliches erreichen. Was realistisch ist, ist also weniger das Thema, denn Realität ist für jeden was anderes. Es gibt jedoch eine Realität, auf die sich sicher die meisten Menschen einigen können: den Alltag. Sicher, manche Tage sind aufregender als andere. Und ja, einige Menschen haben mehr Abwechslung im Leben als andere. Doch das Leben ist Alltag, überall, selbst für einen Hollywoodstar.

David, ein ehemaliger Mitschüler von mir, träumte nach dem Abi davon, an der Wall Street zu arbeiten. Nach einem Studium und ersten Arbeitserfahrungen in einer Bank in Deutschland schaffte er es in wenigen Jahren nach New York. Ja, David hat dann bereits mit Mitte 20 einige Hunderttausend Dollar im Jahr verdient, doch das Leben als *high-roller* mit Schlips und Kragen war ganz anders als erwartet. Viel rumsitzen, bis tief in die Nacht in den Computer glotzen und soziales Leben gab es nur am Wochenende und am Wassercooler. Seine anfängliche Fantasie beschränkte sich bald nur noch auf die alltäglichen Kontostände, die alltäglichen Augenringe und den alltäglichen feuchtwarmen Bürostuhl.

* *»High-roller« nennt man in Las Vegas die Zocker, die Millionen einsetzen*

Es ist Realität, dass du auch bei deinem Traumstudium wochen-
oder monatelang an Büchern und vor dem Bildschirm sitzt. Es ist
Realität, dass du im Urlaub an deinem Traumziel im Verkehr stehst,
einen Flug verpasst oder dich langweilst. Und es ist Realität, dass
du auch bei deinem Traumjob, mit dem ein oder anderen Kollegen
oder Kunden Konflikte austragen wirst. Ich will hier nicht sagen,
dass dein Alltag oder deine Wunschträume nicht schön sein können, nein. Bitte habe den Mut, dir das Beste vorzustellen. Habe
aber auch den Mut, deine Träume auf den Prüfstand zu stellen,
auch wenn sie sich dadurch in Luft auflösen. Der Punkt ist, deine
Träume sind auch einfach ganz normale Ereignisse im Leben. Hey,
erinnerst du dich noch an deine Wunschvorstellung vom ersten
Mal Sex? Und, war es genauso? War es ein romantischer Abend
zu zweit, bei Kuschelrock und Kerzenlicht, wo alles glattlief und
sich beide total sicher, freizügig und leidenschaftlich gehen ließen?
Wenn das für dich so war, herzlichen fucking Glückwunsch. Nur
für geschätzte 99,37 Prozent aller anderen Menschen ist das erste
Mal vor allem eines: ernüchternd. Willst du wissen, wie es bei mir
war? Ja? Sage ich aber nicht. Nachdem es durch war, dachte ich nur:
Was?! Darüber regen sich alle so auf?!

DER PROFESSIONELLE VERTRÄUMER

Wie du siehst, war ich früher sehr gut darin, mir Träume schönzureden. Ich war ein Profi. Zu meiner Erleichterung habe ich fest-
gestellt, es ging nicht nur mir so. Seine Träume zu verträumen ist
auch keine Frage des Alters oder des Geschlechts. Nahezu jeder
kann in Verhaltensmuster und Denkgewohnheiten verfallen, die
uns zum Verträumen verleiten. Drei sind dabei besonders auffällig:

Ein Verträumer plant nicht, um tätig zu werden. Er oder sie plant,
um zu hoffen. Er glaubt, alles Gute ergebe sich romantico fantas-

tico, wie von selbst. Und wenn es nicht so läuft, wie er es sich erträumte, stimmt was nicht mit der Welt. Natürlich, die Gesetze der Physik, des Lebens und der menschlichen Beziehungen sind durch eine unerwartete Fehlzündung kurz außer Kraft getreten. Dass der Verträumer sich in seiner Vorstellung alles schöngeredet hat, hat natürlich nichts damit zu tun.

Bestes Beispiel dafür sind die unzähligen Geschichten von Startups, bei denen sich beste Freunde als Firmengründer in die Haare kriegen. Alles beginnt damit, dass Freunde miteinander eine Idee realisieren wollen. Sie glauben, weil sich jeder gut kennt und die gleichen Ziele hat, wird auch die Arbeit Spaß machen und jeder gleich viel Zeit und Mühe investieren, richtig? Falsch! Auch mit Freunden muss klar ausgemacht werden, wie Ziele erreicht werden, was harte Arbeit ist und wer welchen Zuständigkeitsbereich bzw. welche Aufgaben hat. Solang solche Themen unklar bleiben, sind Verträumer am Werk. Nicht zuletzt steht immer die Frage der Firmenanteile im Raum. Bei Facebook stand Mark Zuckerberg mit seinem bis dahin besten Freund Eduardo Saverin vor Gericht. Bei Apple haben sich Steve Jobs und Steve Wozniak auseinandergelebt, weil Jobs mit seiner eigenen Vision davongezogen ist. Und sicher kannst du, so wie ich, aus Familien- und Bekanntenkreis Geschichten erzählen, wie sich nahestehende Menschen verstritten haben, weil sie mit der Hoffnung planten, Freundschaft reiche aus, um sich einig zu sein.

Zweitens, ein Verträumer hat nicht ein oder zwei Ziele, er hat ungefähr 59. Kennst du Leute, die den ganzen Tag nur davon reden, was sie eines Tages alles tun und haben werden? Ja ja, das sind meistens Verträumer. Denn unsere Hände und Füße können sich noch nicht mal halb so schnell bewegen wie unsere Zunge.

Verträumer wollen Big Business und mächtig Money und gleichzeitig jeden Tag mit Freunden und Familie feiern. Sie wollen zehn Sprachen lernen, die Welt bereisen und dann nebenbei ihr Studium abschließen. Sie wollen beim Surfen, Fußball oder Yoga abgehen wie die Profis, bei einer Stunde Training am Tag. Und die größten Verträumer wollen all diese Dinge zusammen und auf einmal.

»Ich geh nicht gerne auf diese Klassentreffen nach dem Abi«, meinte mal ein Freund zum anderen. »Das ist immer so ein Schwanzlängenvergleich« – »Ja,« sagte der andere, »ich geh auch erst hin, wenn ich Millionär bin.« Warum glauben wir, es muss immer alles mit uns passen? Warum dürfen wir nicht dankbar sein für das, was wir hier und heute haben? Warum reicht es uns nicht aus, eine Sache nach der anderen fest in die Hand zu nehmen und abzuschließen? Ich weiß es nicht, denn ich war im obigen Dialog der andere Freund.

Zu guter letzt schreiben Verträumer vielleicht ihre Ziele auf, doch sie recherchieren sie nicht. Wenn ein Verträumer einen Businessplan schreibt, dann so, indem er oder sie die Einnahmen kalkuliert, wenn so und so viele Kunden gewonnen werden. Auf Papier ist er der König. Da funktioniert alles. Sein Vorhaben ist die nächste große Antwort für ihn und alle anderen. Doch zum Telefon zu greifen und mit einer echten Firma oder einem realen Kunden im Markt ein Rechercheinterview zu führen, nein nein, das ist in der Welt des Verträumers was für Softies. Oder eine Marktanalyse aus Statistiken, Studien und Testläufen zu erstellen, wer braucht das schon, wenn die eigene Start-up-Idee so genial ist, dass jeder, der davon erfährt, sich draufstürzt wie junge Muttis auf Yogamatten.

Mein Freund Joshua (aus Kapitel 2) und ich lernten uns besser kennen, als ich ihn bei einem Kaffee von einer meiner Geschäftsideen erzählte. Es ging um eine Konferenz für Persönlichkeitsbildung, bei der die besten Life Coaches aus aller Welt in München zusammenkommen und Vorträge und Workshops halten. Wir sollten das Ganze organisieren und mächtig Money machen. Das Treffen mit Joshua wurde von mir minutiös vorbereitet. Ich schrieb einen Businessplan über Einkommensquellen, Kundenakquise und

Verkaufs- und Marketingstrategien. Auf der anderen Seite dieser DIN-A4-Seite erstellte ich eine Tabelle, wo draufstand, wie viel wir verdienen, wenn Menge X und Y an Kunden zur Konferenz kamen. Damals wusste ich nicht, dass Joshua in Sachen Entrepreneurship bereits erfahren war und unzählige Bücher über die Entwicklung und Vermarktung von Ideen gelesen hatte. Nach wenigen Minuten stellte er die erste Frage. Dann noch eine, und noch eine. Nach fünf Minuten hatte Josh mit seinen Fragen allein das ganze Konzept zerpflückt und das Gespräch übernommen. Ich fühlte mich nicht nur wie der letzte Anfänger, ich sah auch genauso aus. Was für ein Glück, dass ich nie das Blatt umgedreht hatte, um von meinen prognostizierten Umsatzzahlen zu schwärmen.

Was das Ende der einen Idee war, war der Anfang einer ganz neuen. Als Joshua mich nämlich fragte, was hinter dem ganzen steckte und warum ich das wollte, entdeckten wir, es ging bei der Konferenz um was Tiefergehendes: es ging darum, Menschen mehr Möglichkeiten aufzuzeigen, wer sie sein können und was sie mit ihrem Leben machen können. Daraufhin entwickelten wir bei wöchentlichen Treffen ein komplett neues Konzept. Doch anstatt unsere Idee zu verträumen, prüften wir jedes neue Konzept mit persönlichen Interviews. Wir interviewten Uniprofessoren, erfolgreiche Start-up-Berater und potenzielle Kunden. Von Woche zu Woche entstand für uns ein neues Bild unseres Unterrichtsproduktes. Im gleichen Jahr noch veranstalteten wir unseren ersten Kurs mit zahlenden Kunden. Von zahlenden Kunden lernten wir mit am meisten. Jetzt ist unser Schulungsbusiness nicht durch die Decke gegangen – noch nicht. Doch Josh und ich sind persönlich und fachlich mehr an der Idee gewachsen, als wenn wir nur auf Papier und im stillen Kämmerlein getüftelt hätten. Indem wir so schnell wie möglich mit der Idee unter echten Bedingungen experimentierten, sind wir mit geringstem Risiko und zeitsparend vorangekommen. Schließlich hat diese Erfahrung dazu beigetragen, dass einer von uns sein Beratungsunternehmen profitabel ausbaute und der andere ein Buch auf den Markt brachte.

Jedem Traum muss Leben eingehaucht werden, ja. Das geht allerdings nicht mit schöngeistigen Vorstellungen. Es geht am besten mit Recherchen, Experimenten und gut gemeinten Fragen. Das ist das Handwerkszeug der eigenen Lebensgestaltung. Davon auszugehen, dass andere die Dinge sehen, wie wir sie sehen, ist nicht dumm, es ist einfach ignorant. Nur weil wir an etwas glauben oder eine Sache toll finden, heißt das noch lange nicht, dass alle mitziehen und mithelfen werden. Menschen werden bei guten Ideen auch gerne neidisch und versuchen, uns im Weg zu stehen. Es ist nicht schlimm, dass es so ist. Menschen sind, wie sie sind, und das Leben ist auch einfach so, wie es ist. Es ist höchstens schlimm, vor Hindernisse und Schwierigkeiten die Augen und den Geist zu verschließen. Doch genau das ist die Kunst des Traumverträumers.

»CURB YOUR ENTHUSIASM« – ZÜGELE DEINE BEGEISTERUNG

Es gab mal eine Sitcom, die hieß *Curb Your Enthusiasm*, in Deutschland erschienen als *Lass es, Larry!* Auch wenn sie nicht sehr lustig war, ist der englische Titel doch ein hilfreiches Motto: Zügele deine Begeisterung. Wer in Momenten der Euphorie seine Begeisterung zügelt, bewahrt einen klaren Kopf. Genauso wie Liebe, können auch Träume blind machen. Wer sich der Ekstase seiner Träumerei hingibt, darf damit rechnen, schmerzhaft auf den Betonboden des Alltags zu knallen. Wer seine Begeisterung zügelt, entscheidet besonnen und geduldig. Klingt einfach, logo. Doch du und ich wissen, es ist eine Sache, den Weg zu kennen, und eine komplett andere Sache den Weg zu gehen.

Unsere Träume schönzureden, scheint also weniger gut zu funktionieren. Und doch scheinen große sowie kleine Errungenschaften mit Träumerei oder Wunschdenken zu beginnen. Ob du gemütlich am Meer oder in den Bergen mit deiner Lady oder deinem Boy oder deinem Ladyboy chillen willst, ist genauso erstrebenswert wie ein Job, bei dem du die Welt bereisen und Menschen helfen kannst. Beides sind gleichermaßen erstrebenswerte Ziele. Erwarte nur nicht, dass das Leben woanders oder wannanders besser, aufregender und schöner stattfindet. Denn unser Leben findet heute statt. Und heute ist Alltag.

Meine Schwester lebt auf einer kleinen Urlaubsinsel in der Karibik. Sie kam dort durch einen Hotel-Job hin. Nach 20 Jahren auf der Insel hat sie sich mit ihrem Mann ein kleines, aber lukratives Gastronomieimperium aufgebaut. Sie lebt ein selbstbestimmtes und freies Leben. Und auch sie steht jeden Tag im Stau auf dem Weg zur Arbeit, hat sich um ihren Sohn zu kümmern und ist froh, wenn sie mal Zeit findet, in Ruhe zum Yoga oder mit ihrem Mann auf einen Cocktail an den Strand zu fahren. Es ist nicht so, dass sie sich beschwert, nein nein. Sie liebt ihren Lebensstil und ihre Arbeit. Doch nur, weil bei ihr Palmen wedeln, Cocktailschirmchen hängen und sie sich ihren Job selbst gemacht hat, ist das Leben nicht gleich besser und aufregender als irgendwo anders auf der Welt. Der Traum, den sie lebt, ist immer noch Alltag.

Im Herbst 2010 traf ich meine besagte Schwester und meinen Schwager in Kalifornien. Mit Bekannten besuchten wir einen privaten Freizeitclub in Pacific Palisades. Die Gegend dort gehört mit zu den schönsten der Welt. Teil der Anlage ist der legendäre *Riviera Golf Club*. Im Büro des Golfclubs trafen wir zufällig den obersten Trainer (den sogenannten *Head-Pro*) namens Steve. In seinem übergroßen Polohemd sah Steve dünn, lang und schlaksig aus. Er hatte ein mageres, schmales Gesicht mit einer langen, dünnen Nase. Sein weicher Händedruck setzte schließlich seiner Erscheinung den Softiestempel auf. Mein Gehirn dachte sich: Wie kann nur so ein uncharismatischer Typ hier der erste Mann sein? Auf die Antwort brauchte ich nicht lange zu warten. Nachdem wir erzählten, es sei mein Ziel, Golftrainer zu werden, sagte er schlichtweg: »*That's great. Teach and connect!*« Zu Deutsch: Das ist toll. Unterrichte und mache Kontakte. Hinter diesen drei Worten, »*teach and connect*«, steckte eine Formel, die alles zusammenfasste, was ich als damaliger Traumverträumer wissen musste. »Unterrichte« bedeutete: Tue das, was dein Traum verlangt. Wenn ich unterrichten wollte, dann sollte ich das einfach tun. Ich musste niemanden um Erlaubnis fragen oder mich für das qualifizieren, was ich wollte. Ich musste einfach gut darin werden, indem ich es täglich tat. »Mache Kontakte« hieß für mich so viel wie: Du kannst nur mit anderen erreichen, was du willst. Geld ist dort, wo Menschen sind. Du musst dir nicht immer alles erarbeiten, sondern kannst auch über Kontakte und Bekannte zu Chancen kommen. Ich muss mir nicht alles als Einzelgänger erkämpfen. Der Softie, den ich in Steve gesehen hatte, war ich selbst.

Heute erkenne ich, der »Unterrichte!«-Teil dieser Formel lässt sich durch alles ersetzen. Für dich heißt es vielleicht »Singe!«, »Spiele!«, »Koche!«, »Baue!«, »Male!« »Reise!«, »Lerne!«, »Trainiere!«, »Verarzte!«, »Zeichne!«, »Telefoniere!«, »Organisiere!«, »Programmiere!«, »Schreibe!«, »Schauspielere!«, »Rechne!«, »Designe!« »Filme!«, »Fotografiere!«, »Analysiere!«, »Berate!« »Tüftele« oder »Häkele!« – was auch immer es ist, tu es. Tu es jeden Tag und mache dabei Kontakte mit anderen, die es auch tun. Und wenn du keinen kennst, der das auch tut, finde Menschen, die damit was zu tun haben oder schlichtweg an dich glauben. Damit bewahrst du dich nicht nur selbst vom Traumverträumen, sondern so hältst du dir auch Traumverträumer vom Leib, die deine ständige Rastlosigkeit abschreckt.

Was habe ich aus der Formel damals gemacht? Unterrichten?!, fragte ich mich. Ich muss den ganzen Tag unterrichten, um Golftrainer zu werden? An der Ostsee hatte ich bereits meine Zeit als Trainer »abgesessen«. Das wollte ich nicht noch mal. Und Kontakte in der Golfwelt machen? Na ja, okay, kann ich machen. »Kann ich machen«?! Wie soll denn bitte mit so einer Einstellung irgendwas aus der Sache werden? Klar war, ich wollte den Lebensstil und das

Gehalt eines Golflehrers. Die Arbeit und den Alltag wollte ich aber nicht.

Jahre nach meinem Spaniendebakel traf ich in München einen Versicherungsvertreter, nennen wir ihn Werner, der mich für seine Abteilung in einem renommierten Versicherungsunternehmen gewinnen wollte. Werner war sehr freundlich und hat den Job so erklärt, dass ich den Reiz des Geschäftes genau erkannte. Er wollte mich unbedingt an Bord haben. Diesmal konnte ich jedoch sofort dankend ablehnen, denn ich hatte nicht nur das Geld, sondern auch den Alltag im Versicherungsbüro, der zum Geld führte, klar vor Augen. Ich kenne Leute, die würden den Kopf schütteln, wenn ich ihnen erzähle, da will jemand mich (als studierten Philosophenpeter) einstellen und ich lehne das Angebot ab. Die sagen vielleicht, ich spinne. Nur wenn spinnen bedeutet, ich webe mir in meiner Vorstellung ein lebensnahes Bild vom Alltag einer Tätigkeit, um schnell festzustellen, ob er zu meinen Zielen passt, dann spinne ich tatsächlich. Es ist diese Vorstellungskraft, in deinem Traum den Alltag und das Einfache und Normale zu sehen, wovon Träume wirklich leben. Mein oben erwähnter Schwager sagt immer wieder: »Ich kann nicht einen großen Schritt machen, aber ich kann dafür drei kleine Schritte machen.« Und genauso sieht der Alltag von erfolgreichen Träumern aus: Sie gehen einfach die Schritte, die sie vor Augen haben und machen können. Das ist nicht sehr aufregend und imposant, doch sie gehen sie – jeden Tag.

ALSO ...

... statt auf romantische Vorstellungen zu bauen, erkenne das Alltägliche und Einfache in deinen Träumen. Solang wir sehen, dass das Leben überall Alltag ist, erhöhen sich die Chancen, unsere Träume zu erreichen. Warum? Weil wir wissen, worauf wir uns einlassen, und so bereits im Vorhinein auf die Arbeit, den Alltag und die Anstrengungen auf dem Weg zu unserem Ziel eingestellt sind. In Spanien habe ich mich vom Geld lenken lassen und geglaubt, mein Mentor macht das schon. Wo das hingeführt hat, haben wir gesehen.

Meide die Fehler der Traumverträumer. Finde den Preis deiner Träume heraus und wäge ab, ob du ihn zahlen willst. Mache dir keine Illusionen über die Arbeit mit Familie und Freunden. Die muss gut abgestimmt sein. Überlege dir auch, wie viele Ziele du erreichen willst. Wir können vielleicht nicht alles auf der Welt haben, aber alles, was wir wollen – eins nach dem anderen. Zu guter Letzt wollen wir unsere Ziele und Träume gut recherchieren. Nur so wissen wir, wo wir tatsächlich mit ihnen stehen.

Es heißt ja, Träume sind eitel. Ja, und wenn sie eitel sind, dann kommen sie nicht zum Zuge, weil sie sich für den Alltag zu fein sind. Lassen wir unseren Träumen ruhig ein paar Realitäten des Alltags auf die Bildfläche wachsen, dann sind wir nicht nur ehrlich zu uns selbst, wir sind dann auch fair gegenüber uns selbst. So findest du schnell heraus, was du willst und was du nicht willst. Erspar dir Enttäuschungen, indem du lernst, aus deinem Alltag einen Traum zu machen und deinen Traum zum Alltag.

FALLE 6

PERFEKT SEIN

»Gott sei Dank bin ich nicht perfekt.
Erst so fühl ich mich vollkommen.«
Notiz vom Nietzsche-Seminar

Lass uns gleich zur Sache kommen: Was wird in der Schule ständig kontrolliert, analysiert und gesucht? Worauf deutet die rote Farbe in der Schrift deines Lehrers hin? Und was haben wir schließlich nach der Schule am meisten Angst zu tun? Fehler! Ganz einfach, Fehler. Unsere in der Schule gelernte Einstellung zu Fehlern ist wohl der größte Makel überhaupt an deutschen Schulen. Dass viele andere Länder auch so unterrichten, macht es nicht besser. Das Problem mit dieser Fehlervermeidungserziehung zeigt sich an zwei Verhaltensweisen, die daraus folgen: Wir scheuen uns, Ideen auszuprobieren, oder neigen zu Perfektionismus. Menschen, die über ihren Fehlern stehen, oder sie gar zelebrieren, sind ganz selten.

Sind Fehler nicht in Wahrheit einfach Informationen darüber, wie etwas nicht geht oder nur eingeschränkt geht? Klaro, wenn du in Mathe die Quadratwurzel aus 64 ziehst und dein Ergebnis ist 7,5, liegst du falsch. Nur dich dafür zu bestrafen und wortwörtlich sitzen bleiben zu lassen, zeigt einen Mangel an Verständnis über eine gesunde Beziehung zum Lernen.

Fehler sind ein integraler Teil eines jeden Lernprozesses. Das kann uns jedes Kleinkind beweisen, das eine heiße Herdplatte anfasst. Warum werden Fehler dann nicht triumphierend belächelt und gefeiert? Eine mögliche Antwort ist: Fehler sind auch nicht immer gut. Klaro, wer leichtsinnig mit Feuer umgeht und durch einen vermeidbaren Unfall ein Haus niederbrennt, der gehört nicht unbedingt gefeiert. Tatsache ist allerdings, dass es ohne sogenannte Fehler kein Lernen und damit kein Wachstum, keinen Fortschritt und keine Vielfalt gibt. Jeder, aber auch jeder, der nur halbwegs irgendwas aus seinem Leben gemacht hat, hat sogenannte Fehler gemacht, und zwar nicht zu knapp. Wenn du also nach dem Abi nach deinem eigenen Entwurf leben willst, stelle dich am besten auf eine Sache ein: mit Fehlern und Fehlentscheidungen zu leben.

*

Bisher bin ich in diesem Buch gerne mit einer persönlichen Geschichte als erster vorausgegangen und habe gezeigt, mit welcher Naivität, oder welchem falschen Eifer, ich Fehler gemacht habe. In diesem Kapitel gibt es keine solche Geschichte. Ein Grund dafür ist, dass ich ohnehin in all meinen bisher dargelegten Unternehmungen perfektionistisch veranlagt war. Ich wollte nicht den Fehler machen, kein Geld zu haben, und arbeitete folglich nur noch dafür. Ich wollte nicht den Fehler machen, meine Zeit beim Zivi zu verschwenden, und lief vor der Verantwortung weg. Ich wollte nicht den Fehler machen, mich gehen zu lassen, und nahm mir mit meiner Strenge oft die Freude am Leben. Ich wollte nicht den Fehler machen, ineffizient BWL zu studieren. Also musste ich lernen, was es heißt, von der Uni zu fliegen. Alles musste immer genau passen, wie die Goldkrone auf den Backenzahn. Hat vielleicht genau deshalb kaum was gepasst? Der zweite Grund, warum es keine Geschichte gibt, ist, dass Perfektion uns immer wieder heimsucht. Wir können immer wieder in ihre Falle gelockt werden. Du hast den richtigen Studiengang, jetzt musst du den idealen Lernplan entwickeln. Du hast einen super Abschluss, jetzt willst du einen super Job. Du hast die Stelle gefunden, die zu dir passt, jetzt muss nur noch das Gehalt angepasst werden. Du hast deinen Traumpartner, jetzt müssen auch traumhafte Kinder erzogen werden. Es hört einfach nie auf. Oder? Hier geht es also nicht um die abgeschlossene Überwindung von Perfektion, sondern über den Umgang mit ihr.

Kurzum, die lockere Sichtweise, die ich in diesem Buch präsentiere, ist genau das Gegenteil davon, womit ich gestartet bin. Wie ein sturer Hund biss ich mich an jeder Aufgabe fest. Heute bin ich dankbar, dass ich dadurch von einer Scheiße in die nächste gefallen bin. So musste ich lernen, meine »Fehler« zu ertragen, ja, sie zu feiern.

JE MEHR OPTIONEN, DESTO FREIER

Wer Sprachen lernt, macht Fehler. Wer mehr Fehler macht, lernt mehr von einer Sprache. Die besten Audiosprachkurse, die ich kenne, sind von Michel Thomas. Lernerfolge stellen sich mit seinen Sprachkursen so schnell ein, weil der Kurs seine Zuhörer dazu auffordert, mitzumachen und zu experimentieren. Um mitzukommen, muss man nachdenken und Ideen haben. Des Weiteren sitzen zwei Schüler mit dem Sprecher im Aufnahmestudio und werden, genauso wie du, dazu aufgefordert, Sätze zu bilden und Worte zu wiederholen. Jeder bekommt die Freiheit, die Optionen zu testen, die sein Gehirn vorschlägt. Auf diese Weise lernst du dann aus deinen eigenen Ideen und aus denen der »Mitschüler«. Es wird schnell klar, welche Optionen den Regeln der Sprache entsprechen und welche nicht. Der Punkt ist, ob du danebenliegst oder nicht ist egal. Wichtig ist, dass überhaupt Beiträge, Möglichkeiten und Optionen aufkommen. So kommt unser Denken in Bewegung.

Michels Methode baut auf zwei einfachen Lernprinzipien auf: Erfolge und Fehler. Klar, wir brauchen Erfolge zur Bestätigung und Motivation. Und genauso brauchen wir Fehler, als Hinweise und Hilfen, um zu erkennen, was nicht funktioniert. Weil beides begrüßt wird, fühlst du dich als Schüler frei, Dinge auszuprobieren. Wie sollen wir da nicht lernen, was wir bereits können und wozu wir fähig sind?

Wer Sprachen lernt, lernt nicht nur neue Vokabeln und grammatische Regeln, er oder sie lernt Optionen, sich zu verständigen. Und das ist das Schöne an Sprachen: Sie bieten Optionen und setzen voraus, dass wir im Kopf frei sind, Optionen aufzuwerfen. Nur damit Menschen sich verstehen, müssen sie nicht die Sprache des anderen perfekt beherrschen. Es reicht schon die Freiheit, mit der Sprache des anderen zu spielen. Was hat das jetzt alles mit Perfektion oder mit uns und unserer Lebensgestaltung zu tun? Ob Karriereplanung, Beziehungsgestaltung oder Vermögensaufbau, es gibt keinen perfekten und richtigen Weg. Es zählt, dass wir bereit sind zu lernen, und Dinge auszuprobieren. Auf diese Weise machen wir zwar Fehler, doch damit bekommen wir Hinweise und Hilfen, wie es für uns und auf unserem Weg nicht geht. So kommt unser Denken auch in Bewegung, und wir beginnen, diese Dinge auf unsere Weise zu verstehen – mit unserem Dialekt und unserer Aussprache.

FAIL FAST!

»*Fail fast!*« ist ein Unternehmersprichwort und heißt so viel wie »Scheitere schnell!« Der Spruch hängt als Post-it bei mir daheim am Fenster und erinnert mich an eines: Es ist besser, mit einer Idee schnell zu scheitern, als sie nie auszuprobieren und vor sich hinzuschieben. Wer es versäumt, seine Ideen auf die Probe zu stellen, wird sich fragen müssen: »Was wäre nur gewesen, hätte ich ...?« Die »Kein Erfolg für Schüler«-Story aus Kapitel 9 lässt grüßen.

Dieses Motto gilt aber nicht nur für Geschäftsideen. Alle Möglichkeiten der Lebensgestaltung dürfen getestet werden. Je schneller wir ins Handeln und ins Testen kommen, desto schneller wissen wir, was an der Idee Substanz hat. Und wenn dein innerer Traumverträumer dieses Testen und Scheitern aufschiebt, dann nur, weil er oder sie lieber am Glitzer der Idee festhält, als zuzusehen, wie der Traum sich in einer Reaktion mit der Realität in Luft auflöst. Nur wäre es nicht besser, möglichst bald zu wissen, ob eine Idee Hand und Fuß hat, selbst wenn die Antwort »Nein« ist?

Ursprünglich wollten Andrej, Mehmet und Joshua einfach zusammen eine Firma gründen. Mit welcher Idee würde sich noch zeigen. Als Erstes tauchten sie in den Bereich Ernährung ein. Über Wochen arbeiteten sie tagein, tagaus an ihren Vorschlägen. Sie knüpften Kontakte mit Lieferanten, überlegten sich Businessmodelle, die sie verwarfen, neu entwickelten, um auch diese neuen Modelle wieder zu verwerfen. Sie überlegten, welche ihrer Stärken sie am besten einbringen können und welche Werte und Ideen mit dem Geschäft vermittelt werden sollen. Schließlich sind sie zum Schluss gekommen, ihre Ernährungsidee gibt keinen *businesscase* her. Die Arbeit von Wochen schien wertlos zu sein. Was passiert bei einer solchen Themenverfehlung in der Schule? »Setzen! 6!«, genau. Doch waren Andrej, Mehmet und Josh gescheitert? War es ein Fehler, so viel Zeit und Mühe auf Risiko zu investieren? Du und ich kennen die Antwort. Jeder ihrer Pläne und Strategien, aus denen nichts geworden ist, waren Bausteine für nächste Idee. Aus ihrem scheinbaren Scheitern folgte im Laufe ihres Weges ein realer Erfolg. Diesen nannten sie Freeletics – #freeleticstransformation, #noexcuses, #freeathlete. Und selbst das Freeleticstraining, das wir heute kennen, ist meilenweit von dem Trainingskonzept entfernt, womit sie ursprünglich begonnen hatten. Auch da gingen sie durch einen Prozess von Idee schaffen, Idee testen, Idee weiterentwickeln oder Idee verwerfen, bis sie zu dem epischen Trainingsplan, dem digitalen Coach und dem Markenstatus gekommen sind, der einen solchen Hype erlebt hat. Kurzum: Die Jungs haben Fehler und Rückschläge nicht gemieden, sie haben mit System einfach ultraschnell durch sie durchbeschleunigt.

Was auch immer deine Pläne und Wünsche sind, deine Erfolgsgeschichte wird von Fehlern, Hindernissen und Überwindungen gekennzeichnet sein. Was erwartest du? Dass du mit deinen ersten Versuchen im echten Leben nach der Schule gleich einen glücklichen Volltreffer landest? Sicher, kommt vor. Menschen gewinnen auch immer wieder im Lotto. Nur, mit dieser Erwartungshaltung stellst du dich besser auf Ent-Täuschungen ein.

DER PREIS DER PERFEKTION

Auf einem Kleinkunstabend lernte ich einen talentierten Singer-Songwriter und Multi-Instrumentalisten kennen. Mit der Gitarre bringt er gestandene Männer zum Singen und mit seinen Trommelkünsten bringt er schüchterne Ladys zum Tanzen, ohne Scheiß. Trotz seines Talents und trotz seiner vielen fertig geschriebenen Musikstücke bleibt er mit allem hinter dem Busch. Seit Jahren redet er davon, ein Album aufzunehmen und auf diese und jene Bühne zu gehen, anstatt es einfach zu tun. Und warum? Er schiebt es immer wieder auf, sich einen Künstlernamen zu geben. Heute heißt er so, morgen so und nächste Woche wieder anders. Er wartet seit Jahren auf den perfekten Künstlernamen, bevor er seine Karriere als Musiker anpackt. Dabei müsste er sich nur entscheiden, damit es für ihn weitergeht.

Auf der anderen Seite gibt es auch tätige Perfektionisten. Vor allem Sterneköche streben nach Perfektion und zahlen dafür einen hohen Preis. Monate oder Jahre stehen sie 12 bis 16 Stunden in der Küche, mit nur ein paar Tagen Urlaub im Jahr, um vielleicht mit einem Stern ausgezeichnet zu werden. Persönlich bin ich mir nicht sicher, ob da noch von Leidenschaft die Rede sein kann. Das extremste Beispiel, das ich in diesem Zusammenhang kenne, ist der Japaner Jiro Ono. Jiro hat in einer U-Bahn-Station in Tokio ein Sushi Restaurant mit drei Michelin-Sternen. Eine Michelin-Auszeichnung ist wie ein Oscar fürs Essen. Ein Stern heißt, es lohnt sich anzuhalten, wenn man vorbeifährt. Zwei Sterne heißen, es lohnt sich einen Umweg zu fahren, wenn man in der Nähe ist. Die Auszeichnung von drei Sternen heißt, es ist es wert, extra für das Lokal eine Reise dorthin zu machen. Nun ja, viele Menschen feiern Jiro für seine Hingabe, seine Feinheit, seine Präzision, Qualität, Detailfreude, Beständigkeit und seinen magischen Sojasoßenpinsel. Es kann sein, dass man zwei Monate im Voraus reservieren muss, das Essen kostet 200 Euro und obendrein richtet Jiro persönlich seinen strengen Blick auf seine Gäste, um zu sehen, ob sie auch mit dem entsprechenden Respekt sein Sushi verspeisen. Das lassen viele Fans gerne über sich ergehen, denn für sie ist Jiro eine Inspiration. Seit Jahrzehnten geht er jeden Tag zur Arbeit, jeden Tag, um jeden einzelnen Aspekt seiner Sushiherstellung zu verbessern, das heißt, zu perfektionieren. Hallo?! Geht's noch! Was soll das?!, fragte ich mich, als ich die viel gerühmte Dokumentation ansah. Das ist doch kein Leben! Was ist denn daran bitte inspirierend? Hat der Mann nichts Besseres in seinem Leben zu tun? Ist sein Sushi nicht irgendwann unantastbar gut; das beste der Welt, schon fast zu gut, als dass der 08/15-Gaumen es zu schätzen weiß? Das ist nicht mehr

Verbesserung, Einfallsreichtum oder Kunst. Das ist Besessenheit und Angst vor Langweile im echten Leben. Wer derart von Perfektion getrieben ist, ist meiner Meinung nach nur noch zu bedauern. (Sorry Jiro. Ich lass mich hier so aus, weil ich mich nicht traue, dir das alles ins Gesicht zu sagen.)

Nehmen wir als Gegenbeispiel das *Tai Hwa Eating House* auf der Crawford Lane in Singapur. Dieser Laden hat einen Michelin-Stern in der Kategorie *Streetfood*. Klaro, *Streetfood* wird nach anderen Kriterien bewertet. Da gibt es keine Kellner, keinen Wein und kein Menü. Doch auch diese Auszeichnung kriegt man nicht einfach so, und es zählt genauso die Qualität. Beim *Tai Hwa* musst du nicht zwei Monate vorher reservieren, sondern nur 30–90 Minuten anstehen. Mit jedem Kunden, der vor mir in der Schlange mit seinem roten Plastiktablett voller Essen davonging, wuchs bei mir die Anspannung. Dann sagte ein Mann hinter mir in der Schlange zu jemandem, den er mitgebracht hatte: »Erwarte nichts Besonderes. Was das Essen so gut macht, ist seine Einfachheit.« Zum Glück hatte ich das mitbekommen. Denn als ich der Erste in der Reihe war, verstand ich sofort worum es der Arbeit in der zehn Quadratmeter großen Küche ging: Einfachheit. Kein Schnickschnack. Keine Stille und Seidenhandschuhstimmung. Es klackerte und kleckerte in jeder Ecke der Küche. Die Bewegungen aller einzelnen Köche sowie des Teams als Ganzes waren scheinbar aufs Wesentliche reduziert. Es kostet keine 200 Euro pro Person, sondern 4 Euro bis 6,50 Euro. Keiner starrt dich beim Essen an, ob du auch respektvoll isst oder nicht, und da wird nicht um jeden Pinselstrich gefiebert. Alles passiert routiniert und energisch. Und das Essen? Einfach, vielseitig und intensiv – wert anzuhalten, wenn man vorbeifährt.

Klar, Einfachheit ist jede Menge Arbeit. Doch ist es die Arbeit nicht wert, wenn sie das Leben leichter macht? Perfektion bremst aus und macht vieles umständlicher. Wer Dinge vereinfacht, macht sie schneller und unkomplizierter.

GIBT ES DEN PERFEKTEN ROCKSTAR?

Was meinst du: Gibt es den perfekten Rockstar? Also, gibt es einen Rockstar, der oder die es allen recht macht? Sicher, manche haben größere Fangemeinden als andere. Doch den perfekten Rockstar, gibt es das? Tim Ferriss hatte mal eine Fernsehshow, in der er sich der Herausforderung stellte, innerhalb einer Woche eine bestimmte Fähigkeit zu beherrschen. In einer Serie ging es um Schlagzeug spielen. Tim sollte am Ende der Woche eine professionelle Rockband vor Publikum begleiten. Nur wenige Tage vorm Konzert schien Tim weit weg von konzertreifen Schlagzeugkünsten. »Spiele nicht die Noten, Tim«, sagte schließlich sein Schlagzeuglehrer, »spiele den Song.«[24] Tim sollte nicht versuchen, die Folge der Schläge zu üben und mit dem Kopf voll dabei sein. Vielmehr wollte er den Song verstehen und mit Gefühl voll dabei sein. Das war mal ein Rockstar-Ratschlag, der sich auch auf das Leben übertragen lässt, dachte ich mir. Und mehr noch, wenn Rockstars bei diesem Detail anders über Musik denken als Nicht- oder Schlechtmusikspielende, was gibt es sonst noch für Dinge, die Rockstars auf und neben der Bühne anders machen? Zufällig schickte mir ein Freund wenige Tage später einen Link zu einem Dokumentarfilm über die kalifornische Rockband *Van Halen*. In einem seltsamen Schwung von Ereignissen fand ich mich als überwiegender Hip-Hop-Liebhaber und Soul- und Funk-Lover, als Schüler des Rockstarlifestyles wieder. Das Ergebnis dieser Tage? Genau acht Dinge habe ich entdeckt, mit denen Rockstars zu den legendären Figuren werden, für die wir sie feiern. Dabei ist das, was sie tun, genauso wichtig zu wissen, wie das was sie nicht tun.

Rockstars spielen nicht die Noten, sie spielen den Song.

Ein Song besteht nicht aus Noten allein. Entscheidend ist, wie die Noten gespielt werden. Jeder, der Noten lesen kann, mag sie vielleicht auf einem Instrument spielen können. Doch den Song zu verstehen und zu interpretieren, das ist die eigentliche Kunst.

Auf das Leben übertragen heißt das: Es kommt nicht immer darauf an, das Richtige zu tun, sondern die Situationen des Lebens zu leben, statt sie zu analysieren. Viktor Frankl nennt das »dereflektieren«[25]. Indem wir weniger über etwas nachdenken und darin eintauchen oder uns gar darin verlieren, erreichen wir oft viel mehr.

Beim Surfen zum Beispiel kann dir keiner sagen, wie du die Welle richtig reitest. Wir müssen auf der Welle drauf sein, sie lesen, sie spüren und uns so gut es geht auf ihr austoben.

Rockstars sind Regeln egal. Sie machen ihre eigenen Regeln.

Die Jungs von *Van Halen* haben in einen ihrer Konzertverträge die Klausel mit aufgenommen, dass vor und nach der Show eine Schale mit M&Ms bereitgestellt wird, allerdings ohne die gelben. Natürlich wurde das missachtet. Daraufhin randalierten sie auf der Bühne und machten backstage alles kurz und klein. Klar, nicht die feinste Art, aber sie hatten Spaß dran. Der Veranstalter zahlte den Schaden, und sie blieben haftungsfrei. Nicht, dass wir jetzt alle rumlaufen und Dinge zerstören. Nur, es lohnt sich darüber nachzudenken, welche Umgangsformen uns beispielsweise mit Freunden und Familie wichtig sind, um zu bestimmen, welches Verhalten wir dulden und welches nicht. Hey, hast du etwa kein Recht auf das, was du willst?

Verstehe mich bitte richtig. Es geht hier nicht um Rücksichtslosigkeit. Ne, Moment, halt stopp! Genau darum geht es. Es heißt ja Rück-Sicht. Wer ständig auf jeden und alles Rück-Sicht nimmt, schaut nie nach vorne und geht nie seinen Weg. Sobald wir nach vorne blickend leben, dienen wir anderen als Inspiration. Ohne andere können wir unsere Ziele nur selten oder nur eingeschränkt erreichen, schon klar. Das hier ist also kein Freibrief, anderen Schaden oder Leid zuzufügen, indem wir asozial, grob, respektlos und unfreundlich sind. Nur jeden und alles mit Seidenhandschuhen anzufassen, ist falsche Höflichkeit. Denn ohne darauf zu bestehen, was wir wollen, werden wir es nicht bekommen. Wer für das geradesteht, was er oder sie will, wird bei anderen anecken – und daran wachsen. Genauso, wie wir gelernt haben, Rücksicht zu nehmen, können wir auch lernen, uns aufrichtig zu entschuldigen.

Rockstars fragen nicht um Erlaubnis. Sie leben einfach den Lifestyle.

»Solang du deine Füße unter meinem Tisch hast, tust du, was ich sage!« Wer kennt den Spruch nicht. Viele Menschen tun sich allerdings schwer, auch nachdem sie von zu Hause ausgezogen sind, um die Erlaubnis oder den Segen ihrer Eltern zu bitten. Das heißt nicht, dass wir nicht auf andere hören, wenn es um Rat oder Ideen geht. Es heißt einfach, uns selbst zu erlauben, uns Dinge zu erlauben (mehr dazu in Kapitel 9).

Rockstars warten nicht darauf, entdeckt zu werden. Sie üben und üben und üben.

Ja, Übung erfordert manchmal Disziplin. Doch wer weiß, wofür er übt oder trainiert, steigt leichter aus dem Bett, in den Trainingsanzug oder an die Gitarre zum Üben. Talent kann Training nicht ersetzen. Auch Rockstars in der Sportbranche haben ihr ganzes Leben in Hallen und Trainingsanlagen verbracht.

Was auch immer du vorhast, was auch immer dir wichtig ist, tu es, so oft und so lang du nur kannst. Warte nicht darauf, dass andere dich ermuntern. Warte nicht auf die Lust, es zu tun. Warte nicht auf den perfekten Plan. Warte auch nicht auf Inspiration oder das Versprechen einer Belohnung. Übe einfach.

Rockstars stellen sich selbst nicht infrage. Sie stellen sich selbst dar und feiern sich selbst.

Wie oft haben wir uns beim Anblick von selbstbewussten Menschen gedacht: »Angeber!«? Wer was zu geben hat, sollte es auch angeben, oder? Warum sollten wir uns selbst klein machen und nicht an uns glauben?

Das Wort »glauben«[26] ist von seiner Herkunft mit dem Wort »lieben«[27] verwandt. Wer an etwas glaubt, dann deshalb, weil er oder sie es sich zu Herzen nimmt, weil er oder sie lernt, es zu lieben und Teil von sich werden zu lassen. Nehmen wir uns ein Beispiel an Kindern: Kinder stellen sich selbst dar, sobald sie was können. Kinder feiern sich selbst, wenn sie was entdeckt oder gelernt haben. Und Kinder wissen nichts von der Idee, dass man sich selbst lieben oder auch nicht lieben kann. Sie glauben alles und nehmen sich alles zu Herzen, weil sie nicht wissen, was es bedeutet, nicht zu glauben.

Hier scheint sich eine Verbindung zum zweiten Punkt mit der Rücksichtslosigkeit aufzutun. Wer sich selbst nicht infrage stellt, glaubt an sich selbst – rücksichtslos –, also ohne zu schauen, was hinter ihm liegt.

Rockstars fürchten sich nicht vor dem Unbekannten. Sie lieben die Show.

»Und Action!« So starten Filmsequenzen. »Action« heißt Bewegung, Reaktionsfähigkeit und Einfallsreichtum. All das ist gefragt, wenn die Lichter auf einen scheinen. Und das lieben Rockstars. Es geht nichts über eine gute Show, über ein begeistertes und dankbares Publikum. Und das Tolle an einer Show ist: Das Publikum merkt nicht, wenn etwas schiefgeht, denn es kennt ja nicht den Plan. Es gibt keine perfekte Show, denn es gibt keine imperfekte Show.

Ob im Alltag, in Beziehungen oder im Business, keiner hat ein Skript in der Hand, auf dem steht, wie alles zu laufen hat. Lassen wir mal für eine Weile die Ansprüche von richtig und falsch gelassen beiseite und schauen dabei zu, wie alles trotzdem gut geht. Alles, was zählt, ist »Action!« – Bewegung, Reaktion und Einfälle.

Rockstars bauen nicht auf Logik, Vernunft oder Tugenden. Sie bauen auf Emotionen, Sex, Intuition, Spaß, Energie und Inspiration.

Vernunft und Co bringen uns im Leben nur so weit wie ein Düsenflugzeug bei einer Reise zum Mars. Klar, man kommt der Sache näher, doch der Stoff, aus dem das echte Leben gemacht ist, geht viel höher, oder um es auf uns Menschen zu beziehen, viel tiefer.

Wir wissen alle, dass Menschen auf psychologischer Ebene komplex und sensibel sind. Und doch, sobald es um Emotionen geht, funktionieren wir alle gleich. Liebe oder Wut oder Angst empfinden wir alle auf die gleiche Weise. Das ist unsere Biologie. Vielleicht empfindet sie jeder wegen unterschiedlicher Dinge, doch immer noch auf die gleiche Weise. Wer Menschen mit dem anspricht, was uns verbindet, nämlich Emotionen, bewegt sie und gewinnt sie.

Rockstars lassen sich nicht von Gedanken führen. Sie lassen sich von ihrer Erfahrung und ihrem Selbstbewusstsein führen.

Dieser Punkt ähnelt dem 7. Der Unterschied ist aber, Punkt 7 ist vom Showgeschäft inspiriert und ist auf das Publikum ausgerichtet. Dieser Punkt ist vom Surfen inspiriert und auf unser Inneres ausgerichtet.

Ein *big wave*-Surfer wurde gefragt, was ihm in den Momenten auf einer 20 Meter hohen Welle durch den Kopf geht. »Wenn du die Welle runterschießt und sich über dir eine Wasserwand aufbaut, denkst du an nichts. Alles, was zählt, sind deine Erfahrung, dein Gefühl und dein Selbstbewusstsein.«

Erfahrung, Gefühl und Selbstbewusstsein, das trägt jeden Menschen vorwärts. Diese inneren Ressourcen können wir uns nicht erdenken, wir müssen sie erfahren, sie uns erarbeiten. Je besser wir bei einer Sache werden, desto weniger müssen wir nachdenken, um zu bekommen, was wir haben wollen, oder um zu erleben, was wir erleben wollen. Die Aufgaben, die uns dann zu unseren Wünschen führen, fließen einfach tagtäglich aus uns heraus. Ist das nicht ein guter Tausch für unsere so wertvoll erachteten Gedanken?

Diese Liste soll keine vollständige Analyse darstellen. Es war auch nicht das Ziel, alle Punkte tiefgreifend zu erschöpfen. Sie soll einfach zwei Sachen zeigen. Erstens: Kein Rockstar ist perfekt. Und zweitens: Wer perfekt sein will, begrenzt sich selbst.

Wenn Rockstarallüren nichts für dich sind, ist das auch in Ordnung. Es gibt allerdings das ein oder andere, was sie sehr erfolgreich macht – auf und neben der Bühne. Wenn du dir nur eine Sache von den acht zu Herzen nimmst, kann es sein, dass das schon ausreicht, um das Leben lockerer zu sehen und dich und andere mehr zu feiern.

WOVOR HABEN WIR WIRKLICH ANGST?

Vielleicht der schlechteste Film, in dem Samuel L. Jackson je mitgespielt hat (und ich feier Samy trotzdem), heißt *Coach Carter*. Die ganze amerikanische Teenie-Sport-Schnulze lohnt es sich anzuschauen, um zum Schluss des Films eine Gänsehautmessage verabreicht zu bekommen. Bisher sagte ich, wir lernen, Angst vor Fehlern zu haben. Das ist nur die halbe Wahrheit. Einer von Samys Schülern steht in den Tagen vor dem großen Spiel im Unterricht auf und zitiert:

»Unsere größte Angst ist nicht, unzulänglich zu sein. Unsere größte Angst besteht darin, grenzenlos mächtig zu sein. Unser Licht, nicht unsere Dunkelheit ängstigt uns am meisten. Es dient der Welt nicht, wenn du dich klein machst. Dich klein zu machen, nur damit sich andere um dich nicht unsicher fühlen, hat nichts Erleuchtetes. ... Und wenn wir unser Licht scheinen lassen, geben wir damit unbewusst anderen Erlaubnis, es auch zu tun. Wenn wir von unserer eigenen Angst befreit sind, befreit unsere Gegenwart automatisch die anderen ...«[28]

Softiestoff, aber nichts für Softies. Mein Lieblingsteil ist »*wenn wir unser Licht scheinen lassen, geben wir damit unbewusst anderen Erlaubnis, es auch zu tun.*« Klaro, wir leben unser Leben dann auf Sparflamme, solang wir uns nicht erlauben zu sein, wer wir wirklich sind. Wenn wir unsere Ängste vor Fehlern entscheiden lassen, leben wir auf Sparflamme. Doch geht es denjenigen, die vor ihrer eigenen Großartigkeit Angst haben, nicht genauso?

Wir alle haben Fähigkeiten, deren Verwirklichung nicht nur andere, sondern vor allem uns selbst ins Staunen versetzen kann. Damit meine ich nicht nur die Fähigkeit, eine Maß auf der Wiesn zu exen, oder in weniger als einer Minute den perfekten Joint zu drehen, oder den härtesten und lustigsten »Deine Mutti is so fett ...«-Witz aller Zeiten rauszuhauen. Ich meine Fähigkeiten, die anderen Menschen helfen, sie inspirieren, ermutigen, begeistern, zum Lachen, zum Nachdenken oder zum Handeln bringen, oder ihnen Freude, Sicherheit und Geborgenheit vermitteln. Wozu wir fähig sind, wissen wir erst, sobald wir den Dschungel von Experimenten, Fehlern und Erfolgen durchlebt haben.

Rapper, Produzent und Unternehmer Andre Young, besser bekannt als Dr. Dre, ist ein Paradebeispiel dafür. Dr. Dre hat mit Easy-E, Ice Cube und anderen Freunden seine Rapkarriere in der Gruppe Niggaz Wit Attitudes (N.W.A.) begonnen. Die Gruppe war erfolgreich und spielte eine Menge Geld ein. Dre und Cube sahen allerdings nur wenig vom Geld, weil die Plattenfirma, die alles einspielte, ihrem Freund Easy-E und seinem Partner Jerry Heller gehörte. Nachdem Cube die Gruppe verließ, machte auch Dre sein eigenes Ding und gründete *Death Row Records*. Wegen Dres Talent für Beats und Rap wurde er auch auf eigenen Füßen stehend ein Riesenerfolg. Jahr für Jahr brachte er neue Rapper, wie Snoop Dogg und 2Pac, unter seiner Führung groß raus. Doch Dre hatte die Plattenfirma mit einem Ex-Footballspieler namens Suge Night (ausgesprochen wie das »sug« in »sugar«) gegründet, der sehr gefährlich war. Ursprünglich Bodyguard von Dre, wurde er mehr und mehr zu einem aggressiven Schläger, der grundlos Menschen krankenhausreif zurichtete. Suge Night wurde schließlich auch für Dre zur Bedrohung und drohte, sich die Plattenfirma unter den Nagel zu reißen. Um sich selbst zu schützen, kam Dre ihm jedoch zuvor. Er ließ alles stehen und liegen: die Firma, die Rapper, die Studios und die Rechte aller Songs, er hatte alles Suge überlassen und ging. Stell dir das mal vor: Du löst dich von einer Gruppe, um dich auf eigene Faust durchzusetzen. Es gelingt dir, was komplett Neues aufzubauen, und dann lässt du das alles auch noch stehen und liegen. Dre gründete also noch eine Plattenfirma, die er bezeichnenderweise *Aftermath Entertainment* taufte, was so viel heißt wie Nachwirkung. Damit spielte er auf das an, was nach Suge Knight kommen sollte. Wie reich und erfolgreich Dr. Dre ist, ist kein Geheimnis. Dass Dre dabei bereit war, alles loszulassen, was er sich aufgebaut hatte, sollte auch kein Geheimnis bleiben. Ist es nicht interessant, dass er einfach weitergemacht und an seinem Lebenswerk weitergebaut hat? Nichts lief perfekt. Doch, weil er weitermachte, lief es.

BESSER FERTIG ALS VOLLKOMMEN

Bei Stand-up-Comedy gilt folgender Leitspruch: Der Witz ist erst fertig, wenn er das Publikum erreicht hat. Logisch, oder? Wir können auf Papier, mit Freunden oder im stillen Kämmerlein so viele Witze testen, wie wir wollen. Erst bei der Aufführung vor Publikum wissen wir, was der Witz hergibt. Erst dort wird er wirklich fertig. Die Ausführung, also Betonung, Stimmlage, Redegeschwindigkeit, Pausensetzung, Mimik und Gestik, und zu guter Letzt das Publikum entscheiden, ob der Witz gelungen ist oder nicht. So geht jeder Komödiant, der 100-prozentig vorbereitet ist, trotzdem immer mit unvollkommenem Material auf die Bühne.

Der Gedanke, alles »richtig« machen zu wollen, bzw. perfekt sein zu wollen, ist ein Virus. Wer sich diesen Virus einfängt, verfällt in Zweifel und Sorge. Dieser Virus kommt schön verpackt und im All-inclusive-Paket durch Werbung, Medien, gut meinende Lehrer und Verwandte und vielleicht auch von Freunden und Liebespartnern. Und wer sofort zuschlägt, kriegt gleich noch tonnenweise Ratschläge gratis oben drauf. »Studiere hier, studiere dort«, »Lern dies, lern das!«, »Geh keine Risiken ein«, »Wie sieht das denn im Lebenslauf aus?«, »Mach was Praktisches, womit du auch später 'ne Rente kriegst«, »Die Konkurrenz is' groß«, »Keiner wartet auf dich«, »Du kannst nicht alles haben«. Ja buon giorno! Da kommt ja richtig Bewegungsdrang auf. Wem Perfektion egal ist, hält an nichts fest, bleibt in Bewegung und geht weiter frohen Mutes seinen oder ihren Weg.

Wenn Vollkommenheit dein Anspruch ist, plane lieber mehr als ein Leben dafür ein. In diesem Leben sollte fertig gut genug sein. Vielleicht haderst du am Studienabschluss. Viele Juristen zum Beispiel schreiben bereits abgeschlossene Prüfungen nach, um ihre Noten zu verbessern. Kann ich verstehen. Gute Noten, guter Job. In Jura ist das so. Nur fragt sich bei so einer Einstellung: Wann ist dann mal Schluss? Vielleicht fällt es dir schwer, dich für einen Job zu entscheiden. Klar, du willst das bestmögliche Paket. Nur kann es sein, dass du sowieso erst weißt, wie es ist, wenn es losgeht. Also spüre mal in dich rein, entscheide und mach dich auf den Weg. Oder du weißt nicht, wie du deine Beziehung beenden sollst. So was ist nie einfach, für niemanden. Nur ist es einfacher, in einer Beziehung zu bleiben, die dir nicht guttut? Schließ es ab, *face to face*. Keiner hat gesagt, es wird einfach. Aber du musst es dir nicht noch schwerer machen, indem du den perfekten Moment oder die perfekten Worte suchst.

Wenn etwas fertig ist, ist es auf seine Weise vollkommen. Dinge, die unfertig bleiben, können aber auf keine Weise vollkommen sein.

ALSO ...

... du merkst vielleicht, ich könnte noch stundenlang hier rumschreiben und dir das Ohr abkauen. Der Punkt ist: Versuche nicht, perfekt zu sein. Versuche, in Bewegung zu bleiben. Kein Mensch ist perfekt. Du, deine Ideen, Pläne und Ziele sind auch nicht perfekt – und das ist in Ordnung so. Entspann dich mal, stelle, was du vorhast, auf die Probe und schaue, wo es dich hinführt. Rückschläge gehören zum Leben dazu, also scheitere lieber schneller als langsamer und früher als später. Zähle nicht deine Rückschläge, zähle deine Vor-Schläge. Übe dich darin, dich zu entscheiden und weiterzugehen. So siehst du Fehler als das, was sie sind: die Bausteine deines Weges.

Der Schlüssel zu einem Leben frei von Perfektion sind Optionen. Optionen sind einfach Möglichkeiten, wie es anders geht. Je mehr du davon hast, desto weniger hältst du an dem fest, was du jetzt vor dir siehst. Du musst kein Rockstar werden, um nicht perfekt zu sein. Mit dir zu leben, wie du bist, hilft dir aber, in deinem Feld und auf deine Weise zu leben wie ein Rockstar. Denn dann feierst du dich und die Menschen, die deines Weges kommen.

Natürlich kannst du machen, was du willst – yolo und so. Und gleichzeitig gibt es bestimmte Dinge im Leben des Menschen, die allgemeingültig und zeitlos bleiben. Und zu diesen Dingen gehört mit allerhöchster Wahrscheinlichkeit, dass wir sogenannte Fehler machen, lernen wollen, mit Fehlern umzugehen, und trotz ihnen weitermachen. Um sicher zu gehen, dass wir uns in diesem Punkt nicht täuschen, können wir aber noch weitere 6.000 Jahre westliche Kulturgeschichte abwarten.

FALLE 7

DINGE TUN, WEIL SIE IM LEBENSLAUF GUT AUSSEHEN

»Damit [deine] Kunst das Leben widerspiegeln
kann, musst du erst mal ein Leben haben.«[29]
Whitney Cummings

Eines vorweg: Von allen Fallen und Fehlern, auf die in diesem Buch hingewiesen wird, habe ich diesen Fehler nie gemacht. Die Frage »Wie sieht denn das im Lebenslauf aus?« habe ich mir nie gestellt. Ich mein, was ist das für ein Leben, bei dem sich jemand danach richtet, was andere von ihm denken? Warum sollten wir unser Leben danach ausrichten, dass es auf Papier für jemanden gut aussieht, den wir noch gar nicht kennen? »Ja um einen Job zu bekommen«, sagst du vielleicht. »Und nicht nur irgendeinen«, fügst du hoffentlich hinzu, »sondern einen super Job, der gut zu mir passt und bei dem ich mehr Geld verdiene, als ich ausgeben kann.« Natürlich, einen tollen Lebenslauf will jeder haben. Doch nicht nur auf Papier, sondern auch in echt. Problematisch wird es aber, wenn wir uns von der Idee eines perfekten Lebenslaufes manipulieren lassen. Die Wahrheit ist nämlich: Es gibt keinen perfekten Lebenslauf. Und wenn es ihn gibt, dann macht er seine Leser stutzig. Wir lassen uns manipulieren, wenn wir anderen erlauben, uns ihren Willen aufzuzwingen. In so einem Fall machen wir Dinge, die nicht zu uns passen oder »uns« schlichtweg nichts bringen. Das ist einer der besten Wege, von seinem eigenen Pfad abzukommen oder, was die Zeit nach dem Abi angeht, erst gar nicht auf den eigenen Pfad zu gelangen. Langfristig geraten wir so in Orientierungslosigkeit, Stress und Unsicherheit. Ist es nicht einfacher und ehrlicher, erst mal sein Leben zu leben und den Lebenslauf danach zu schreiben?

*

Jeder, der sein eigenes Ding macht, sollte dafür gefeiert und anerkannt werden, oder? Falsch, sorry – so läuft der Laden nicht! Der durchschnittliche Unbekannte interessiert sich nicht für unsere Ideen und Ziele. Warum? Weil er selbst keine hat. Die meisten Menschen laufen auf Autopilot und machen das, was die meisten machen. Das Ergebnis: Viele Lebensläufe sehen genau gleich aus. Abitur ist Standard. Studium ist Standard. Praktika, Auslandsaufenthalte und Start-up-Erfahrungen sind Standard. Und zwei, drei Fremdsprachen werden auch immer häufiger. Und weil der Standard immer höher wird, traut sich kaum noch jemand, Auszeiten zu nehmen und Experimente zu starten, kurz: sich auszuleben. Die Ironie des Ganzen ist, wenn wir Auszeiten und Experimente meiden oder bestimmte Tätigkeiten nur aufnehmen, um bei Firmen, an Unis und für Stipendien gut dazustehen, dann haben sie erst recht die Oberhand. Warum? Weil wir nach ihren Spielregeln spielen und uns damit von ihrem Ermessen abhängig machen, wie wertvoll und erfolgreich wir sind. Nur, wenn wir uns nicht nach der Erwartungshaltung anderer richten, wie können wir auf dem Markt der Karrieremöglichkeiten mitspielen? Das ist knifflig, ich verstehe. Doch es gibt einen Ausweg. Der Schlüssel liegt darin, zu unserer Geschichte zu stehen, und zu lernen, sie zu erzählen. Doch eine interessante Geschichte kann nicht geplant werden, sie muss entstehen.

WARUM WIR EIGENTLICH GUTE LEBENSLÄUFE WOLLEN

»Weißt du, meine Arbeit hat nichts damit zu tun, wer ich bin. Ich bin jetzt 29, hab studiert und Praktika gemacht, doch meinen Job kann wirklich jeder Depp machen. Ich bin vollkommen austauschbar.« Es ist Freitagabend im Sommer, und Robert, der Freund eines Freundes, ist dabei, seine Sorgen auszupacken. Buon giorno! Mein Buddy ist vorhin auf die Tanzfläche mit irgendeiner Rothaarigen.

Warum muss ich mir jetzt diese Beraterwehwehchen anhören?, frage ich mich. Wie komme ich jetzt aus dem Gespräch raus? Themenwechsel ist zu offensichtlich, zu unhöflich. Hm … In einem ehrlichen Versuch, ihn zu ermuntern, sage ich: »Nein, Robert! Ich kenn dich zwar nicht, aber sicher macht keiner deinen Job so wie du. Du bringst Persönlichkeit rein, deine ganz eigene Art, Dinge zu tun.« Robert nuckelte an der Bierflasche. »Ne«, sagt er, »das macht keinen Unterschied. Ob ich ihn mache oder du, das spielt keine Rolle. Ich bin einfach ein Rad in der Maschine.« Was auch immer seine Arbeit war, das war mal eine neue Definition von »scheiß Job«. Mein After-hour-Motivationsversuch ging nach hinten los, und ich gab mich geschlagen. Der Typ wollte keine Hilfe. Er wollte sich nur auskotzen. »Ja, du hast wahrscheinlich recht«, sagte ich schließlich. »Du bist austauschbar, Robert. Deine Arbeit ist trostlos und sinnlos. Warum machst du sie überhaupt? Du bist doch nicht blöd, oder?« Ich konnte nicht glauben, dass ich das gesagt habe. Es war zwar das Ehrlichste, was ich sagen konnte, doch ist es einfach aus mir rausgerutscht. Robert schwieg. Verdammt, dachte ich mir, der Abend ist gelaufen, wenigstens für Robert. Robert stellte sein Bier auf die Bartheke und verließ das Lokal. Einige Monate später fragte ich meinen Buddy, was Robert so macht. »Robert hat seinen Job an den Nagel gehängt und ist für ein Jahr nach Südamerika.«

Also an dem Gespräch mit mir allein hat es sicher nicht gelegen. Wir kannten uns überhaupt nicht. Es war allerdings schon überraschend, von dieser Wende zu hören, weil er mir trotz seines Unmutes an dem Abend wie ein braver Bub vorgekommen war, einer, der alles gemacht hat, was andere von ihm gefordert hatten und einen sicheren Weg im Leben gehen wollte. Doch scheinbar hatte sich Robert nie, oder zu wenige, Gedanken darüber gemacht, was er wollte, welche Geschichte sein Leben erzählen sollte, was er lernen wollte, wer er sein wollte und welchen Anspruch er an sich hat. Scheinbar hatte er nur einen Job gesucht. Und genau das, und nicht mehr, hat er auch bekommen.

Der eigentliche Grund, warum wir einen guten Lebenslauf haben wollen, ist Sicherheit. Jeder Mensch will Sicherheit. Wenn es um den Lebenslauf geht, will jeder Mensch die Sicherheit, dass die Geschichte, die er mit seinem Lebenslauf auftischt, auch von anderen gekauft wird. Wir glauben, je imposanter der Lebenslauf, desto imposanter die Geschichte. Wie wir sehen werden, ist das ein Trugschluss. Kann ein Gefühl der Sicherheit von einem Stück Papier ausgehen? Gibt eine Heiratsurkunde Sicherheit für eine lang anhaltende Beziehung? Schütz ein Geldschein vor Armut? Garantiert ein lückenloser Lebenslauf eine Arbeit, die wirklich zu uns passt?

AUF DIE GESCHICHTE KOMMT ES AN

Stelle dir vor, du und dein Liebespartner plant, ein Start-up zu gründen. Würdest du von ihm oder ihr einen Lebenslauf verlangen? Nein, natürlich nicht. Warum? Weil du die Geschichten, die Aufs und Abs und die Ziele deines Partners kennst. Natürlich wollt ihr euch noch darauf einigen, worauf ihr mit dem Business hinarbeiten wollt, wer welche Aufgaben am besten erledigen kann und was passiert, wenn alles schiefgeht. Punkt ist, ihr kennt eure Geschichten und wisst, auf welchen Menschen ihr euch einlasst. Überlege doch mal: Ein Bewerbungsgespräch ist doch nur ein Date, mit dem Unterschied, dass man zum Schluss nicht die Hosen runterlässt. Wichtiger als die Zahlen, Daten und Fakten in deinem Lebenslauf ist die Geschichte, die er erzählt.

Zu einer guten Geschichte gehören zwei Dinge: Motive und Konflikte. Motive geben einer Geschichte oder ihren Protagonisten ein Ziel. Konflikte geben einer Geschichte Glaubhaftigkeit und Spannung. Dein Lebenslauf, vielmehr die Geschichte, die dein Lebenslauf erzählt, sollte diese beiden Elemente berücksichtigen. Das heißt natürlich nicht, dass du sie in deinen eigentlichen Lebenslauf reinschreibst. Da gehören nur Zahlen, Daten und Fakten rein. Eine Geschichte ist auch kein Märchen. Du willst in keinem Bewerbungs- oder Businessgespräch als Märchenonkel dasitzen. Wenn sich jemand deinen Lebenslauf anschaut, sucht er nicht nach dem perfekten Menschen auf Papier. Er oder sie sucht jemanden, der zur Aufgabe passt. Ob das so ist, kann kein Lebenslauf allein sagen, das musst du sagen können.

Also, was haben Motive damit zu tun, wie wir unseren Lebenslauf darstellen? Motive sind nichts anderes als verdammt gute Gründe. Darüber hatten wir schon in Kapitel 1 und Kapitel 2 gesprochen. Welche verdammt guten Gründe hattest du dafür, was du laut Lebenslauf getan hast? Wer sich zum Beispiel ein Jahr oder zwei eine Auszeit genommen hat, ist nicht gleich faul. Was ist, wenn wir nach einer Auszeit sagen: »Es ist mir wichtig im Leben, zu meinen Entscheidungen zu stehen. Deswegen habe ich nach der Schule (oder nach dem Studium) Abstand gesucht, um einen Überblick über die Möglichkeiten von Studium (oder Arbeit) zu gewinnen.« Oder: »Zwischen meinem Bachelor und meinem Master habe ich erst mal in (oder an) drei Start-ups gearbeitet, weil ich, wie jeder andere auch, das große Geld witterte, aber auch, weil ich alle Bereiche eines Unternehmens kennenlernen wollte / weil ich nah am Kunden dran sein wollte / weil ich Marketing von Grund auf lernen wollte.« Oder: »Ich habe sechs Semester für den Master gebraucht (statt vielleicht vier), weil ich nicht einfach den Schein wollte, sondern das Wissen.« Es geht nicht darum, zu lügen oder was zu erfinden. Es geht darum, zur Wahrheit zu stehen.

2014 hatte ich ein Vorstellungsgespräch bei einem der edelsten Modehäuser Münchens. Wer 500 Euro für einen Pulli ausgeben will, wird da schnell fündig. Ich erschien in dunkelblauem Sakko, einem gebügelten weißen Hemd, frisch geputzten, hellbraunen Anzugschuhen und blauer Jeans. Krawatte kam gar nicht infrage. »Wenn Sie so modebewusst sind«, sagte die Mitte 40-jährige Dame im Laufe des Interviews, »warum kommen Sie dann in Jeans zum

Vorstellungsgespräch?« Was für eine Frage. Die Frau hat mir gefallen mit ihrer provokanten Art. »Wissen Sie«, holte ich aus, »Anzüge haben immer so was Befremdliches an sich. In der Jeans bin ich viel mehr ich selbst. Ich dachte mir, wir haben beide mehr davon, wenn ich Ihnen authentisch gegenübertrete.« – »Ach so, Sie sind im Anzug nicht Sie selbst?«, konterte sie, ohne mit der Wimper zu zucken. »Ich bin immer ich selbst«, fuhr ich fort. »Ich habe nur das Gefühl, ich lass Leute näher an mich ran, wenn ich nicht mit einer Rüstung aus Wolle oder Seide auftrete. Sie wollen mich doch kennenlernen, oder?« Selbstsicher, wie mein Gegenüber war, wechselte sie elegant das Thema. Ob ich es ernst meinte, dort anzufangen, und ob ich den Luxusladen auf der Verkaufsfläche überzeugend vertreten konnte, wurde ab da nicht mehr infrage gestellt. Dann und dort wurde ich noch zur Probearbeit eingeladen. Wenn ich gewusst hätte, dass ich im Interview *underdressed* war, hätte ich die Frage der Dame im Interview kommen sehen müssen. Doch das habe ich nicht. Besser war es. So musste ich ehrlich sein.

Was haben Konflikte in unserer Geschichte zu suchen? Denke mal an einen Kinofilm, irgendeinen, und du siehst eine Geschichte von Helden oder Heldinnen, die gegen Widerstände kämpfen und sich durchsetzen, oder mit ihrem Scheitern das Herz des Publikums gewinnen. In der Geschichte deines Lebenslaufes bist du dieser Held. Solltest du im Zuge deiner Geschichte eine Episode der Enttäuschung und des Scheiterns zu erzählen haben, sind es genau diese Widerstände, die den Reiz und die Einzigartigkeit deiner Geschichte ausmachen. Was uns Zuhörer dann interessiert, ist, wie du den Konflikt bewältigt hast und wer du dadurch geworden bist. So eine Geschichte ist doch für jeden interessant, oder? Wir alle haben Probleme und Hindernisse im Leben zu bewältigen. Zu wissen, dass es anderen genauso geht, ermöglicht uns, uns mit ihnen zu identifizieren. Es ist nicht nur interessant, von anderen zu lernen, wie sie ihre Herausforderungen bewältigt haben, sondern es zeigt auch, aus welchem Holz sie geschnitzt sind, wie einfallsreich und entschlossen sie ihren Zielen entgegenarbeiten.

Als ich 2009 nach München zog, hatte ich mich in mehreren Geschäften für Golfausrüstung als Verkäufer beworben. In einem Golfkleidungsladen wurde ich zum Gespräch eingeladen. Ich stellte mir alle möglichen Antworten zusammen, warum ich mit 24 wieder anfange zu studieren, noch keinen Abschluss habe, warum ich als geübter Kellner in den Verkauf wollte und wie die Arbeit mit dem Golfgeschäft nun ins große Bild passt. Meine Geschichten von Spanien, meiner Golflehrerzeit und mein bevorstehendes BWL-Studium waren voller Brüche, unerwarteter Wendungen und Enttäuschungen. Doch alle diese Fragen kamen bei der Ende 30-jährigen Blondine mit der 1000-Euro-Handtasche nicht im Gespräch mit mir vor. Wir haben uns einfach gut unterhalten und gut verstanden. Als ich einige Tage später den Arbeitsvertrag unterschrieb, fragte ich sie: »Warum haben Sie unter allen Bewerbern mir den Job gegeben?« Mit einem Lächeln sagte sie: »Dein Lebenslauf ist ungewöhnlich. Wir suchen Menschen, die sich was zutrauen.«

Wie oft höre ich von Freunden und Bekannten, die von der Uni ins Arbeitsleben kommen, dass sie bei der Arbeit wieder bei null anfangen. Bei einer Start-up Veranstaltung wurde ein erfolgreicher Unternehmer aus dem Publikum gefragt: »Was haben Sie aus Ihrem BWL-Studium eigentlich noch als Unternehmer anwenden können?« Seine Antwort: »Die vier Grundrechenarten.« Jeder muss sich in einen Job oder eine Tätigkeit erst mal reinarbeiten. Wer viel herumgekommen ist, wer verschiedenste Konflikte auf seinem Weg bewältigt hat, zeigt damit, dass er oder sie auch mit der nächsten Herausforderung umgehen kann. Anstatt einen bunten Lebenslauf als Nachteil zu sehen, kann er mit dieser Herangehensweise einen Riesenvorteil haben.

Anstatt die Zahlen, Daten und Fakten auf einem Stück Papier zu pflegen, macht es mehr Sinn, das zu pflegen, was viel mehr über uns aussagt: unser echtes Leben. Ist es nicht Unsinn zu verstecken, wer wir wirklich sind, aus Angst, andere könnten unsere Einzigartigkeit entdecken? Den Lebenslauf für andere schön zu halten ist so, als ob man ständig auf Facebook, Twitter, Instagram und Snapchat postet, wie toll das eigene Leben ist, anstatt das eigene Leben einfach zu leben. Wie sagt die amerikanische Komödiantin Whitney Cummings: »Damit [deine] Kunst das Leben widerspiegeln kann, musst du erst mal ein Leben haben.« Whitney ist Bühnenkünstlerin. Doch was für die Showbühne gilt, kann auch auf die Bühne des Lebens übertragen werden. Damit dein Lebenslauf dein Leben widerspiegeln kann, musst du erst mal ein Leben haben. Letzten Endes kann das gesuchte Gefühl der Sicherheit nur von innen herrühren, von einem Selbstbewusstsein, dass wir mit unserem Leben wo hingehen – nicht nur irgendwohin, sondern dorthin, wo wir hinwollen.

GEH IN DIE GESCHICHTE EIN

Es ist eine Sache, viel zu berichten zu haben, und eine andere Sache, davon berichten zu können. Die Menschen, die Geschichte geschrieben haben, haben vor allem eines getan: Geschichte(n) *geschrieben*. »Wer schreibt, der bleibt«, den Spruch kennst du sicher. Und heutzutage kann das fast jeder. In der Geschichte der Menschheit haben schon so viele Menschen Gutes und Böses getan. Doch wir wissen nur von denen, über die man berichtete, meistens in Form von Schrift. Stelle dir vor, zu Jesu Zeiten hätten so viele Menschen schreiben können wie heute. Vielleicht wäre Jesus nur einer von vielen gewesen. Tatsache ist, seine Geschichte und die Geschichten anderer wurden dazu genutzt, ein sehr erfolgreiches Franchiseunternehmen aufzubauen. Wie viele Starbucks-Filialen gibt es auf der Welt? In 2015 23.043[30]. Wie viele McDonald's gibt es auf der Welt? Im selben Jahr 36.525[31]. Wie viele Kirchen gibt es auf der Welt? Ca. 37 Millionen[32]. Unterschätzen wir nicht die Wirkung von Geschichten.

Wenn du auch in die Geschichte eingehen willst, in die Geschichte des Kreises von Bekannten, schreibe, notiere, vermerke und dokumentiere, was dir an deinem Leben gefällt und was dir im Leben wichtig ist. Sicher machst du das auch schon auf Facebook, Instagram, Twitter, einem Blog oder einfach für dich in deinem Fotoalbum oder Notizbuch. Es macht allerdings einen Unterschied, ob du es für andere machst oder für dich selbst. Wenn wir für *likes* und *shares* posten, tun wir das für andere, also um andere zu erreichen. Wer für sich schreibt, aufnimmt, (Ideen) sammelt und dokumentiert, wird mit der Zeit sich selbst erreichen. Sobald wir bei uns selbst angekommen sind, können wir auch zu unserer Wahrheit stehen. So wird es immer leichter, die eigene Geschichte nachvollziehbar nach außen zu tragen.

Wenn ich nicht grade Notizen in mein Fon mache oder am Computer schreibe, schreibe ich auch in ein Journal.* Alle Ideen, die ich habe, werden festgehalten. Alle Themen und Geschichten, die mich bewegt haben, werden festgehalten. Und auch die meisten Wünsche und Vorstellungen davon, wie mein Leben in Zukunft aussehen soll, werden notiert. So einfach ist es zu reflektieren. Es bedeutet lediglich, auf Papier zu denken. Und das Tolle ist, sobald wir beginnen zu schreiben, kommen noch viel mehr Ideen von dem, was uns wichtig ist und was wir gelernt haben. Es ist so, als wolle man einfach mal im See seiner Gedanken ein Bad nehmen, und man findet beim Tauchen lauter Edelsteine auf dem Seegrund. Tatsache ist, es hilft uns, ohne Druck und ohne Zensur Kopf und Herz auf Papier auszuschütten. Schon oft hat mir das geholfen, Geschehnisse zu ordnen und zu verstehen. So fällt es uns leichter, unsere Geschichte mit anderen zu teilen. Meine Oma pflegte zu sagen: »Menschen

---

Das ist nichts anderes als ein Tagebuch. Das Wort benutze ich nicht so gerne, weil ich erstens nicht täglich in alle meine Journale reinschreibe, und zweitens, weil keiner meiner Einträge jemals begonnen hat mit »Liebes Tagebuch ...«

wollen nur zwei Dinge von uns wissen: Wo kommst du her und wo gehst du hin?«

DEIN EIGENES MASS FINDEN

Was viele Menschen daran hindert, ihren eigenen Weg zu gehen, und stattdessen dazu verleitet, Dinge zu tun, die im Lebenslauf gut aussehen, ist schlichtweg der Vergleich mit anderen. Natürlich wollen wir in Bewerbungen für Arbeits-, Ausbildungs- und in manchen Fällen auch Studienplätze im Vergleich als der geeignetste Kandidat dastehen. Klaro, wer will das nicht? Nur, was nützt es, sich mit anderen zu vergleichen, wenn Erfolg (in welchem Bereich auch immer) für jeden was anderes bedeutet. Für den einen ist es, Teil der Gesellschaft zu sein. Für den anderen ist es ein Erfolg, aus der Gesellschaft auszusteigen. Für den einen ist es Luxus, für den anderen ein einfaches Leben. Für den einen ist es Familie, für den anderen ist es das ewige Singleleben. Jetzt hast du bestimmt schon mal gehört, wir sollen uns nicht mit anderen vergleichen. Doch wie machen wir das? Wenn wir uns nicht mit anderen vergleichen, womit dann? Und wie wollen wir feststellen, ob wir vorankommen, wenn wir keine Vergleichsbasis haben? Die Kunst, sich nicht mit anderen zu vergleichen, liegt nicht darin, von anderen wegzuschauen. Wer andere komplett ausblendet, blendet auch Vorbilder aus. Es gibt also durchaus sinnvolle Vergleiche. Der Grund, warum mein Buddy Ben so gut vorankommt, ist, weil er Vorbilder in seiner Branche hat, deren Lebensstil und Reichtum ihn inspirieren. Er will so werden wie sie, doch auf seine eigene Art und Weise. Was er sich in den Kopf gesetzt hat, ist nicht zufällig dort. Er hat es mit Bedacht da reingelegt. Und das ist der entscheidende Punkt: Andere mögen uns als Inspirationspunkt dienen, also als Vor-Bild für ein Ziel. Der Orientierungspunkt, der uns hilft, ein Ziel zu erreichen, wollen wir selbst sein. Denn sobald wir Erfolg für uns definiert haben, wollen wir immer noch durch Probieren herausfinden, ob er uns wirklich erfüllt. Und das können wir nur selbst sagen. Ein anderes Wort für »ausprobieren« ist »experimentieren«. Das Coole am Experimentieren ist, es kann nicht schiefgehen. Ein Experiment kann nicht nicht gelingen. Es hat immer ein Ergebnis, selbst wenn es nicht erfreulich ist. Unerfreuliches ist dann wertvolle negative Information. Jede Info kann genutzt werden, um das nächste Experiment anders zu beginnen oder auszuführen.

Nach dem Abi wollte ich Sportpsychologie studieren. Um mehr darüber zu erfahren, fuhr ich nach München an die Technische Universität. Das Beratungsgespräch dort war sehr kurz. »Das geht nicht. Das gibt es nicht«, versicherte mir meine Beratungsexpertin nicht zu einfühlsam. Nur was haben die gemacht, die Sportpsychologie unterrichten?, fragte ich mich. Noch am gleichen Tag hatte ich eine glückliche Begegnung mit einem sehr freundlichen Sportpsychologieprofessor. Er sagte mir, ich solle zuerst Sport und dann Psychologie studieren, oder beides gleichzeitig. Puh, grade den Abistress hinter mir, wollte ich jetzt nicht gleich mit einem Doppelstudium weitermachen. Die Sache war also damit vom Tisch. Bei einem Gang durch die Ludwig-Maximilians-Universität fiel mir ein Aushang zu einem besonderen Philosophiestudiengang auf. Nur zwölf Studenten wurden zugelassen, und viele Fächer waren auf Englisch. Je mehr ich davon las, desto begeisterter wurde ich. Ich schrieb das Büro an, bei dem man sich bewerben sollte. Es hieß ein Student sei abgesprungen, und somit war für den kommenden Herbst ein Platz frei. Was für ein Glück. Das war mein Platz. Meine Bewerbung ging durch, und bevor ich mich versah, halfen mein Bruder und mein Vater mir beim Umzug nach München. Mein erstes Studium startete ich mit der Einstellung: »Das ist mein Ding, das ist mein Weg. Ich zieh das durch, 100-prozentig.« Wie konnte ich mich selbst nur so belügen? Noch im Dezember war mir klar, ich wollte das doch alles nicht. Vom Pauken und dem ganzen

Lerntrubel wollte ich nach dem Abi einfach eine Pause. Im Januar 2006 brach ich ab und zog mit eingezogenem Schwanz wieder zu Hause in Aachen ein. Woher sollte ich denn auch wissen, ob ich das wollte? Rückblickend wäre es einfach mir selbst und meinen Eltern gegenüber fair gewesen, das Ganze als Experiment anzugehen und zu sagen: »Hey, ich probier das jetzt mal aus. Keine großen Erwartungen, keine großen Aufwände und Ausgaben, keine großen Nachfragen. Ich weiß nicht, wie es sein wird. Ich teste den Laden und dann schaun' wir weiter.« – »Ja aber Carlo«, sagt du vielleicht, »das kann ich meinen Eltern nicht sagen. Die erlauben mir das nie!« Ich kenne deine Eltern nicht, du hast recht. Natürlich kann ich nicht wissen, wie du zu deinen Eltern stehst. Vielleicht bezahlen sie dir das Studium nur, wenn es bestimmte Fächer sind oder an einer bestimmten Uni. Oder vielleicht unterstützen sie dich gar nicht und fordern trotzdem, dass du studierst, weil du als Erster in der Familie die Chance dazu hast. Was es auch ist, frage sie doch, woher du wissen sollst, was das Richtige ist, ohne es ausprobiert zu haben? Würden sie von dir erwarten, einen Marathon zu laufen, wenn du noch nicht einmal ein Paar Laufschuhe hast? Wollen sie *ihr* Bestes für dich, oder wollen sie *dein* Bestes für dich? Es gibt heute so viele Möglichkeiten, voranzukommen im Leben. Warum darfst du dir denn nicht die Zeit nehmen, mehr als nur eine auszuprobieren? Wenn du es dann beim dritten oder vierten Anlauf immer noch nicht hast, ob Studium oder eine andere Aufgabe ist egal, dann kannst du ja Kapitel 6 noch mal aufschlagen; dann zählt nur noch ein Abschluss. Am Ende des Tages finden wir nur zu einer sinnvollen Aufgabe, wenn wir uns die Zeit nehmen, aufrichtig danach zu suchen. Und diese Erlaubnis und diese Zeit kann dir keiner geben. Du wirst sie dir einfach nehmen müssen. Klar, wer sein eigenes Maß findet, geht Risiken ein und probiert sich aus. Das verstehen die wenigsten. Doch was ist das größere Risiko: durch Abenteuer zum eigenen Weg zu finden oder lebenslang zu versuchen, anderen gerecht zu werden?

Beschreibungen von Studiengängen und Ausbildungsplänen sind auf Papier genauso aussageschwach wie Lebensläufe. Also erlaube dir bei deinen Plänen auch Raum für Anpassungen und Richtungswechsel. Warum das Ganze so eng sehen? Der Punkt hier ist, versuche nicht krampfhaft ein ideales Bild von dir und deinem Lebenslauf zu schreiben, ohne Dinge auszuprobieren, ohne dir Fehlgriffe zu erlauben und ohne deinen Spaß zu haben. Nur weil du dir etwas gut überlegt hast, muss es ja nicht gleich das Richtige sein. Im Experiment gibt es ja auch kein Richtig oder Falsch, es gibt nur das, was da ist. Und wenn du feststellst, du willst das nicht, dann war das Studienfach, die Ausbildung oder der Job halt doch nichts für dich. Wo ist denn da das Problem?! Kommt halt vor, auch in den besten Familien. Dann gehst du halt zum nächsten Experiment.

Eines Abends, nachdem ich von BWL zu Philosophie gewechselt hatte, saß ich mit Freunden auf ein Bier zusammen. Mit einer Freundin von Freunden kam ich ins Gespräch über meinen Studiengangwechsel. Sie fragte: »Wie gehst du denn damit um, dass es Leute gibt, die nicht verstehen, was du machst?« Eine gute Frage, denn viele Jahre war ich durch die scheinbare Ziellosigkeit meiner Geschichte sehr verunsichert. Doch bei Philosophie angekommen, hatte ich neue Sicherheit gewonnen (nach dem Studium hat man ja bekanntermaßen die beneidenswerte Auswahl zwischen Taxifahrer und Arbeitslos). Ich sagte einfach: »Was andere über mich denken, geht mich doch überhaupt nichts an. Was zählt, ist, dass ich meinen Weg gehe.« Sie hielt für einen langen Moment festen Blickkontakt mit mir, als suchte sie in meinen Augen Unsicherheit oder Schwäche, die eine Lüge verrät. »Glaub ich dir nicht!« Ihr Ton war abweisend geworden. »Ich glaube nicht, dass Menschen unabhängig sein können von den Meinungen anderer«, schnappte diese Freundin von Freunden, als hätte ich sie beleidigt. Bei dieser Aussage habe ich das Gespräch stehen lassen. Warum sollte ich versuchen, sie vom Gegenteil zu überzeugen? Warum sollte ich mir von ihr erzählen lassen, dass es nicht ging, wenn ich als Gegenbeispiel dafür genau vor ihr saß?

NUR DER HAT ZEIT, DER SIE SICH NIMMT

Machen wir uns nichts vor, so wie die Dinge hier dargelegt werden, kann sich alles auch wie eine Einladung zum Trödeln anhören. Wer aus Faulheit, Langeweile, Gleichgültigkeit oder Dekadenz trödelt, sollte zum Arzt gehen und sich ein Rezept holen, für einen saftigen Arschtritt. Stell dir vor, du gehst mit der Einstellung an deine ersten Jahre nach dem Abi, dass du nicht verlieren, sondern nur lernen kannst, nur wertvolles Wissen sammeln wirst, egal was passiert. Hast du da nicht mehr Mut? Hast du da nicht mehr Ausdauer? Hast du da nicht mehr Spaß an der Sache? Findest du nicht schneller dein eigenes Maß?

Das beste Beispiel, das ich für diese Einstellung kenne, ist mein schon oft erwähnter Buddy Ben. Ben und ich waren Zimmernachbarn im Studentenwohnheim und sind am gleichen Tag eingezogen. Es gibt keinen auf der Welt, der das Leben so sehr feiert wie er. Nach dem Abi war Ben erst mal für ein Jahr in Südafrika. Dann begann er sein Studium der Forstwirtschaft in München. Ganz lässig. »Klaro, Prüfungszeiten sind hart gewesen«, sagt er immer, »doch die Zeit dazwischen war sehr entspannt.« Zwei Monate Bali hier. Ein Monat Amerika da. Dann kam ein Erasmus-Semester in Finnland. Dann noch ein Praktikum in der Schweiz für ein paar Monate. Anschließend acht Wochen Thailand, und zum Studienabschluss ging es für ein Jahr nach Kanada. »Doppelbachelor, hallo!« Zwischendurch nach Neuseeland auf ein Praktikum für ein halbes Jahr. Dann drei Monate Australien und schließlich den Master in der Tasche mit 28. Gleichaltrige, die seine Geschichte hören, schütteln meistens den Kopf. Viele denken: Oh nein, mit einem Abschluss mit Ende 20 und so vielen »Auszeiten« im Lebenslauf, wird er nur schwer einen guten Arbeitgeber finden. Genau das Gegenteil war der Fall. Ben ist mit den wichtigen Firmen in der Industrie so gut vernetzt, dass nicht er sich bei ihnen bewirbt, sondern sie laden ihn auf Bewerbungsgespräche ein. Ben erzählt mir von Bewerbungsgesprächen, bei denen er zweieinhalb Stunden lang einfach über sich und seinen Lifestyle erzählte. Ja, Ben kannte die Firma und die Chefs schon aus anderen Treffen. Doch wer lehnt sich schon bei irgendeinem Bewerbungsgespräch für eine Vollzeitanstellung in den Ledersessel zurück, mit der Einstellung: »Machen die mir hier ein Angebot, das zu mir passt, oder nicht?« Nur Ben.

Es klingt übertrieben, ich versteh. Nur so entspannt und kompromisslos, wie Ben sein Leben gestaltet, so kompromisslos und entspannt steht er zu seiner Geschichte. Bens Art muss jetzt nicht der Standard für alle sein. Doch das ist genau der Punkt: Es ist sein eigener Standard, sein eigenes Maß, und er hat ihn für sich durchgesetzt. Bens Lebenslauf ist bunter als der letzte Hund der ersten Hippiekommune, und er konnte sich die Jobs für Berufseinsteiger in seiner Branche aussuchen.

Der größte Teil der Vorarbeit von Bewerbungsgesprächen findet nicht daheim am Computer statt oder bei Bewerbungscoachings. Sie findet in den Monaten und Jahren statt, in denen wir uns und unsere Welt kennenlernen und zu jemandem mit Geschichten und einer Geschichte heranwachsen. Es heißt also nicht »Je imposanter der Lebenslauf, desto imposanter die Geschichte«. Vielmehr gilt: »Je imposanter die Person, desto imposanter ist die Geschichte.«

ALSO ...

… leg den Lebenslauf mal vom Tisch und vom Desktop. Ihn ständig mit Blick auf die Ideen und Erwartungen anderer zu pflegen ist eine Falle. Wie wollen wir lernen, unsere Geschichte zu erzählen, wenn wir sie von anderen schreiben lassen? »Wege entstehen beim Gehen«, der Spruch ist älter als alle unsere Omas zusammen. Gehe deinen Weg und erzähle einfach deine Geschichte danach. Erzähle, wie dein Weg entstanden ist. Dabei kannst du nie was Falsches sagen, es sei denn, du lügst. Überleg doch einfach mal, was du willst, ohne darüber nachzudenken, wie es im Lebenslauf aussieht. Wenn wir uns trauen, unseren eigenen Lebensentwurf durchzuziehen, unseren Preis kennen und unsere Geschichte auf die richtige Art und Weise den richtigen Leuten erzählen, dann ist Lebenslaufpflege eine Überlebensstrategie aus dem Mittelalter.

Gehe in die Geschichte ein. Schreibe für dich über die wichtigen Ereignisse in deinem Leben, und du gewinnst zusätzliche Perspektiven aus ihnen. Dabei werden deine Motive klar und der Wert und das Wissen aus deinen Konflikten geschöpft. Lass dich auf die Idee ein, ein einzigartiges Leben zu führen, dessen Geschichte du erzählst. Dein Lebenslauf hilft dir dann dabei wie eine Landkarte, deinen zurückgelegten Weg aufzuzeigen. Anstatt uns Sicherheit von einem Stück Papier zu wünschen, gewinnen wir Sicherheit, indem wir unser Leben gestalten, wie wir es wollen.

Jeder muss sich die Zeit nehmen, seine Form zu finden. Die Zeit, der Aufwand und das Risiko sind es allerdings mehr als wert. Denn kaum etwas macht einen Menschen überzeugender, als dass er zu sich und seiner Geschichte steht.

FALLE 8

ES EILIG HABEN

»Zeit ist nichts, was man besitzen kann.
Keiner hat Zeit. Zeit können wir uns nur nehmen.«
**Junger Teilnehmer in einem Kurs von mir,
der viel schlauer ist als ich.**

Ja, das Leben ist kurz. Es ist zu kurz, um ständig in Eile zu sein oder sich hetzen zu lassen. Kennst du das: Es ist Zeit, mit jemandem aufzubrechen, und dieser Jemand beginnt dich zu hetzen? Es kommen dann Motivationssprüche, wie »Komm, Komm, komm, los jetzt!«, oder Fragen wie »Was brauchst 'n so lang??«. Solche Töne sind vielleicht gerechtfertigt, um eine verspätete Showdiva im letzten Moment noch auf Sendung zu bringen, oder um mit einem vertrödelten Kind den letzten Bus zu kriegen. Nur, wenn du angerotzt wirst, weil jemand keine Geduld hat, hast du da Bock, dich zu schicken? Bei den meisten Menschen, die ich kenne, inklusive mir, löst so ein Verhalten eher aus, dass sie sich mehr Zeit nehmen; nicht um zu provozieren, sondern weil sie zu Recht erwarten dürfen, dass Dinge auch in ihrem Tempo laufen. Das Lustige ist, wer sich selbst durchs Leben hetzt, bei dem stehen die Chancen gut, dass er, ohne es zu merken, genau den gleichen Reflex in sich selbst auslöst. Sobald der rechnende bzw. logische Teil in uns sagt »schnell, schnell, schnell!«, ziehen wir meistens in uns selbst die Handbremse an. Um sie wieder zu lösen, brauchen wir den weisen, vertrauenden Teil in uns, der sagt: »Easy. Es gibt keinen Grund, verrückt zu werden. Alles zu seiner Zeit.«

*

Alles hat eine Reifezeit. Eine Möhre hat, je nach Sorte, eine Reifezeit von 10–16 Wochen. Ein Mensch hat bis zur Geburt eine Reifezeit von ca. neun Monaten. Selbst in einer Partnerschaft braucht es einige Versuche, bis man eingesext ist. Welche Reifezeit unsere Ideen und Pläne haben, das weiß kein Mensch. Experten gehen zwar von einem Zeitraum von neun bis zwölf Jahren aus, doch gibt es zu viele Ausnahmen von dieser Regel, als dass man fest damit planen kann. Was auch immer wir vorhaben im Leben, es wird Zeit brauchen. Oft mehr, als wir uns wünschen. Und jeder darf lernen, sich diese Zeit zu nehmen, ja genau, lernen. Sich Zeit für sich selbst und für andere zu nehmen, ist eine Schule für sich.

EILE IST DIE STÄRKSTE BREMSE

Ganz ehrlich, ich glaube nicht, dass ich diese Message nach dem Abi kapiert hätte. Studium, Geld, Erfolg, Anerkennung, Freiheit, alle diese Sachen mussten für mich sofort her. Denken wir nur an die Geschichten mit dem Networkmarketing, dem Finanzdienstleistungskram, meine Abneigung gegen den Zivildienst. Mein Scheitern bei all diesen Vorhaben hatte vor allem eine Wurzel: Ungeduld. Ich suchte ständig nach der Abkürzung, die noch keiner entdeckt hatte. Klar, dass ich enttäuscht werden musste. Von diesen Enttäuschungen hätte mich wahrscheinlich auch keiner retten können, denn meiner Meinung nach wusste ich alles besser. Reifen? Brauchte ich nicht. Ich war motiviert und bereit, alles anzupacken, und lief damit gegen die Wand, wieder und wieder und wieder, wie eine Fliege am Fenster.

Im Januar 2008, drei Jahre nach meinem Abi und immer noch ohne Ausbildung oder Studienabschluss, hatte ich mich entschlossen, Golflehrer zu werden. Das war nicht einfach so eine Idee. Es war das Ergebnis tagelanger Überlegungen und schriftlicher Arbeit mit Traumjob Literatur. Nun, wo ich (wieder) wusste, was mein Ziel war, wollte ich es sofort haben. Meine Ausbildung zum Golflehrer der *Professional Golfers Association of Germany* wollte ich noch im gleichen Jahr beginnen. Es gab nur wieder mal ein kleines Problem: Wegen meines Handicaps war ich noch nicht für die Ausbildung zugelassen. Um in die Ausbildung gehen zu dürfen, brauchte ich ein Handicap von 6,4 oder besser. Vielleicht kennst du ja diese Handicapsache beim Golfen. Das Handicap ist die durchschnittliche Anzahl von Schlägen, die über die vorgegebene Schlagzahl des Platzes hinausgehen. Üblicherweise hat ein Golfplatz eine Vorgabe von 72 Schlägen. Schließt du zum Beispiel deine Runden regelmäßig mit 90 Schlägen ab, errechnet sich ein Handicap von 18. Je niedriger, desto besser. Anfänger steigen bei 54 ein. Mit einem Handicap von 12 war ich also schon ganz gut dabei. Doch wie gesagt, ich musste auf 6,4. Damit wollte ich in einer Saison ungefähr doppelt so gut werden.

Ich trainierte wie der letzte Sohn vom letzten Golflehrer. Von März bis September bekam ich jede Woche Unterricht vom Trainer. Jeden Tag trainierte ich zusätzlich zwei, drei Stunden auf der Übungsanlage und zwei bis vier Stunden auf dem Platz. Im Training machte ich raketenhafte Sprünge nach vorn. Jetzt war es aber so, dass ich mein Handicap nur in Turnieren verbessern konnte. Trotz aller Trainingserfolge ist mir genau das nicht gelungen. Mein Freizeitspiel und mein Turnierspiel waren zwei verschiedene Welten. Zum Ende der Saison hatte ich sogar ein schlechteres Handicap als am Anfang der Saison (denn bei schlechten Runden wird das Handicap auch nach oben korrigiert). Und warum? Mit meiner Eile habe ich mich selbst blockiert und ausgebremst. Heute frage ich mich: Wenn ich fest entschlossen war, Golflehrer zu werden, warum die Unruhe? Warum die Eile? Meine Hast hat einfach keinen Sinn ergeben. Warum durfte ich mein Ziel denn nicht in zwei Jahren erreichen statt in einem? Warum musste alles auf einmal klappen? Was sprach denn dagegen, spielerisch statt bierernst an das Unterfangen zu gehen? Offensichtlich ist Eile nicht mein Tempo.

Natürlich, besser, als ewig nach dir selbst zu suchen und rumzutrödeln, ist es, einfach mit einer Sache anzufangen und zu schauen wo sie hinführt. Doch das ist nicht das Thema hier. Es geht hier darum, dass Eile das Gegenteil von dem bewirkt, was wir generell damit erreichen wollen. Du kennst ja sicher diese Hebel, die zwischen Türe und Türrahmen befestigt sind, um Türen automatisch sicher und sanft zu schließen. Ist dir auch schon mal aufgefallen, sobald wir versuchen, das Schließen solcher Türen mit Kraft zu beschleunigen, geht die Tür noch langsamer und schwerer zu? Oder du kennst das auch: Wenn wir es mit dem Auto oder dem Radl eilig haben, sind die meisten Ampeln rot, oder irgendwie ist jemand oder etwas im Weg? Warum das so ist, weiß ich auch nicht. Nur die Erfahrung beweist immer wieder, wie Körper und Geist bei Eile verkrampfen. Eile scheint, ähnlich wie die Idee von Strenge aus Kapitel 4, mehr eine innere Einstellung zu sein, bei der uns die Dinge viel schwerer zukommen als nötig.

DU HAST VIEL MEHR ZEIT, ALS DU DENKST

Lass uns doch mal rechnen: Sagen wir mal, du bist 20. Wenn du 80 werden solltest, hast du 60 vitale Jahre, um deine Ideen von Familie, Beruf, Freizeit, Reisen, Sprachen, Sport und Partnerschaften auszuprobieren und umzusetzen, Anschaffungen wie Häuser und Autos zu finanzieren und andere Abenteurer zu erleben. 60 Jahre mal 365 Tage, plus 15 Tage von den Schaltjahren, ergibt 21.915 Tage. Das sind fast 22.000 Tage. Wie viel können wir in 22.000 Tagen erleben, aufbauen und erreichen? Die Zahl ist unüberblickbar. Unser Abi haben wir in höchstens 42 Tagen vorbereitet und abgeschlossen. »Ja aber«, sagst du vielleicht, »ich könnte mit 26 vom Laster überfahren werden!« Klaro. Dann stellt sich die Frage »Wozu die ganze Eile?« umso mehr. Warum dann nicht gleich leben wie Amy Winehouse? Und wenn du mit 27 immer noch lebst, weil dir Amys Lifestyle doch nicht so entspricht, dann hast du immer noch 19.359 Tage übrig, solltest du 80 werden – und das ist gar nicht so unwahrscheinlich. Das ist und bleibt jede Menge Zeit zu leben.

Eine Abifreundin namens Angela studierte mit Ende 20 immer noch Medizin. Sie hatte es selbst nicht so eilig, fertig zu werden. Warum? Weil sie einfach eine faule Sau ist. Das weiß sie, das weiß ich, das weiß eigentlich jeder, der Angi kennt. Aber um Angela geht es hier nicht. Ein Kommilitone von ihr hat mit 23 bereits seinen Doktor in der Tasche. Das heißt nicht, dass er fertiger Arzt ist. Er darf dann noch in drei bis fünf Jahren sein Facharztdings machen. Angela hat mir davon erzählt, weil sie sich gefragt hat: »Der Typ ist grade mal alt und reif genug für 'ne Freundin. Welcher Patient nimmt einen solchen Arzt ernst?« Faul, die Angi, aber nicht dumm.

Für eine Sekunde musste ich den Typen in Schutz nehmen. So ein Erfolg kommt nicht von ungefähr. Vielleicht ist er ein Branchenkenner, Menschenkenner und Fachgenie in einem. Doch irgendwo scheint Angis Frage berechtigt. Was hat er vom Leben mitbekommen? Was weiß er über Menschen; nicht über den menschlichen Körper, sondern über Menschen? Klar, am Alter allein können wir das nicht festmachen, was jemand draufhat. Doch die Frage scheint berechtigt: Was versteht ein 23-Jähriger vom Umgang mit Menschen und ihren Problemen, der sein Leben zwischen Bibwänden, Hörsälen und Krankenhausgängen verbracht hat? Irgendwo anders kann er ja nicht gewesen sein, wenn er mit einem Mordsstudium so früh fertig ist. Klaro, es gibt neben Krankenhäusern und Praxen unzählige Wege, als Arzt Geld zu verdienen: in der Forschung, der Medizintechnik, im Ernährungs- und Versicherungsbusiness, um nur ein paar zu nennen. Er kann auch in eine ganz andere Branche gehen. Mit einem Doktor in Medizin stehen einem sicher viele Türen offen, also gehört unser Überflieger für diesen Erfolg schon gefeiert. Und doch bleibt eine Frage: Warum das Ganze nicht mit 26, 27 oder 28? Dann ist er als Facharzt immer noch im besten

Alter von 31 bis 33. Und wer weiß, vielleicht ist nebenher auch ein Mensch aus ihm geworden. Hat so ein Studium für ihn und andere nicht viel mehr Wert, wenn es nicht nur Fachidioten, sondern auch gebildete Menschen hervorbringt?

Ein Ingenieur, ein BWLer und ein Philosoph nehmen an einem Rennen teil. Wer als erster von Rom nach Sydney kommt, hat gewonnen. Der Ingenieur denkt sich: ‚Leistung ist Energie durch Zeit. Ich muss ein Solar-Elektro-U-Boot-Raketen-Flugzeug-Auto bauen, mit 1 Millionen PS. Für die Finanzen hol‘ ich mir erstmal einen BWLer. Der macht das schon.‘ Der BWLer denkt sich: ‚Zeit ist Geld. Ich muss erstmal eine Menge Geld verdienen, dann habe ich mehr Zeit. Anschließend kaufe mir eine Limousine und bezahl einen Philosophen dafür, dass er mich hinfährt.‘ Der Philosoph denkt sich: ‚Zeit ist relativ. Sie ist das, was ich mit meinen Gedanken aus ihr mache. Ich denke mir also, ich bin einfach da und habe bereits gewonnen.‘

Also, dass der Philosoph das Rennen nicht macht, versteht sich von selbst. Doch ist es beim innovativen Ingenieur wahrscheinlicher? Vielleicht kommt er mit seiner Megamaschine ums Leben, wenn sie überhaupt fertig wird. Und was ist mit dem BWLer? Vielleicht verliert er sich in seiner Aufgabe, Geld zu verdienen, sodass er komplett vergisst, was die eigentliche Aufgabe ist: von Rom nach Sydney zu reisen. Die Denkweisen aller Wettbewerber haben einen Vorteil und einen Nachteil. Der Ingenieur versteht, dass es ohne Hilfsmittel nicht geht. Was er allerdings nicht sieht, ist, dass er mit dem BWLer zusammenarbeiten muss, weil sie sonst gegeneinander arbeiten. Der BWLer versteht, dass Geld helfen kann, schneller voranzukommen. Es ist der direkteste Weg, sich Dinge und Dienste zu sichern. Was er nicht sieht, ist, dass Geld selbst nur ein Hilfsmittel ist. Und der Philosoph? Er hat die Ruhe weg und damit alle Zeit der Welt. Diesen inneren Sieg kann ihm keiner nehmen. Wenn er aber faktisch nicht an Ort und Stelle ist, kann er in seiner Vorstellung so viel machen, wie er will, er gewinnt *de facto* das Rennen nicht.

Es gibt nie eine Sache allein, die Menschen erfolgreich und glücklich macht. Es gibt auch keine richtige Weise, die Strecke zu überbrücken, die zwischen uns und unseren Zielen und Wünschen liegt. Es braucht Geld, diese Hilfsmittel zu kaufen, und die richtige Einstellung, diese Hilfsmittel einzusetzen. Um an diesen Punkt zu kommen, brauchen wir aber vor allem eines: Zeit! Der weise Teil in dir hat das schon längst kapiert. Höre ihm genau zu. Dann stehst du vielleicht ein, zwei oder drei Jahre später mit deinem Studienlappen, Ausbildungszeugnis, Traumhaus oder der ersten Million in der Hand da. Doch der Unterschied wird sein, dass nicht nur ein wirtschaftsfähiger Mensch aus uns geworden ist, sondern eine lebensfähige Frau oder ein lebensfähiger Mann, mit persönlichen Interessen, originellen Ansichten, wertvollen Beziehungen und Geschichten aus dem Leben. Das nennt man nicht Soft-Skills, das nennt man Persönlichkeit.

STELLE DIE UHR AUF »MEINE ZEIT«

NBA Finals 2016. Basketball-Superstar LeBron James liegt mit den *Cleveland Cavaliers* 3 zu 1 Spiele gegen die *Golden State Warriors* zurück. Um die *best out of seven*-Serie, und damit die Meisterschaft, zu gewinnen, müssen die *Cavs* alle der letzten drei Spiele für sich entscheiden. Sich in einer finalen Spielserie von einem 3:1-Rückstand zu erholen, ist in der Geschichte der *National Basketball Association* bis dato nicht beschrieben. Obendrein hat noch keine Mannschaft in der Saison die *Warriors* drei Mal hintereinander geschlagen. Statistiken sagen einiges, aber nicht alles. Wer auf die *Warriors* sein Geld gesetzt hat, machte seine Rechnung ohne James. Als LeBron nach dem historischen Sieg im siebten Spiel von einer Reporterin gefragt wird, was ihn die Spiele hindurch motiviert hatte, sagte er sinngemäß: »Ich fragte mich: Warum nicht ich? Ich kann das. Das ist meine Zeit!«

Du kennst sicher die Redewendungen »Es ist an der Zeit«, oder »Das waren noch Zeiten« oder »Das war seine oder ihre Zeit«. Wir alle kennen Menschen, die ihre Zeit im Leben haben oder hatten. Michael Jackson, Michael Jordan und Michael Ballack, alle hatten sie »ihre Zeit«. Nur, warum? Warum haben manchen Menschen »ihre Zeit« und andere nicht? Die meisten Menschen richten ihre Termine nach dem Zeitplan anderer. Zu einem gewissen Grad machen wir das alle. Wochentage, Feiertage und Urlaubstage müssen mit anderen abgestimmt werden, damit wir zusammenarbeiten können. Das sollte aber auch reichen. Danach stellen wir unsere Pläne und unsere Zeit an erste Stelle. Damit sind auch die Beziehungen, Partnerschaften und Gemeinschaften gemeint, die uns wichtig sind. Langfristig gesehen, also wenn es darum geht, wo wir mit unserem Leben hingehen, wollen wir lernen, unsere Termine und Vorhaben nach unseren Vorstellungen, nach unserem Tempo und nach unseren Zielen, kurz, nach unserer Zeit, auszurichten. Das nenne ich, die Uhr auf »meine Zeit« stellen.

VERLERNEN, VERLERNEN, VERLERNEN POPERNEN

Wie geht das nun? Wie stellen wir die Uhr auf unsere Zeit? Ganz ehrlich, das wüsste ich auch gerne. Deswegen übe und lerne ich es. Was ich dir aber sicher sagen kann, ist, wie es nicht geht. Und das ist auch gut. Denn damit unser Leben an erster Stelle stehen kann, ist es nicht nur wichtig, über die Zeit zu verfügen, die wir haben. Es ist genauso wichtig zu wissen, was uns daran hindert. Was uns daran hindert, wollen wir verlernen.

Futurist Alvin Toffler war der Meinung, der Analphabet der Zukunft ist nicht der- oder diejenige, die nicht lesen und schreiben kann. Die Analphabeten der Zukunft sind Menschen, die unfähig bleiben zu verlernen und neu zu lernen.[33] Es heißt nicht »Zeit klauen«, »Zeit entführen«, »Zeit aushandeln«, »Zeit erzeugen« oder »Zeit erschaffen«. Es ist viel einfacher. Es heißt einfach »Zeit *nehmen*«. Atemluft nehmen wir uns, ohne es zu merken. Taucher, die es schaffen, bis zu zehn Minuten unter Wasser zu bleiben, haben dafür mit Atemübungen trainiert. Und so können wir auch trainieren und lernen, uns Zeit zu nehmen; Zeit, die uns wie Luft zur Verfügung steht. Damit wir das tun können, wollen wir das Konzept der Eile verlernen.

Im Folgenden werden drei Selbstbehinderungsstrategien erwähnt, die auch bei mir sehr gut funktioniert haben. Sie sind nur andere Formen der Eile oder verbreiten eine Unruhe, die zur Eile führen kann. Auch wenn du sicher die ein oder andere Idee schon gehört hast, ist es wichtig, dass wir uns an sie erinnern, damit diese Fallen für uns sichtbar bleiben.

Mehr als eine Aufgabe pro Gehirn

Eine andere Form des Eilighabens ist der zum Scheitern verurteilte Versuch, unser Gehirn mit mehr als einer Aufgabe zu penetrieren – auf Neudeutsch *Multitasking*. Organisierte Leute kriegen viel unter, ja, weil sie auf Qualität hinarbeiten und eins nach dem anderen erledigen. Studieren und nebenher arbeiten, ein Start-up gründen, tanzen lernen, Sport machen und Freunde treffen ist viel Arbeit. Es ist aber für jemanden, der sich selbst gut kennt, mit einer routinierten Lebensweise unterzubringen. Aber im Hörsaal beim Zuhören und Schreiben nebenher mit Freunden chatten, zwischendurch raus, um am Telefon mit der Chefin Arbeitstermine abzusprechen, dann noch nebenher E-Mails vom Start-up-Buddy beantworten, während das Frühstück verschlungen wird, auch viel Arbeit, aber wo bleibt die Qualität? Eine Aufgabe pro Gehirn. Ja sicher, jeder feiert Multitasking, weil es uns glauben lässt, wir kommen damit schneller ans Ziel. Schneller ja, aber ans Ziel? Es geht hier nicht um Perfektion. Es geht darum, Aufgaben abzuschließen. So ist der

Kopf frei für die nächste Aufgabe. Was zählt ist Hingabe und Aufmerksamkeit.

Ein Freund aus Südafrika erzählte mir von einem Job zwischen Abi und Studium. Er putzte für die Gebäudereinigungsfirma seines Onkels. Bei einem Auftrag musste das Team ein Theater mit über 3.000 roten Polstersitzen reinigen, Sitz für Sitz. Nach einer Stunde schien er kaum vorangekommen zu sein. Er wischte schneller und schneller, doch er seufzte jedes Mal beim Anblick der Menge, die vor ihm lag. »Wir werden nie fertig«, sagte er schließlich in der Pause zu seinem Onkel, »Es sind einfach zu viele Sitze.« – »Das ist die falsche Einstellung«, erwiderte sein Onkel. »Du hast immer nur einen Sitz zu putzen. Genau den vor dir.«

Widmen wir uns einer Aufgabe nach der anderen. Von dieser einfachen Weisheit kann sich jeder Mensch ein Scheibchen abschneiden, egal wie effizient er bereits ist. Wenn du dich mittlerweile bei dieser kleinen Predigt für Qualität langweilst, feier ich dich. Du langweilst dich nämlich zu Recht! So was wie »Qualität vor Quantität« hat doch jeder in der ein oder anderen Form schon mal gehört. Gehört haben wir schon vieles. Aber umgesetzt? Auf die Probe gestellt? Uns zu eigen gemacht? »Sorry, keine Zeit!«

Es gibt so was wie Zeit an sich

Einstein war sehr schlau. Darüber scheint sich die Welt einig zu sein. Und weil ich nichts von ihm gelesen habe, vertraue ich jetzt einfach mal darauf, dass alle recht haben. Wir haben aber keinen Einstein dafür gebraucht, um zu wissen, dass von allen Dingen, die relativ sind, die Relativität einer Sache insbesondere hervorsticht: die Relativität der Zeit.

Jeder Mensch kennt das Gefühl, wenn die Zeit vorbeigeflogen ist. Gute Filme erscheinen viel kürzer als schlechte. Wer während eines Fluges konzentriert in einem Buch oder Gespräch versunken ist, für den vergeht der Flug wie nichts. Wer sich hingegen im Flieger langweilt, stirbt 1.000 Tode. Für ihn hört der Flug nie auf, und er oder sie versucht, die Zeit mit Filmen und Alkohol totzuschlagen. Verlernen wir, die Zeit als etwas zu sehen, was auf der Uhr stattfindet. Zeit vergeht je nachdem, wie wir sie erleben, genauer gesagt, wie wir sie mit Leben füllen.

Ein ehemaliger Arbeitskollege von mir studiert neben Volkswirtschaft und Philosophie auch Romanistik. Das heißt, er hat zwei Hauptfächer. Und das nicht einfach zur Gaudi. »Wenn ich schon lernen muss, dann will ich auch eine 1,0 in der Prüfung«, ist Andis Motto. Und die bekommt er auch. Andi liest jeden Tag die *Süddeutsche Zeitung*, die *New York Times* und die *Le Monde*. Jetzt lernt er auch noch Spanisch und liest die *El Pais*. In den Semesterferien ist er in der Welt unterwegs und schreibt Bücher. Eines Tages fragte ich ihn: »Wie schaffst du es, so viel in dein Leben zu packen?« »Viel?!«, sagte er erstaunt. »Ich lass mich doch total gehen. Ich kenn da jemanden, der ist krass, sag ich dir …« Wie bitte?! Ich konnte meinen Ohren nicht trauen. Für Andis Verhältnisse hat er sich gehen lassen. Ich kenne kaum einen beleseneren und politisch sowie gesellschaftlich gebildeteren 25-Jährigen wie Andi. Und er glaubt auch noch, er macht sich einen Lenz. »Und wie kriegst du das alles unter einen Hut?«, wollte ich wissen. Sinngemäß sagte er: »Ehrlich gesagt habe ich viel mehr Zeit, als es aussieht. Ich lerne jeden Tag, da muss ich nicht den ganzen Tag lernen, verstehst du? So spar ich Zeit. Weil ich so viel zu tun habe, schaue ich, dass ich nicht einfach irgendwas mache. Die freie Zeit, die ich dann hab, hab ich auch wirklich frei. In Zeiten mit Freunden und Familie, im Urlaub oder auf Partys ist mein Kopf dort, wo ich bin.«

Zeit ist wie Schönheit: wir können sie zwar messen, nur empfindet sie jeder anders. Manchmal vergeht Zeit schneller, als wir es uns wünschen. Doch können wir sie auch besser nützen, als wir denken.

Alleine geht es besser

Leistungsträger in den verschiedensten Bereichen des Lebens erzählen die abenteuerlichsten Geschichten über ihre Siege. Der eine ist in nur zwei Jahren Millionär geworden. Der andere arbeitet nur zwei Stunden die Woche. Wieder andere haben zehn Kilo in zehn Tagen abgenommen, oder andersrum. Auch sie haben oder hatten »ihre Zeit«. Nur wie kamen sie dorthin? Es mag ja sein, dass sie das alles geschafft haben und dass das geht. Nur was haben sie gemacht, um auf ein Leistungsplateau zu gelangen, auf dem diese schnellen Erfolge möglich sind? Welche Geschichte steckt hinter der Geschichte? Antwort: Die meisten berichten von einem Mentor, einem Freund oder einem Team, das sie begleitet und unterstützt hat.

Kein Mensch ist, wer er ist, weil ihn sein eiserner Wille allein dazu gemacht hat. Journalist Malcolm Gladwell hat unter anderem den Erfolg der Beatles und Bill Gates' daraufhin untersucht, welche Geschichte hinter der Geschichte steckt[34]. Dabei hat er was Interessantes entdeckt: Die Beatles wurden nicht so erfolgreich, weil alle Teenies nach Popmusik von Jungs mit schlechten Frisuren schrien. Ja, die Boys haben gut gespielt und hart gearbeitet. Doch nicht, weil sie den brennenden Wunsch hatten, bis zu acht Stunden am Abend auf der Bühne live zu spielen, sondern weil ihnen die Chance dazu gegeben wurde. John, Paul, Ringo und George haben über Jahre, vor allem in Hamburg, nächtelang Auftritte gehabt und zig Songs am Abend gespielt. Ihr Agent hat sie nach Hamburg geschickt, weil solche Spielmarathons dort möglich waren. Es war ja nicht so, dass sie selbst auf die Idee kamen, Zigtausende von Stunden vor Publikum zu üben. Bei Bill war es ähnlich. Bill Gates hatte tolle Ideen und hat nächtelang getüftelt und tagelang programmiert, ja. Doch nicht, weil er sich selbst durch den Verkauf von Zitronenlimonade einen Computer geleistet hat. Bill ging auf eine Privatschule, die über einen Rechner verfügte, zu dem er Zugang hatte. In den 60er Jahren war das auf der ganzen Welt wahrscheinlich einzigartig. An einer

Stelle brauchte das Computerprojekt, von dem Bill profitierte, eine finanzielle Spritze, um fortgeführt zu werden. Aus welchem Grund auch immer, hat sich eine Gruppe von Eltern dafür stark gemacht. Was ist, wenn sie das, aus welchem Grund auch immer, nicht getan hätten? Auch unser Billy kam zu außergewöhnlichem Wissen und seltenen Fähigkeiten, weil ihm die Chance dazu gegeben wurde. Oder nehmen wir Schauspieler Jim Carrey. Jims Papa wollte selbst Komiker werden. Um die Familie sicher durchzubringen, hat er sich stattdessen für eine Karriere als Buchhalter entschieden. Nachdem er sah, sein Sohn war mit einem Entertainertalent gesegnet, unterstützte er Jim zeit seines Lebens und hielt ihm den Weg frei.

Natürlich kommen wir im Versuch, alles alleine zu machen, in die Enge, in Eile oder Unruhe. Keiner kann seine Ideen und seine Ziele komplett alleine stemmen. Und das ist auch gut so. Je näher wir mit anderen zusammenarbeiten, desto mehr wachsen wir aneinander. Individualismus ist überbewertet. Schau dir deine Vorbilder an, Menschen, die haben, was du gerne hättest, tun, was du gerne tätest, oder sind, wer du gerne wärst. Ich möchte wetten, du findest in ihrer Geschichte wenigstens eine andere Person, die als Hilfe, Inspiration oder Katalysator diente. Sobald wir das sehen und danach suchen, andere in unsere Arbeit zu involvieren, kommen wir vielleicht langsamer voran, aber wir kommen an.

Selbst ich sehe diese Dynamik in meinem Leben. Dass ich zum Musterschüler aufstieg, lag an meiner Einstellung und meinem Arbeitseifer, ja. Nur wo kamen die Inspiration und die Unterstützung her, neben der Schule Nachhilfe zu besuchen und in allen Fächern mein Bestes zu geben? Von meiner Familie, meinen Freunden und, nachdem meine Lehrer sahen, dass ich es ernst meine, auch von ihnen. Ohne ihren Einfluss und ihre Unterstützung hätte ich vielleicht gar kein Abi gemacht. Wie gelang es mir dann, das alles nach dem Abi zu vergessen? Ich dachte mir: Alleine geht's schneller!, und machte einen auf Titanic: Schnell vorankommen war wichtiger als überhaupt anzukommen.

..., sich gleich nach dem Abi, in der Uni oder der Arbeit mit Deadlines, Lernen, Klausuren und naiven, unausgereiften Plänen zu quälen, was soll das bitte bringen? Wir dürfen auch ohne ständigen inneren Druck arbeiten. Wir dürfen auch nur mal eine Sache im Kopf haben statt alle Dinge. Es ist schließlich unser Kopf. Und wir dürfen auch die Hilfe und die Inspiration anderer suchen und nutzen.

Das Leben darf auch auf unsere Weise gut gehen – nach unserem Entwurf, unseren Wünschen und unseren Bedürfnissen. Wie zuvor gesagt: Wir haben alle Zeit der Welt. Wir wollen einfach lernen, sie uns zu nehmen. Es ist in Ordnung, unsere Zeit großzügig einzuplanen, weil jeder Plan Änderungen und Unterbrechungen ausgesetzt ist. Pläne, die Reifezeiten und Rück- und Fehlschritte außen vor lassen, sind schlichtweg unvollständig. Meine Golflehrer Geschichte lässt grüßen. Der Grund, warum wir Pläne überhaupt machen sollten, ist, weil sie eine Orientierung sind, um bei all den Störungen und Ablenkungen auf Kurs zu bleiben.

Nimm dir Zeit, ganz einfach. Nur so kommst du wirklich voran – voran in deine Richtung. Wer reif sein will für sein Leben, braucht Reifezeit. Reifezeit ist ganz einfach deine eigene Zeit.

FALLE 9

AUF ANDERE HÖREN

»Wer für alles offen ist,
kann nicht ganz dicht sein.«
Unbekannt

In Deutschland heißt es, »alle kochen nur mit Wasser«. Wenn man nicht mit Wasser kocht, womit dann? Eintöpfe, Nudeln, Reis, Tee, Bettwäsche, alles wird doch mit Wasser gekocht. Kochen tut man doch mit Wasser, oder? Bei einem Schulpraktikum in einem Restaurant habe ich gelernt, es kochen nicht alle mit Wasser. Die Profis kochen mit Fond, ja genau, mit Fond; aus dem Französischen für »Ablagerung« oder »Grundlage«. Fond wird hergestellt, indem man Gemüse, Fleisch, Kräuter und Gewürze stundenlang in Wasser köcheln lässt. So werden all ihre Geschmäcker und Aromen zu einer bräunlichen Essenz reduziert. Mit dieser flüssigen Essenz bringen Profis in der Küche Eintöpfe und Soßen auf ein neues Geschmacksniveau.

Dieses Kapitel ist keine Kochstunde in Sachen Essen. Es ist eine Kochstunde in Sachen Denken. Hier geht es um unser Denkniveau. So wie Gemüse und Co die Rohstoffe des Kochens sind, so sind die Informationen um uns herum die Rohstoffe des Denkens. Und mit diesen Rohstoffen kochen wir alle gedanklich einen auf. Nur in Sachen Denken kochen tatsächlich die meisten Leute mit Wasser. Sie richten sich einfach nach dem, was andere sagen und tun. Um ein höheres Denkniveau zu erreichen, wollen wir lernen aus dem schier endlosen Wissen um uns herum, die Essenz zu reduzieren. Und so wie jeder mit ein bisschen Übung kochen lernen kann, ist jeder fähig, mit ein bisschen Übung denken zu lernen; nicht einfach Gedanken im Kopf zu haben (das kann jeder), sondern Gedanken ganz nach seinem eigenen Geschmack.

*

Es gibt Menschen, die sagen, das Leben ist wie ein Film, und zu viele Menschen entscheiden sich dafür, der Nebendarsteller in ihrem eigenen Film zu sein. Nur wie kommt das? Stelle dir vor, du wirst auf ein Filmset geworfen, fertig geschminkt und angezogen. Zu deiner Linken sind Schauspieler, die sich grade in ihren Rollen unterhalten. Rechts sitzt eine Schauspielerin im Kostüm schweigend auf der Couch. Dein Problem ist, du hast keine Ahnung, wen du spielst, wer die anderen sind und worum es in dem Film oder der Szene geht. Dass du deinen Text nicht kennst, versteht sich dann von selbst. Geradeaus steht die Kamera. Ihr rotes Licht ist an. Sie läuft. Was machst du da? Ich würde einfach zur schweigenden Schauspielerin gehen und möglichst unauffällig fragen: »Wen spielst du? Wen spiele ich? Was wird hier gespielt?« Wenn das nichts bringt, würde ich einfach den Regisseur fragen, oder? Klar halte ich das ganze Set auf, aber ich darf mir doch ein Bild davon machen, was hier abläuft. Wie soll ich denn sonst was dazu beitragen? Deine Kollegen und der Regisseur erklären dir nun, wer welche Rolle spielt und worum es geht. Was ich mich allerdings frage, ist: Wann kommt der Punkt, an dem ich aufhöre, auf die Ansagen der anderen am Set zu hören, und beginne, mir selbst eine Idee davon zu formen, was meine Rolle verlangt? Das ist ein kritischer Punkt. Denn ja, ich will mit den anderen zusammenspielen und schauen, dass die Rollen, die wir spielen, den Ideen des Regisseurs und des Drehbuches entsprechen. Doch woher weiß ich, ob ich mit meiner Leistung meiner eigenen Rolle den bestmöglichen Ausdruck verleihe? Ich meine, ich bin doch der Interpret.

In einem Interview schwärmte eine Nachwuchsschauspielerin aus Hollywood von der Arbeit mit Meryl Streep am Filmset. Meryl ist Oscarpreisträgerin. »Nach einer Szene bemerkte Meryl meine Unsicherheit«, sagte sie. »Sie fragte: ›Bist du nicht zufrieden mit deiner Arbeit?‹ – ›Nicht so richtig‹, gab ich zu. ›Ja dann sag was‹, sagte Meryl. ›*Du* musst mit deiner Arbeit zufrieden sein!‹«.

DIE KEIN-»ERFOLG FÜR SCHÜLER«-STORY

In meiner Schulzeit war ich von der 11. Klasse bis zum Abitur von einem Schüler mit 4ern und 5ern zu einem Musterschüler mit Auszeichnungen geworden; nicht zuletzt dank meines damals besten Freundes Rene. Mit seiner konzentrierten Art war er vor allem in Mathe ein guter Lernpartner. Dank der Arbeit mit Rene und dank meiner Familie wurde ich nicht nur in Mathe besser, sondern kam als bester männlicher Absolvent der Stufe aus dem Abitur. Das sage ich nicht, um anzugeben, denn davon kann ich mir ja heute nicht viel kaufen. Diese *from loser to winner*-Story erzähle ich, weil ich glaube, die meisten Schüler in Deutschland können einen ähnlichen Wandel durchmachen, sobald sie die passende Einstellung zur Schule finden. Mein Wandel in der Schule war für mich eine Erfolgsstory, weil ich zwei Jahre vor dem Abi dabei war, mir mit Alkohol und anderen Ausschweifungen auf die klassische moderne Art und Weise meine Chancen zu verbauen. Mit einem verblüffend einfachen Plan und einer glasklaren Motivation kam ich wieder auf die Beine und zog die Schule zwei Jahre lang durch. Ich war Schüler in Vollzeitanstellung, würde man auf Deutsch sagen. Nach dem Abi wollte ich nun aus meiner Erfolgsstory Kapital schlagen und anderen Schülern mit Vorträgen, Coachings und Camps beibringen, wie leicht sie sich das Schulleben machen können. Ich nannte mein Programm »Erfolg für Schüler«. Da ich gerne auf Bühnen stehe, war es für mich das Natürlichste der Welt, dieses Business aufzubauen. Noch bevor ich ans Studieren denken konnte, hatte ich das Konzept, die Inhalte und den Vorgehensplan ausgearbeitet. Für mich war die Sache klar: Ich werde Autor und Speaker.

Eines Tages machten Rene und ich einen Tagestrip an den Rursee in der Eifel. Wir machten eine Wanderung auf der Suche nach einem Aussichtspunkt. Auf dem Weg erzählte ich ihm von meinem Plan mit »Erfolg für Schüler«. Rene hörte geduldig zu, ließ mich ausschweifen und ausreden. Als ich durch war, fragte ich: »Und, was sagst du dazu?« Rene sagte erst mal nichts. Er blickte schweigend den Weg rauf, den wir noch vor uns hatten. »Das ist aber riskant«, sagte er schließlich. Hm, dachte ich, nicht großartig, interessant, mutig oder einfallsreich? »Du hast ganz andere Möglichkeiten …«, fuhr er fort. Ab dann sprachen wir nur noch darüber was schiefgehen könnte, dass es für so was keinen Markt gäbe und wie viel besser ich langfristig fahre, wenn ich erst mal ein Jahr im Zivi oder woanders Pause mache. Rene sah die Gefahren. Ich sah die Möglichkeiten. Rene sah die Arbeit. Ich sah den Lifestyle. Er sah, wie ich unter meinen Möglichkeiten bleibe. Ich sah, wie ich mit meinem Können anderen was Wertvolles bieten konnte.

Rene war nicht blöd. Mathe hat er immer sofort geblickt, mit seiner Familie hatte er schon die halbe Welt gesehen, und er wollte Arzt werden, wie sein Vater. Doch damals begriff ich nicht, dass er einfach nicht sah, was ich sah. Als wir von der Wanderung wieder unten am See ankamen, war die Idee für mich gestorben. Klar, Rene wollte als mein Freund nur mein Bestes. Deswegen war es richtig, ihn um Rat zu fragen und ihm zuzuhören. Doch eine Sache hatte ich damals nicht gesehen: *Sein* Bestes für mich war nicht unbedingt *mein* Bestes für mich.

Zehn Jahre nach meiner Idee ist die Nachhilfe- und Unterrichtsbranche für Schüler in Deutschland ein Milliardenmarkt. Von Oberstdorf bis Flensburg sind Eltern und Schüler gestresst und geben Unmengen Geld und Zeit aus, um mit dem Schulleben und dem gesellschaftlichen und wirtschaftlichen Druck klarzukommen. Wer weiß, was aus der Idee geworden wäre, wenn ich auf mich gehört hätte. Sicher, ich war auch ein Stück weit in meinen Traum verliebt. Er war auch voller Ungewissheiten. Doch genauso hätte es gut gehen können. Wäre es nicht besser gewesen, das alles selbst zu prüfen? Hätte ich nicht viel mehr gelernt, wenn ich die Sache einfach angepackt hätte?

Du merkst sicher, in meiner ganzen Story steckt viel »hätte«, »könnte« und »wäre« drin. Doch genauso so läuft das, wenn wir nicht auf uns selbst hören, sondern auf andere. Klaro, es heißt nicht, dass gleich alles gelingt, sobald wir auf uns selbst hören. Ne ne, jeder, der lernt, sein Leben in die Hand zu nehmen, lernt mit Experimenten und ihren Konsequenzen umzugehen. Nur sind wir gescheitert, wenn uns eine Entdeckungsreise woanders hinführt als geplant? Ist es nicht besser, unser Leben auf unsere Weise zu erforschen und die alten Landkarten von Gestaltungsmöglichkeiten zu erweitern, als einfach blind nachzuleben, was andere uns vorleben? Entscheide selbst!

FRAG DICH SELBST

Wie gesagt, wir kochen alle mit Informationen bzw. mit Wissen einen auf. Unsere Rohstoffe und Rezepte zum Denken kommen üblicherweise aus der Zeitung, aus Büchern, dem TV, dem Internet oder dem Bekanntenkreis. Es liegt auf der Hand, dass es besser ist, mehr Informationen zu haben als weniger. Doch nur, weil wir mehr wissen, heißt das auch, dass wir mehr können? Das ist so, als würde man sagen, je größer man beim Basketball ist, desto besser. Sicher, Größe ist bis zu einem gewissen Maß von Vorteil. Doch wenn alle auf dem Feld in etwa gleich groß sind, oder gleichhoch springen können, dann zählen für einen Sieg andere Fähigkeiten; Fähigkeiten wie Schnelligkeit, Wurfgenauigkeit, Fitnesslevel, Ballgefühl oder Teamwork. Überall um uns herum schwirren Informationen durch die Szenerie. Profis im Denken holen sich die Essenz aus dem raus, was um sie herumfließt, und lernen, es für sich in ihrer Situation (nach ihrem Geschmack) umzusetzen. Stell dir vor, du bist Bundeskanzlerin. Du hast sicher mehr verlässlichere Quellen über Politik und Wirtschaft als die meisten Menschen. Ein Mangel an Wissen ist dann weniger dein Problem. Was wird dann ein Problem sein? Entscheidungen zu treffen, was aus den vielen Infos folgt, das heißt, wie nun vorgegangen werden soll.

Was Innovation und revolutionäres Denken angeht, ist für viele Steve Jobs ein Vorbild. Als sein Nachfolger Tim Cook ihn an seinem Sterbebett fragte, wie er den Laden schmeißen soll, wenn er weg ist, soll Steve gesagt haben: »So, wie du es für richtig hältst.«

Verstehe mich bitte richtig: Ideen von jedem Menschen und aus allen Richtungen können bereichernd sein. Doch täuschen wir uns, wenn wir glauben, die Einschätzungen anderer seien besser, weil die Person älter ist oder den Anschein macht, als wüsste sie, was sie tut. Im Mai 1996 kamen bei einer Gipfelbesteigung des Everest in einem schweren Sturm zwölf Bergsteiger ums Leben. Mit verantwortlich für diese Tragödie, so der Überlebende Jon Krakauer, war, dass die Bergführer selbst nicht wussten, wie sie mit dem plötzlichen Sturm umgehen sollten[35]. Auch sie waren überfordert und unzurechnungsfähig. Überlege mal, du bist auf über 8.000 Meter Höhe, es ist dunkel, du frierst dir den Arsch ab, kannst kaum atmen, es pfeift dir ein gnadenloser Schneesturm ins Gesicht, die Sichtweite beträgt ca. einen Meter, und du bist vollkommen erschöpft. Wie sollst du denn da noch anderen helfen können? Viele Kunden haben sich blind ihren Bergführern anvertraut und damit mit ihrem Leben bezahlt. Klar schauen wir in so einer Situation zum Bergführer. Doch wer sagt uns, dass er immer genau weiß, was zu tun ist? Auch seine Sicht kann wortwörtlich eingeschränkt sein.

Es mag ja sein, dass Erwachsene mehr Wissen, also mehr Informationen, haben als wir. Doch kochen die damit auch nach unserem Geschmack? Lass dich von Leuten beraten, ja. Höre anderen Leuten zu, ja. Stelle weisen Menschen fragen und bleib offen und interessiert, ja. Zeige, dass du lernen willst, ja. Und darüber hinaus lerne, für dich selbst zu entscheiden, denn die Ideen anderer bleiben immer eines: die Ideen *anderer*. Sobald wir die Ideen, Antworten und Ratschläge anderer nicht wörtlich nehmen, sondern als Möglichkeiten in unsere Waagschale werfen, verbessern wir uns darin, für uns selbst zu denken und auf uns selbst zu hören. Nur wie kommen wir dorthin?

Als mittlerweile fünffacher Onkel sehe ich immer wieder, wie meine Nichten und Neffen und andere Kinder ihre Eltern für alles Mögliche um Erlaubnis fragen. »Kann ich im Wohnzimmer ein Picknick machen?«, »Darf ich nach draußen spielen gehen?«, »Darf ich Fernsehen schauen?« Es ist sicher in Ordnung, dass Kinder ihre Eltern um Erlaubnis bitten. Das schützt sie vor Dummheiten und zeigt gutes Benehmen. Der Tag kommt allerdings, an dem dieses »Darf ich?«-Spiel uns nicht mehr vor Dummheiten schützt, sondern uns von unseren eigenen Erfahrungen zurückhält. Je früher wir aufhören, um Erlaubnis zu fragen, desto eher stehen wir geistig auf eignen Beinen. Direkt nach der Schule sofort zu studieren, habe ich zwar selbst entschieden, aber es war dumm. Abzubrechen habe ich allerdings auch selbst entschieden, und das war schlau. Für meine Abenteuerreise nach Spanien (Kapitel 10) habe ich auch nicht um Erlaubnis gefragt. Wir brauchen keine Erlaubnis von anderen, nach unseren Vorstellungen zu leben. Die Erlaubnis müssen wir uns selbst geben!

Meine Schulfreundin Julia war verrückt nach Sprachen. Ihr Plan war es, in möglichst vielen Ländern Auslands- und Urlaubssemester zu machen. Zu Beginn ihres Studiums ging sie in die Studienberatung für Auslandsaufenthalte, um Tipps zu bekommen, wie sie ihren Plan umsetzen kann. »Das geht nicht!«, musste sie sich anhören. »Das sieht ja so aus, als hätten Sie gar nicht studiert.« Das nenne ich mal Beratungskompetenz. Vor der Beratung dachte Julia, die Beratungsgesichter wüssten mehr als sie und könnten ihr weiterhelfen. Aber helfen wollte keiner. Nach diesem Erlebnis nahm Julia sich erst recht die Zeit, ihren Plan umzusetzen. In den Ferien und den verschiedenen Austauschangeboten der Uni nahm sie von Russland über Ägypten bis Portugal alles mit, was sie konnte. Heute spricht sie neben Deutsch und Englisch auch Spanisch, Italienisch, Portugiesisch und Französisch fließend, sowie Arabisch und Russisch für den Alltagsgebrauch.

EINE FRAGE DER ÜBUNG

Wer auf den Geschmack seines eigenen Denkens gekommen ist, befindet sich auf dem Mittelpunkt einer Skala zwischen zwei Extremen: »Um Erlaubnis fragen« und »Alles besser wissen«. Wir befinden uns alle zu verschiedenen Lebzeiten auf verschiedenen Punkten der Skala. Jeder Mensch hat seine Gründe auf der Seite zu sein, auf der er oder sie sich momentan befindet. Menschen, die ohne die Meinung anderer noch nicht mal ein paar Schuhe kaufen können, kommen nur mit dem Segen anderer voran. Auf der anderen Seite liegen Menschen, die sich von anderen gar nichts sagen lassen. Sie wissen alles besser. Überall, wo sie hinkommen, sind sie die Schlausten und Besten. Solche Leute lernen am wenigsten und blockieren sich selbst. In der Mitte zwischen den beiden Extremen finden wir die, die nicht auf andere hören. Wer dort hinkommt, hat konsequent gelernt, für sich selbst zu denken. Sobald wir aufhören, auf andere zu hören, passiert was Paradoxes: Wir beginnen genauer zuzuhören. Warum? Weil wir genau wissen müssen, worauf wir nicht hören sollten. Das heißt nicht, dass wir uns nicht für andere interessieren, im Gegenteil. Grade wenn jemand anderer Meinung ist, können wir durch ihn unsere Sicht der Dinge erweitern.

Josh aus Kapitel 7 ist dafür auch ein super Beispiel. Wenn ihn eine Sache als Unternehmer auszeichnet, dann sein überdurchschnittliches Interesse an Menschen. Anstatt anderen zu zeigen, dass sie mit ihrer Meinung fehlgeleitet sind oder dass er mehr weiß als sie, stellt er Fragen. Wie ein wissbegieriger Schüler hört er genau zu und fragt, wie der- oder diejenige zu ihrer Ansicht kommt. Da entstehen für beide Seiten richtig interessante Gespräche. Wer also weniger auf andere und mehr auf sich selbst hören will, darf lernen zuzuhören.

Tai Lopez ist ein Mitte 30-jähriger Investor aus Kalifornien. Er hat eine interessante Herangehensweise ans Aufkochen mit Informationen, oder vielmehr der Wahl seiner Lieferanten. In seinem

TedTalk spricht Tai darüber, wie er die Zeit, die er mit anderen Menschen verbringt, unterteilt[36]. Ein Drittel seiner Zeit verbringt er mit Menschen, zu denen er aufschaut. Diese Menschen sind ihm in vielem voraus. Von denen will er lernen, er kann sie Dinge fragen, die er andere Menschen nicht fragen kann. Sie fordern und fördern ihn. Das zweite Drittel verbringt er mit gleichgesinnten Menschen, die auf seiner Ebene sind. Mit ihnen kann er sich über gleiche oder ähnliche Probleme unterhalten und sich mit ihnen messen. Das letzte Drittel seiner Zeit verbringt er mit Menschen, die von ihm was lernen können, denen er voraus ist. Durch sie lernt er, indem er sie coacht und lernt weiterzugeben, was er weiß. Das ist für ihn noch eine Quelle der Inspiration und Motivation, weil er sieht, wie er selbst Menschen voranbringen kann. Logo, diese Einteilung müssen wir nicht genau einhalten, ich tue es jedenfalls nicht. Die Message hier ist allerdings klar: Gehe als Lernender durchs Leben. Es gibt keinen Menschen, von dem wir nichts lernen können.

Genauso wie wir gelernt haben, auf andere zu hören, können wir auch lernen, auf uns selbst zu hören. Es funktioniert, wie bei Funkgeräten: Wir wollen lernen, Signale von Rauschen zu unterscheiden. Jeder hat einen Verstand, mit dem er oder sie den aktuellen Stand der Dinge berechnet oder überlegt, wie Dinge funktionieren können. So entstehen Pläne von der Urlaubsplanung bis zum Hausbau. Das ist einfach logisches Analysieren und Kombinieren von Zahlen, Daten und Fakten. Dann haben wir ein Bauchgefühl, eine innere Antenne für Dinge. Diese Antenne meldet sich, wenn wir jemandem im Club auffallen, wenn uns jemand anlügt oder wenn uns jemand irgendwie unsympathisch ist. Es ist zwar »nur« ein Gefühl, doch wir wissen genau, dass wir richtigliegen. Dieses Gefühl ist allerdings auch Analysieren und Kombinieren. Die Analyse geht in dem Fall nicht nach außen, also zu Infos, die wir durch Menschen und die Welt erhalten. Sie geht nach innen, zu etwas, was vielleicht nur wir sehen oder spüren.

Es gibt tonnenweise Geschichten von Menschen, die besser dran waren, weil sie gelernt hatten, auf sich selbst zu hören. Weil ich in Südafrika groß geworden bin, nehme ich mir gern ein Beispiel an Nelson Mandela. Als Nelson Ende der 80er, Anfang der 90er mit den Weißen über die Zukunft Südafrikas verhandelte, wollten die alles beim Alten behalten. Sie hatten Angst vor den Schwarzen. Seine Ehefrau und Revolutionspartnerin Winnie wollte die Weißen bekriegen und sich an ihnen rächen. Nelson und Winnie waren vor seiner fast 30-jährigen Haftstrafe, im Kampf gegen die weiße Vorherrschaft in Südafrika, ein Team gewesen. Doch mittlerweile hatte Nelson seine eigene Idee von der Zukunft Südafrikas, eine friedliche. Anders als die Weißen und anders als Winnie war Nelson weniger an Macht interessiert. In seiner Vorstellung lebte ein geeintes Südafrika, ein versöhntes Südafrika, in dem die Schwarzen frei und gleichberechtigt sind. Meinst du, Südafrika wäre heute frei von der Apartheid (Nationalsozialismus Light), wenn Mandela auf die Weißen gehört hätte? Oder meinst du, das Land hätte eine Chance auf Versöhnung gehabt, wenn er auf seine Frau Winnie gehört hätte? Natürlich nicht. Aus all dem Chaos dieser Wendezeit, aus all den Möglichkeiten, die Menschen und das Land an sich zu reißen, reduzierte Mandela in Essenz immer noch Frieden und Versöhnung. Und das gelang ihm, indem er das Äußere ausblendete und den Weg, den er gehen wollte, in sich suchte. Das war alles andere als selbstverständlich. Das war das Werk eines Menschen, der gelernt hatte, für sich selbst zu denken und in sich selbst hineinzuhören.

HINTER DIE KULISSEN SCHAUN

Hinter jeder Meinung steht eine Absicht, also ein Ziel von dem, wie es sein soll oder sein darf. Nur wenn wir hinter die Kulissen der Meinung von jemandem schauen, finden wir heraus, was wirklich los ist. Vielleicht hörst du zum Beispiel seitens deiner Familie und deiner Freunde, du musst unbedingt sofort und schnell studieren. Ein Studium ist schon sehr wichtig, absolut. Es öffnet und erleichtert viele Wege. Nur warum muss es »sofort« oder »schnell« gehen? Vielleicht bekommst du als Antwort, dass du »konkurrenzfähig bleiben musst und nicht hinterherfallen darfst«. Vielleicht, weil »du jetzt Abi gemacht hast und das macht man halt so nach dem Abi«. Oder es heißt, »als Student ist man ein freier Mensch«, das haben meine Eltern immer gesagt. Alle diese Begründungen und Antworten sind unterschiedlich und im Rahmen ihrer Logik auch durchaus verständlich. Doch an alle habe ich immer noch eine Frage: Warum? Warum muss ich schnell studieren, um »konkurrenzfähig« zu bleiben? Warum sollte ich studieren, um »frei« zu sein? Warum sollte ich das machen, was »man« angeblich so macht? Warum? Kann ich nicht anders konkurrenzfähig bleiben, indem ich vor dem Studium in einem freien Zauberjährchen zum Beispiel eine Sprache oder zwei lerne? Kann ich nicht auch frei sein ohne Studium zu sein, indem ich ein Business hochziehe, eine Weltreise mache oder was auch immer ich vorziehe? Kann ich nicht mit der Minderheit konform gehen, die ihren Zielen direkt nachgeht und vielleicht Profisportler werden, Künstler, Musiker, Dichter, Pornostar oder Lokomotivführer. Warum kann ich denn das gleiche (darunterliegende) Ziel nicht einfach auf meine Weise erreichen?

Auf sich selbst zu hören bedeutet am Ende des Tages, seine eigene Stimme zu finden. Denn mit unserer Stimme finden wir unseren Stil und unsere Art, die Dinge zu machen. Bei mir begann das mitten im Masterstudium, im Sommersemester 2015. In einem Essaykurs wurden von uns, über das Semester verteilt, vier Essays erwartet. Zwei Wochen vor der jeweiligen Abgabe wurde das Thema bekannt gegeben. Und wann fingen die meisten an, das Essay zu schreiben? Zwei Tage vor Abgabe. Da musste man kreativ werden, um eine zufriedenstellende Note zu bekommen. Und das wurde ich. Ich fing einfach so an zu schreiben, wie ich wirklich über Philosophie dachte. Für hochgestochene, Möchtegern-intellektuelle

Sprache war schlichtweg keine Zeit. So kamen Formulierungen raus wie:

»... Die Fantasie Parmenides' hat uns immerhin dazu gebracht über ihn nachzudenken. Da ist es fair, seine Überlegungen auch mit Fantasie zu interpretieren ...«

Dazu mein Professor im schriftlichen Kommentar: *»Das sehe ich aber anders.«* Ach ja?!, dachte ich mir. Dann (im nächsten Essay) vielleicht besser so:

»... Parmenides hat diese Zeilen nicht verfasst, um der akademischen Nachwelt kurze Wochenenden zu bescheren, sondern um den sogenannten ›Doppelköpfigen‹, denen, die keine Klarheit und mehrere Meinungen über das Leben haben, eine einfache und praktische Wahrheit zu liefern: Denken und Sein sind dasselbe, zwei Seiten einer Medaille, ein Schwert mit zwei Klingen, die FIFA und Bestechungsgeld – zwei Namen für eine Sache. Warum dann zwei Namen? Weil es verschiedene Ausdrucksformen einer Sache sind. ...«

Wir reden hier von einem wissenschaftlichen Essay, das benotet wurde. Dazu mein Prof: *»Nicht witzig!«* Dass er das nicht so lustig fand, konnte ich verstehen. Doch was er nicht verstehen konnte, war, dass es mir nicht darum ging, ein akademisch einwandfreies Essay zu formulieren. Es ging mir darum zu lernen, Philosophie verständlich auszudrücken. Anders gesagt: Es lag nicht an ihm zu urteilen, ob ich gut war oder was lernte. Es lag an mir. Nur ich konnte hinter meine Kulisse schauen. Und so schrieb ich unbeirrt weiter:

»... Im Volksmund heißt es, in der Kürze liegt die Würze. Nun, in diesem Sinne soll im folgenden Essay eines der würzigeren Fragmente des Lehrgedichts von Parmenides bearbeitet werden ....«

Die Meinung meines Profs: *»Das gehört aber nicht zu den Zwecken eines Essays ...«*

Den Kurs schloss ich schließlich mit einer 2+ ab. Nicht das Ende der Welt für meine unorthodoxe akademische Art zu schreiben. Doch wichtiger als die Note war das, was ich gelernt hatte: zu schreiben, wie ich schreibe. Mich zu »trauen«, für diesen Kurs eigene Ziele zu haben, und ihn auf meine Weise zu bestreiten, führte dazu, dass ich in anderen Seminaren und schließlich in meiner Masterarbeit mit meinem Sprachstil experimentierte. Dabei ging es weniger darum, immer lustig und oder originell zu sein. Auch ernsthaftere Passagen waren mehr und mehr von Präzision und Verständlichkeit geprägt. All das führte schließlich auch dazu, mit dem Schreiben dieses Buches zu beginnen. Dieses Buch würdest du heute nicht in den Händen halten, wenn ich nicht dabei wäre zu lernen, auf mich selbst zu hören statt auf andere. Was das Schreiben betrifft, begann alles mit meiner Einstellung im Essaykurs.

Sicher kennst du Sokrates. Sokrates hat gerne Fragen gestellt. Und er hat damit die Bürger Athens genervt. Seine Fragerei hat sie verunsichert und ihnen gezeigt: Das Einzige, was sie sicher wissen können, ist, dass sie nichts wissen. Wer will schon mit so jemandem herumdiskutieren? Da fragt es sich, warum ist dieser Typ in die Geschichte eingegangen? Warum ist er ein Meilenstein in der Geschichte der westlichen Denkkultur? Weil er niemanden gefragt hat, ob das, was er macht, richtig ist. Er hat anders gedacht als die meisten Menschen in Athen und dafür nicht um Erlaubnis gebeten. Das hat er selbst entschieden. Er brauchte nicht die Meinungen anderer, um für sich selbst zu denken. Keiner braucht das. Auch du nicht.

ALSO ...

... lerne, für dich selbst zu denken und zu entscheiden. Nur du bist schon so lange du wie du. Suche dir, wie ein Koch auf dem Markt, die Rohstoffe deines Denkens genau aus. Das Rezept, wie du das Beste aus allem für dich reduzierst, findest du mit der Zeit heraus.

Ob auf unseren Verstand oder unser Gefühl, Signale von uns zu uns selbst haben genauso viel Autorität wie Signale von außen. Warum auch immer, die meisten Menschen scheinen mehr auf das

Äußere zu hören als auf das Innere. Klaro, wir können von jedem was lernen. Auf gleiche Weise dürfen wir lernen, auf uns zu hören. Dann ziehen wir beide Seiten in Betracht und treffen bessere Entscheidungen, weil wir beginnen, das ganze Bild zu sehen.

Hören wir auf, für alles um Erlaubnis zu fragen. Wie sollen wir bei einer Entdeckungsreise Neues erforschen, wenn wir uns nur im Bereich der alten Landkarten bewegen? Genauso bringt es uns nicht weiter zu glauben, alles besser zu wissen. Je schneller wir hier den Mittelpunkt finden und anderen aufmerksam zuhören, desto eher hören wir auf uns selbst.

Es gibt so viele Meinungen. Jeder hat ein ganzes Bündel davon. Die Frage ist nur: Warum hat der Mensch diese Meinung? Was will er oder sie mit dieser Meinung bewirken oder verteidigen? Mit einem einfachen »Warum?« finden wir schnell heraus, was jemand wirklich von uns oder mit seiner Meinung erreichen will. Dazu brauchen wir nicht unbedacht, radikal oder respektlos zu sein. Das war ich bei meinem Prof auch nicht. Denk daran, es geht darum, deine Stimme zu finden und nach deinem Geschmack zu leben. Dann kommt auf der Bühne des Lebens auch bei dir der Punkt, an dem du selbst entscheidest, wie deine Rolle interpretiert wird.

FALLE 10

NACH DIR SELBST SUCHEN

*»Die Persönlichkeit des Tony Robbins
habe ich selbst erschaffen.«*[37]
Tony Robbins

Die alten Griechen hielten Selbst(er)kenntnis für sehr wichtig, und das ist sie auch. Nur, was ist das? Selbstsuche ist ein heikles Thema. In diesem Kapitel kann es sein, dass du mehr mitdenken willst als sonst. Manche Sätze willst du unter Umständen zweimal lesen, bis der tiefere Sinn erkannt ist.

Es gibt keinen eindeutigen und allgemeingültigen Weg zu dir. Wenn ich ihn hier beschreiben könnte, wäre ich der Erste und wahrscheinlich auch der Letzte. Es gibt nur deinen Weg zu dir. Am Ende des Tages ist Selbsterkenntnis wie Verliebtsein: Du kannst es nicht beschreiben. Du weißt einfach, dass du es bist.

Du kennst sicher den Spruch »Selbsterkenntnis ist der erste Schritt zur Besserung«. Klaro. Und mehr noch, sie ist in den meisten Themen des Lebens der erste Schritt. Bei der Partnerwahl zum Beispiel fragen wir uns ja nicht, ob die Person der Begierde »an sich«, also für jeden, die Richtige ist. Wir fragen uns, ob sie »für uns« die Richtige ist. Das heißt, wir gehen auf ganz natürliche Weise von einer gewissen Selbstkenntnis aus. Wer sich allerdings voll und ganz analysiert und verstanden haben möchte, bevor er sein Leben anpackt, geht nie los. Ich selbst jobbte in einer Phase der Selbstsuche 18 Monate lang ziellos herum, weil ich mich nicht entscheiden wollte, was für mich »das Richtige« ist. Das hat mich nirgendwo hingebracht.

Mit den Jahren dämmerte es mir, dass es auf die Frage »Wer bin ich?« keine definitive Antwort gibt. Genauso gibt es auf die Fragen »Was soll ich (nach dem Abi oder beruflich) machen?« oder »Was will ich?« keine endgültigen und richtigen Antworten. Es gibt aber einen Weg, auf dem wir diesen Fragen zufriedenstellend nachgehen können. Und dieser Weg führt nach vorne.

*

Dich mit dir selbst zu beschäftigen ist hilfreich und weise, ja. Doch wenn wir allein durch Bücher und im stillen Kämmerlein nach uns suchen, finden wir nie den Weg, auf dem wir uns selbst begegnen. Sich selbst zu erkennen hat nichts mit Lebenserfahrung oder Alter zu tun. Das ist so als würde man sagen, glücklich zu sein sei eine Frage des Alters. Glück ist auch Arbeit. Was meinst du denn, warum die meisten Menschen unglücklich sind?! Ich habe Menschen kennengelernt, die mit 65 immer noch keinen blassen Schimmer davon haben, wer sie sind und was sie wollen. Warum? Weil sie nicht geübt haben, sich zu entscheiden, weil sie im Leben ziellos umherlaufen und sich damit den Zielen anderer unterordnen.

Nehmen wir an, du willst Profisportlerin werden, also mit dem Ausüben einer gewissen Sportart deinen Lebensunterhalt bestreiten. Kein Mensch wird als Profisportlerin geboren. Es kommen immer nur Babys zur Welt. Was willst du nun tun, um dieses Ziel zu erreichen? Du willst dich jeden Tag aufs Neue dafür entscheiden, an dir zu arbeiten. Profisportler wollen ihr Potenzial entfalten. Und das geht nur mit einem Trainingsplan (und Dopingplan beim Radsport), der über die Jahre in die richtige Richtung führt. Natürlich kann ein Trainer beim Sport eine Riesen-Hilfe sein. Doch die kenianischen Marathonläufer zum Beispiel hatten keinen Trainer als Kinder. Die sind einfach gelaufen und gelaufen und gelaufen. Ihr Schulweg war ihr Training, ohne dass sie es wussten. Genauso geht es beim Verstehen und Erkennen unseres Selbst: Sicher, ein Trainer kann dir helfen (man nannte sie früher Gurus oder Meister), doch warte nicht auf seinen dramatischen Eintritt in dein Leben mit Licht und Nebel. Gehe einfach erst mal den Weg, den du vor dir siehst, und du findest schnell heraus, wie eine Profisportlerin mit ihrem Trainingsplan, ob er dich zu deinem Potenzial und damit zu dir führt oder nicht.

BIST DU, WENN DU NICHT DU BIST?

Achtung, jetzt wird es philosophisch. Überlege mal: Bist du, wenn du nicht du bist? Anders gefragt: Lebst du, wenn du dem, was in dir steckt, keinen Ausdruck verleihst? Lebst du lieber zehn Jahre nach deinen eigenen Wünschen, Vorstellungen und Regeln, oder lebst du lieber 100 Jahre nach den Vorgaben anderer? 100 Jahre sind eine lange Zeit. Nur was sind 100 Jahre wert, wenn sie nicht dir gehören, wenn du dich nach anderen richtest und tust, was sie wollen? Sicher, damit wir zusammenhalten und überleben können, passen wir uns wissentlich oder unwissentlich den Zielen und Vorstellungen anderer an. Für viele ist es allerdings einfach der Weg des geringsten Widerstandes. Sie nehmen einfach die Rolle ein, die ihnen zugewiesen wurde, ohne darüber nachzudenken, wer sie wirklich sind und sein könnten.

Mit 17 arbeitete Tony Robbins als Hausmeister, ohne Ziele und konkrete Pläne im Leben. Seine Eltern waren geschieden, und seine

Mutter hat ihn auch mal mit mehr als Worten zurechtgewiesen, wenn sie nicht mehr weiterwusste. Eines Tages erzählte ihm ein Freund der Familie von einem Seminar mit einem Mann namens Jim Rohn. Tony wusste zunächst gar nicht, was ein Seminar ist. Als er hörte, er könne dort aus 30 Jahren Lebenserfahrung von Jim schöpfen, wollte er unbedingt teilnehmen. Eine ganze Woche lange haderte er mit der Entscheidung, ob er den Eintritt von 35 Dollar zahlt. Das war sein Wochenlohn. Tony ging hin. Die Begegnung mit Jim Rohn veränderte grundlegend seine Sicht auf das, was im Leben für ihn möglich ist. Über die Jahre avancierte er zu einem der erfolgreichsten Coaches und Trainer in Sachen Persönlichkeitsbildung und Leistungsentfaltung. Zu seinen Kunden gehörten Prinzessin Diana, Tennisstar Serena Williams, Schauspieler Hugh Jackman und der ehemalige US-Präsident Bill Clinton. Seine Bücher und Audioprogramme haben Millionenauflagen, und dass seine Firmen Milliarden umsetzen, scheint nur noch Formsache zu sein. Und was ist mit Glück, Beziehungen und Erfüllung? »Wenn wir glücklich und erfüllt sind, dann sind wir viel leichter erfolgreich«, sagt Tony im Interview mit Tim Ferriss. Glück, erfolgreiche Beziehungen und Erfüllung sind Tonys eigentliches Geschäft. Und wie können wir etwas geben, was wir nicht haben?

Nun, woher dieser außergewöhnliche Erfolg? Wie viele Menschen hätten sich sowas gedacht wie: »Ich bin doch nur ein Hausmeister. Ich bin halt wer ich bin, was soll ich mit so einem Seminar?« Was hat Tony anders gemacht? Vielleicht denkst du an Kapitel 3 und denkst sowas wie: »Tony ist ein Mensch, der jede Menge Antworten auf seine eigenen Herausforderungen und die Herausforderungen andere erschaffen hat.« Nur, wer hat Tony erschaffen?

In den 70er-Jahren zog ein junger Argentinier namens Francis Mallmann nach Paris. Er ging in Ausbildung beim französischen Starkoch Paul Bocuse. Zwei Jahre verbrachte er in seinem Restaurant und lernte alles, was er konnte, über die französische Küche und das Kochen. Jahre später, zu Hause in Buenos Aires, eröffnete er ein französisches Restaurant. Einer seiner ersten großen Aufträge war es, für den Vorstand einer französischen Firma zu kochen. Trotz seiner Mühen waren die Franzosen alles andere als zufrieden. Der Vorstandsvorsitzende sagte offen und direkt: »Das ist keine französische Küche.« Francis konnte seinen Ohren nicht trauen. Jahrelang hatte er beim weltweit renommierten Bocuse gelernt und seitdem selbst viele Preise gewonnen. Sicher war es nicht die Intention des Vorstandes, ihn zu beleidigen und kleinzumachen. Also nahm sich Francis die Worte der Franzosen zu Herzen. Frankreich hatte ihn gerufen, weil er ein fähiger Koch werden wollte, und das war er auch geworden. Francis war jemand. Doch war er Francis Mallmann, oder war er nur ein französischer Abklatsch von Francis geworden? Francis wandte sich von nun an dem zu, was ihm am Herzen lag und wovon er genauso viel wusste: der argentinischen Küche, genauer gesagt, der patagonischen. In Patagonien lebt die Küche von der Natur und in der Natur. Ob Fleisch, Gemüse oder Eintöpfe, Francis begann wieder am Feuer zu kochen, das Urelement des Kochens schlechthin. Nur regionales Fleisch und zum Teil selbst angebautes Gemüse gehörten für ihn auf den Grill. Das Kochen selbst war genauso ein Erlebnis und eine Bereicherung für ihn wie das Essen. Im rustikalen, ländlichen und ursprünglichen Leben steckte sein Herz, und dem zugewandt, fand er wieder zu sich und dem, was ihm wirklich Sinn gab und Freude bereitete. Und nicht nur ihm. Francis Mallmann bereichert mit seinem Arbeits-, Koch- und Lebensstil das Leben vieler Kunden, Mitarbeiter und Kochfans. Doch dazu musste er erst werden, wer er war.

DIE SPANIEN-STORY (AUS KAPITEL 5) – WIE ALLES BEGANN

Es waren 18 Monate vergangen seit meinem Abi im Juni 2005. Ich lebte nicht, wie ursprünglich gewünscht, in Spanien, Italien, Frankreich oder den USA, um an Unis neue Sprachen zu lernen und neue Kulturen zu entdecken. Nein, ich wohnte wieder in Aachen und arbeitete als Kellner. Das mir vertrauteste Gefühl war Selbstzweifel. Tagein, tagaus war ich unterwegs, lernte nichts und fühlte mich unterbezahlt.

Was ich eigentlich wollte war ganz einfach: Weil ich Golf über alles liebe, sollte meine Arbeit mit Golf zu tun haben. Und weil ich Spanisch konnte, aber nur so halb, wollte ich nach Spanien. Diese zwei Dinge, Golf und Spanisch, waren doch irgendwie unter einen Hut zu kriegen?! Wie kann ich Golf und Spanisch verbinden? Jeden Tag dachte ich drüber nach. Damit wir uns verstehen: Meine Golfschläger habe ich mir anfangs mit meinen drei Brüdern geteilt, also hatte ich quasi keine eigenen. Wer von uns den schlechtesten Abschlag machte, und das war nicht selten ich, musste unsere Tasche schleppen. Wir fingen auf einem nicht registrierten Kurzplatz mir neun Löchern an zu spielen, bei dem das längste Loch 134 Meter lang war. Üblicherweise sind Golflöcher bis zu 500 Meter lang. Wir spielten quasi auf einer geordneten Kuhwiese mit Löchern. Aber dafür hatten wir ein Klubhaus, das ungefähr so groß war wie mein Zimmer im Studentenwohnheim, ganze 14 Quadratmeter. Seit meinen ersten Schlägen auf dem Golfplatz wusste ich, dieser Sport ist anders als alle anderen Sportarten, die ich bis dahin in Wettkämpfen ausgeübt hatte. Zu diesen zählen Fußball, Basketball, Tennis, Schwimmen, Surfen, Leichtathletik, Cricket, Hockey, Volleyball, Boxen und Murmelwerfen. Es war weder der Luxus, der mich auf den Golfplatz zog, noch ein Überschuss an Geld oder Freizeit. Es war die pure Neugier über seine Komplexität.

Wie gesagt, jeden Tag ging ich zur Arbeit und dachte an mein Ziel. An einem unspektakulären Arbeitstag machte ich noch eine letzte

Runde durch die Bar zum Abräumen. Nichts zu finden. Nichts, außer der Antwort auf meine Frage. Auf einem Stehtisch lag ein Magazin mittig aufgeschlagen. Mit jedem Schritt, den ich auf das Magazin zuging, eröffnete sich mir die aufgeschlagene Doppelseite, wie bei den letzten Schritten einer Gipfelbesteigung, als ein neuer Horizont. Palmen, blauer Himmel und das Grün von Golfplätzen war alles was ich sah. Die Doppelseite diente als Einleitung für einen Artikel über den Bauboom von Golfplätzen und Immobilien in Spaniens Gemüsebundesland Murcia. Das war meine Antwort. Das war meine Chance.

Es gab nur einige klitzekleine Probleme. In ganz Spanien kannte ich niemanden. Ein Auto oder Geld, mir eins zu mieten, hatte ich auch nicht. Ja, ein bisschen Spanisch konnte ich, aber reichte es auch für ein Bewerbungsgespräch? Und überhaupt, was sagten meine Eltern dazu? Doch auf all diese Gedanken durfte ich nicht hören. Ich sah es so: Ich habe das Leben etwas gefragt, und das Leben hat geantwortet. Es war vielleicht nicht die richtige Antwort an sich (also, für jeden). Es war aber die richtige Antwort für mich. Das Magazin packte ich ein und setzte mich gleich zu Hause an den Computer und recherchierte. Ich mietete mir eine Wohnung in der Nähe des Resorts für eine Woche und plante 400 Euro Taschengeld ein. Das Flugticket buchte ich *one-way*. Es war kein Rückzieher erlaubt. Es musste funktionieren. Nein, mehr noch: *Ich* musste funktionieren.

Am Tag nach meiner Ankunft in Murcia ging ich unangemeldet an die Rezeption des 5-Sterne-Hotels im Resort. Es war genau wie auf der Doppelseite im Heft. Ich war da. Unglaublich. Die lichtdurchflutete Lobby war ausgestattet mit weißem Marmorboden und edlen Sofas. Durch die Fensterfront blickte ich auf Palmen, blauen Himmel und das 18. Grün. »Guten Tag«, sagte ich zur Rezeptionistin auf Spanisch. »Mein Name ist Carlo Reumont. Ich würde gerne hier arbeiten. Mit wem spreche ich da?« Die schlanke, braun gebrannte Lady in meinem Alter antwortete mit raketenschnellem Spanisch. Ich verstand null, nichts, nada. »Ähm«, sagte ich auf English, »können wir auch Englisch sprechen?« – »Haben Sie einen Termin?«, fragte sie. »Nein, habe ich nicht. Kann ich für heute einen machen?« – »Moment«, sagte sie und griff zum Telefonhörer. Ich versuchte, dem Gespräch zu folgen, aber mein Spanisch gab es nicht her. »Herr Ortega ist im Meeting und kann erst in einer Stunde«, sagte sie schließlich. »Wunderbar, dann warte ich«, sagte ich vorfreudig. Sie schaute mich überrascht an und bat mich, in der Lobby Platz zu nehmen. Eine Stunde später fragte ich nach, ob ich Herrn Ortega sehen konnte. Sie griff zum Hörer, feuerte ein paar spanische Sätze rein, legte auf und sagte: »Er kann leider erst in zwei Stunden da sein.« – »Wunderbar, dann warte ich«, sagte ich mit der gleichen Vorfreude. Nach weiteren zweieinhalb Stunden befand ich mich mit einem Urlauber aus England im Gespräch und erzählte meine Geschichte. Da fragte er mich: »Weiß Herr Ortega denn überhaupt, dass Sie auf ihn warten?« Hm, ich hatte keine Ahnung. Also zurück zur Spanierin. Die immer noch freundliche Lady schien diesmal auf mich vorbereitet zu sein. Ohne zum Hörer zu greifen, sagte sie: »Herr Ortega kann heute leider nicht. Kommen Sie morgen wieder.« – Morgen?! Wie soll ich denn morgen wiederkommen?, dachte ich mir. Ich habe es nur dank einer zufälligen Mitfahrgelegenheit überhaupt ins Hotel geschafft. Am Abend zuvor hatte ich in einer Bar besoffenen Engländern von meinem Abenteuer erzählt. Die fanden meine Idee, ohne Auto in Spanien herumkommen zu wollen, so lustig, dass sie vor ihrer Weiterreise am nächsten Tag nur zu gerne für mich die Samariter spielten.

Mit meinen Gedanken wieder in der Lobby, atmete ich einmal tief durch und sprach mit aller Dringlichkeit zur Rezeptionistin: »Hörn Sie! Ich bin den ganzen Weg aus Deutschland hierhergeflogen und habe fast vier Stunden hier gewartet. Bringen Sie mir bitte jemanden, dem ich mich vorstellen kann!« Sie griff wieder zum Hörer, sprach ein paar Sätze, legte auf und sagte: »Herr Ortega ist in fünf Minuten bei Ihnen.«

Das Gespräch mit Herrn Ortega verlief blendend. Dann und dort wurde meine Einstellung entschieden. Er wollte mich am nächsten Tag nur noch für den Papierkram sehen. Keine 24 Stunden nach meiner Landung hatte ich einen Job in dem Resort, von dem ich vor einigen Wochen zu träumen begann. Eine Woche später hatte ich ein Zimmer in einer WG. Und einen Monat später bekam ich eine Freikarte zu allen drei Golfplätzen des Resorts und durfte, wie alle Mitarbeiter, Spa und Fitnesscenter vergünstigt benutzen. Meine Erwartungen waren übertroffen, meine Familie war sprachlos, und Freunde wollten zum Feiern runterfliegen.

Tony, Francis und ich haben alle drei unterschiedliche Geschichten.

Tony hatte gelernt, zu vergessen, wer er gewesen war und seine Wurzeln hinter sich zu lassen. Destruktive Umfelder bleiben immer eines: destruktiv. Mit Jim Rohn als Vorbild fand Tony neue Wurzeln und wuchs konsequent in eine konstruktive Richtung. »Wenn man Tony sieht, versteht man, was ein Mensch alles schaffen kann«, sagte mal ein Freund von mir. Absolut. Und Tony hat vor allem eins erschaffen: sich selbst.

Francis wiederum hat gelernt, sich daran zu erinnern, wer er im Innern wirklich ist. Anstatt seine Wurzeln hinter sich zu lassen, ist er zu ihnen zurückgekehrt. Er war kein argentinischer Bocuse-Abklatsch. Er war ein patagonisches Original.

Und ich? Meine Geschichte ist natürlich die kürzeste von allen. Ich darf vermuten, es bleibt noch abzuwarten, wo mein Weg mich hinführt. Dieser Teil zeigt jedoch, wie ich über mich selbst hinauswachsen musste, um zum Leben und zu mir selbst wieder Vertrauen zu gewinnen. Ich hatte mir was gewünscht und bekam darauf eine Antwort, eine Antwort aus dem Stillen, nur für mich. Wenn ich ihr nicht nachgegangen wäre, hätte ich nicht entdeckt, wie für mich und in meinem Leben sichere Wege aussehen können. Das heißt nicht, dass ich jeden Tag nach aufgeschlagenen Magazinen Ausschau halte. Vielmehr geht es darum zu lernen, das Leben auch auf mich zukommen zu lassen, wenn ich mich entfalten will.

DAS PUZZLE NAMENS »ICH«

Es scheint ein weitverbreitetes Vorurteil zu sein, Selbstsuche sei spiritueller Hokuspokus, eine Spinnerei für Weicheier. Das ist insofern verständlich, wenn wir uns mit diesem Thema im Kreis drehen und lediglich intellektuell herangehen statt pragmatisch. Denn in Wahrheit ist eine Auseinandersetzung mit uns selbst eine sehr simple und praktische Angelegenheit.

Im Selbsterkenntnisbusiness wollen wir die Antworten auf verschiedene Fragen wie Puzzleteile zusammenstellen. Diese Puzzlestücke darf auch jeder Mensch selbst erst mal finden, sammeln und mit der Zeit zusammenlegen, um das große Bild zu erkennen. Es gibt zwei einfache Dinge, die wir üben können, um ganz praktisch unseren Weg einer besseren Selbsterkenntnis zu beginnen. Erstens: andere Menschen beobachten. Zweitens: uns selbst beobachten. Wie die Grundschritte beim Tanzen, die man nach ersten Erfahrungen mit Pirouetten und heißen Moves ausbauen kann, sind diese zwei Ansätze die Grundschritte auf dem Weg zu einer stabilen und reflektierten Persönlichkeit.

Was hat das Beobachten anderer mit Selbsterkenntnis zu tun? Indem wir auf andere schauen, lernen wir nicht nur über sie, sondern auch über uns. Wir erkennen uns im Kontrast zu ihnen. Jeder kennt das aus dem Urlaub. In einem unbekannten Land fällt uns nicht nur auf, was dort alles anders ist, sondern auch, was bei uns alles anders ist. Man kann nicht immer sagen, ob es besser oder schlechter ist. Es ist halt anders.

Als 2008 mein Golftrainerabenteuer an der Ostsee zu Ende ging, las ich die Biografie von *Virgin*-Gründer Richard Branson. Richard kämpfte viele Jahre mit seiner Bank. Sie hing ihm ständig im Nacken und drohte, mit ihren Forderungen seinen Laden zu schließen. In der Bankbedrohungsepisode gab es eine interessante Rollenverteilung. Es gab einen Künstler. Dieser machte mit seiner Musik einfach sein Ding und spielte der Plattenfirma Millionen ein. Dann gab es

Richard, den Unternehmer, der als Zugpferd alles möglich machte und vorantrieb. Und dann gab es den Rettungstrupp aus BWLern und Steuerberatern. Nachdem sie Richards Finanzen zurechtrückten, stellte die Bank plötzlich keine Fragen mehr. Selbst Kredite für neue Projekte wurden großzügig gewährt. Diese Geschichte hat mich beeindruckt. Am besten hat mir die Rolle der Finanzritter gefallen, die den Laden in Ordnung gebracht hatten. So ein gefragtes *business brain* wollte ich auch werden und begann 2009 mein BWL-Studium. Im Laufe der Semester stellte ich allerdings fest: Ich sehe alles viel zu locker, um mithalten zu können. Zwar wollte ich mich businesstechnisch weiterentwickeln, doch konnte ich all das Fachchinesisch, oder Fachenglisch vielmehr, nicht ganz für voll nehmen. Klar, dass man bei dieser Einstellung kaum Prüfungen besteht. Wie du dich vielleicht erinnerst, fiel ich mehrmals durch und flog raus. Was ich allerdings gelernt hatte, war, dass ich in der Geschichte von *Virgin* nicht der BWLer war, ich war auch nicht der Unternehmer. Ich war der Künstler.

Seit der BWL-Erfahrung kann ich ruhigen Gewissens Finanz-, Büro- und Paragrafenfächern den Rücken kehren. Das machte mein Leben viel leichter. Es war aber hart für mich das alles zuzugeben, denn ich musste aufgeben, jemand zu sein, der ich, dachte ich, sein wollte. Das Geschenk, das aus dieser schweren Zeit folgte, war meine erneute Begeisterung für die Geisteswissenschaften.

Was ist mit der Selbstbeobachtung? Hm, das ist ein wenig kniffliger, weil es voraussetzt, wirklich ehrlich zu uns selbst zu sein. Sagt sich so leicht, verstehe. In Köln habe ich in einem Kloster einen angesehenen hinduistischen Mönch kennengelernt. Sein Gefolge lobte ihn für seinen zarten und friedvollen Charakter. Als er sich im gepflegten, orangenen Gewand vorstellte, verstand ich genau, was sie meinten. Doch am Steuer auf der Autobahn war er nicht wiederzuerkennen. Wehe, es schnitt ihm jemand den Weg ab, dann rastete er aus. Plötzlich wurde er zum orangenen Hulk. Er überholte seinen »Gegner«, bremste ihn aus und sagte: »Das hast du davon, wenn du mir den

Weg abschneidest, du Idiot!« Was jetzt? Ist er friedvoll und ausgeglichen oder heißblütig und aggressiv? Die Antwort: beides. Wer kann schon genau sagen, wer oder wie wir sind? Genau festzulegen, wer wir sind, ist so heikel, weil so viele Möglichkeiten des Menschseins in jedem von uns stecken. Damit gibt es nicht den perfekten und widerspruchsfreien Menschen. Stabile und reflektierte Persönlichkeiten können allerdings genau das tun: die eigenen Unzulänglichkeiten und die Unzulänglichkeiten anderer Menschen akzeptieren.

Selbsterkenntnis ist also keine spirituelle oder psychologische Spielerei. Es ist einfach ein Blick in den Spiegel, ein ehrlicher Blick, der uns hilft, uns selbst und andere besser zu verstehen. Wenn dir dieses Reflektieren und Zu-dir-Finden zu viel Arbeit ist, okay. Dann wundere dich aber nicht, wenn dir das Leben in Form von Feinden und Hindernissen ständig im Weg steht. Klaro, kein Leben ist ohne Probleme. Nur, wie lange diese Probleme bleiben und wie schwer sie uns im Weg stehen, hat meistens damit zu tun, wie gut wir darin sind, sie zu erkennen und zu verstehen. Wie sollen wir sie sonst lösen und loslassen? Das erinnert mich an die Fahrten mit Valentin, auch Tino genannt, einem ehemaligen Mitbewohner vom Studentenwohnheim. Wir sind gelegentlich nach Italien und Kroatien auf Roadtrips gefahren. Weil wir uns beim Fahren abgewechselt haben, war die Fahrt mit jedem Fahrer anders. Bei mir und unserem Buddy Ben war die Fahrt entspannt und lustig. Doch wenn Tino am Steuer saß, war ich stets gut eingesattelt. Sein Motto beim Fahren war immer: »Vollgas wo's geht. Und wer im Weg steht, ist ein Vollpfosten.« Bei Tino stand aber komischerweise immer jemand im Weg. Er wurde ständig ausgebremst und auf der Überholspur hingehalten. Für ihn waren es immer die anderen. Im Vergleich zu Ben und mir war es aber offensichtlich, wie er sich selbst, mit seinem eigenen Fahrstil, ständig ausbremste.

Eine Frage: Was steht zwischen dir und deinen Zielen (also deinen Vorstellungen vom Leben; was du vom Leben willst)?

Auf der Oberfläche sieht es vielleicht danach aus, als fehle Geld, als fehlen Beziehungen, Gesundheit, Aussehen, Status, Zeit oder ECTS-Punkte und ein Abschluss. Doch was ist, wenn wir etwas tiefer gehen, unter die Oberfläche? Wer macht deine Beziehungen, deinen Kontostand, deine Gesundheit (wenn du nicht von Geburt an oder durch einen Unfall lebenslang eingeschränkt bist) oder deinen Bildungsgrad usw.? Sobald du die Schule verlässt, wirst du die Antwort auf diese Frage nur an einem Ort finden: im Badezimmer, genauer gesagt, im Spiegel.

MUSS DAS SEIN?

Jetzt magst du denken: Das klingt ja alles ganz toll mit diesem Weg der Selbsterkenntnis. Wenn's so toll ist, warum gehen ihn nicht mehr Menschen? – Lass mich zwei Antworten vermuten:

Erstens, Menschen meiden den Weg der Selbsterkenntnis, weil er nie aufhört. Über uns selbst, unsere Talente, Fähigkeiten und Ideen können wir immer und immer wieder aufs Neue lernen. Sieh es doch mal so: Wenn Selbsterkenntnis ein Weg ist und kein Ziel, dann kannst du auf dem Weg noch andere Dinge erledigen, ausprobieren und erleben, die dir gefallen, und das solltest du auch. Alle Erlebnisse können dir helfen, dir selbst und anderen näher zu kommen – die guten wie die schlechten. Du kennst den Spruch: »Man lernt nie aus.« Das gilt auch für das Lernen über uns selbst. Solang wir über andere was lernen können, können wir über uns was lernen. Mein Onkel sagte immer: »Einen guten Freund erkennst du daran, dass du das Gefühl hast, du kennst ihn noch nicht ganz.«

Zweitens meiden viele den Weg, weil wir nicht immer schöne Sachen finden. Alle Menschen sind voll von Gegensätzen und Widersprüchen. Wo Stärken zu finden sind, gibt es auch Schwächen. Wo Großzügigkeit ist, wohnt auch Kleingeistigkeit. Und auch intelligente Menschen begehen Dummheiten. Wenn es Dinge an dir gibt, die dir lieb sind, wirst du bei dir, wenn du ehrlich bist, auch Dinge finden, die du ablehnst und vielleicht sogar leugnest. Ich hielt mich zum Beispiel viele Jahre für einen guten Zuhörer, weil ich ein guter Beobachter und Analytiker bin. Dann fragte mich mal ein Freund: »Carlo, was meinst du, ist die wichtigste Fähigkeit in der Gesprächsführung?« – »Empathie«, sagte ich, als hätte ich die Weisheit und Lebenserfahrung mit Löffeln gegessen, »dass man sich in den anderen hineinfühlen kann.« Irgendwie schien das meinen Freund nicht zu beeindrucken. »So wie ich das sehe«, sagte er, »ist das Wichtigste die totale Aufmerksamkeit für dein Gegenüber.« Aber natürlich, dachte ich, das weiß ich ja, das mach ich ja. Doch durch seine Aussage begann ich mich und meine Aufmerksamkeit für andere zu beobachten. Zu meinem Erstaunen stellte ich fest, ich war ein miserabler Zuhörer. Mein Gehirn schweifte ständig ab, und ich glaubte, auch noch andere würden das nicht merken. Jetzt übe ich gezielt, aufmerksam und konzentriert zuzuhören, und es gelingt mir immer besser.

Es heißt ja, jeder Mensch ist aus einem anderen Holz geschnitzt. Wenn ich mir so manchen Lebensstil anschaue, frage ich mich: Muss jedes Holz zum Verfeuern genutzt werden? Wäre es nicht besser zu wissen, welche Eigenschaften ein Holz hat, um es optimal zu nutzen? Bei Menschen kann man das nicht im Labor festlegen. Kein Persönlichkeitstest oder Berufsprognostizierungs-orientierungsapparat kann dir eine definitive Antwort geben. Das gilt es herauszufinden. Und sobald wir beginnen, mehr in uns zu sehen als nur Brennholz, erkennen wir mehr und mehr unseren wirklichen Wert. An der Stelle fängt ein sinnvolles und zielgerichtetes Leben an. Entscheidend dabei ist: Nur auf dem Weg, nur durch Experimentieren und Reflektieren finden wir das heraus. Jede Erfindung, vom Feuerwerkzeug aus der Steinzeit bis zur Glühbirne, wurde von der Idee bis zum funktionierenden Ergebnis herausgearbeitet. Warum sollte es mit unserer Persönlichkeit und unseren Zielen nicht genauso sein?

Um auf die einleitende Frage zurückzukommen: Bist du, wenn du nicht du bist? Sind wir, also leben wir überhaupt, wenn wir nicht wir selbst sind, also unser Leben auf unsere Weise leben? Leben oder nicht leben, das ist hier die Frage. Viele fragen sich: Gibt es ein Leben nach dem Tod? Ein Freund von mir fragt mich immer wieder aufs Neue: Gibt es ein Leben nach der Geburt?

ALSO ...

... es ist wichtig, dich selbst zu finden und zu kennen, absolut. So leben wir ein authentisches Leben nach unseren eigenen Vorstellungen. Warte aber nicht auf passend portionierte Antworten. Erfinde sie, entdecke sie und teste sie, sonst lässt du dich automatisch von anderen Menschen verführen und verfeuern.

Selbsterkenntnis ist ein Weg. Es heißt ja auch nicht Jakobsziel, sondern Jakobsweg. Dieser Weg ist voller Fragen; über uns, über andere und über das Leben. Was erwartest du vom Leben? Was willst du für dich? Was heißt für dich Erfolg? Was willst du lernen? Welche Fähigkeiten und Talente möchtest du ausbauen? Diese Fragen müssen nicht unbedingt vollends beantwortet werden. Ihre verschiedenen Antworten sollten vielmehr erfahren werden. Das ist gleichzeitig eine Herausforderung und ein Geschenk.

Es gibt Menschen, die ihr eigenes Leben unglaublich gut meistern, doch es gibt keinen Menschen, der nur positive Eigenschaften hat. Zu lernen, das Schöne und das Abstoßende in uns zugleich anzunehmen, ist Teil des Weges der Selbsterkenntnis. Lerne einfach dich selbst und andere Menschen zu beobachten, und du findest heraus, aus welchem Holz du geschnitzt bist und wie es konstruktiv verwendet werden kann. Ist es nicht besser, wir selbst und nicht perfekt zu sein, als perfekt und nicht wir selbst zu sein?

Lege mal für einen Moment gesellschaftliche Erwartungen von Studium, Familiengründung, Ehe und Karriere beiseite. Überleg mal auf Papier, was dir wichtig ist, also was für dich an erster Stelle im Leben steht. Verweile aber dann nicht in deiner Prosa, sondern gehe deinen Ideen nach, je früher und schneller, desto besser. Es mag paradox klingen, doch je länger wir uns mit der Suche nach uns selbst aufhalten, desto länger brauchen wir, um uns zu finden.

DAS 11. DING

»Es gibt wenig, was wir nicht erreichen können,
sobald wir unsere innere Welt erobern.«

Am westlichsten Länderdreieck Deutschlands liegt die Kaiserstadt Aachen. Die Landschaft um Aachen ist hügelig und bewaldet. Zwischen Raps- und Kornfeldern, am Rande eines kleinen Waldes, steht ein modernisiertes Bauernhaus aus dem frühen 20. Jahrhundert. Mittig auf einem großzügigen Grundstück platziert, ist das Haus von einer Wiese umgeben und mit einer kopfhohen Hecke umgrenzt. Auf der Hinterseite des Hauses befindet sich eine Terrasse, und auf der Vorderseite teilt eine Auffahrt aus Kieselsteinen die gepflegte Rasenfläche. Im Carport stehen ein Familienwagen und ein rotes Beatlekabriolett aus den 70er-Jahren mit cremefarbenen Ledersitzen. Es ist das Haus meiner Mathenachhilfelehrerin Karla. Das nächste Haus ist über einem Kilometer weit entfernt, und es macht alles den Eindruck, als suchten Karla und ihr Mann David geradezu die geborgene Einsamkeit dieser Lage. Die Sonne ist dabei, hinter dem bewaldeten Hügel zu verschwinden, und gibt noch mal alles, um das perfekte Grillwetter für den Abend zu hinterlassen. Aber ich bin nicht zum Grillen hergekommen. Karla hat mich eingeladen, um bei Kaffee und Kuchen mein Abitur zu feiern.

Die massive Haustüre geht auf, und Karla begrüßt mich mit ihrem breiten Lächeln und ihrer offenen braunen Lockenmähne. »Komm rein«, sagt sie, »der Streuselkuchen ist grad fertig geworden« und geht ins Haus. Die Luft im Haus ist buttrig-süß. Noch bevor ich meine Schuhe ausziehen kann, begrüßt mich Charly, Karlas Golden Retriever.

Diesmal ist es anders, hier zu sein. Keine Matheaufgaben im Kopf. Ich atme tief durch. Es fühlt sich so an, als sehe ich das Haus zum ersten Mal. Das Untergeschoss ist ein offener Raum, mit Küche, Wohnzimmer und Esszimmer. Bis zur Küche auf der linken Seite ist der Boden aus schwarzem Naturstein. Im Wohn- und Essbereich ist hellbraunes Holz verlegt. Die Küche ist wie ein U geformt mit der Öffnung in den Raum hinein. So gibt es zwei Theken: eine als Arbeitsfläche für die Küche und eine als Bar, die nach hinten an den Esstischbereich anschließt. Gegenüber der Küche ist das Wohnzimmer. Dort stehen bordeauxrote Couches und ein schwarzer Holzofen. Die Hauswände am Wohnzimmer und am Esstisch sind komplett aus Glas. Der Raum ist hell und wirkt mit den offenen Schiebetüren und den Zimmerpflanzen, als sei man draußen. »Setz dich schon mal, Carlo. David und die Kids sind im Wald unterwegs und kommen später dazu«, sagt Karla, während sie den Kuchen schneidet. Wir tauschen die Annehmlichkeiten des Tages aus und feiern das angenehme Wetter. Ich setze mich auf die Couch und schaue über die Terrasse in den Garten. Im Kontrast zur modernen Küche und dem vielen Glas geht vom naturbelassenen Holz des Couchtisches, des Parkettbodens und des Esstisches eine urige Gemütlichkeit aus.

»Lauwarm muss der Streuselkuchen sein«, sagt Karla, während sie das voll besetzte Tablett absetzt. »Da schmilzt die Schlagsahne so schön über alles drüber.« Von der Inneneinrichtung über die Ordnung im Haus bis hin zur Art, wie aufgetafelt wird, dieser ganze Ort hat eine Aura von Wertigkeit, ohne dabei aufdringlich oder angeberisch zu wirken. Karla und David leben auf dem Land, aber nicht hinter dem Mond.

WO IST DER EINGANG?

»So, wie geht's jetzt weiter, Carlo?«, fragt mich Karla trocken und direkt, während sie in den Couchsessel fällt.

»Hä, womit?«, frage ich überrascht.

»Ja, jetzt wo du Abi hast. Was willst du studieren?« Sie nimmt ihre Tasse Kaffee in die Hand und faltet die Beine übereinander, als sei eine Expertenrunde eingeläutet. Mir fehlen die Worte. Karla explodiert vor Lachen. »Du hast echt gedacht, wir führen jetzt so ein ›Jetzt fängt der Ernst des Lebens an‹-Gespräch«, sagt sie und schüttelt schmunzelnd den Kopf.

»Ja, wenn du so ernst schaust …«, verteidige ich mich.

»Nein, Carlo, tut mir leid, wenn ich dich erschreckt hab. Ich freu mich riesig für dich und hab mich eigentlich über all diejenigen lustig gemacht, die solche Gespräche im Ernst führen. Einem Abiturienten darf man heute keinen großen Druck machen. Die meisten wissen nicht, was sie wollen. Das hat aber mit dem Alter nichts zu tun. Selbst meine Schulkameraden und meine älteren Geschwister wissen zum Teil nicht, wo sie im Leben hingehen.«

»Was?! Ohne Scheiß?«, frage ich.

»Ja. Dabei müssten sie nur den Eingang finden.«

»Den Eingang? Welchen Eingang?«

»Es gibt zu allem einen Eingang. Zu Menschen, zu Glück, zum eigenen Lebensweg, zu Geld. Der ist nur selten da, wo das steht, was wir wollen.«

»Aha«, stimme ich vorsichtig zu. »Zum Beispiel?«

»Meine Schulabschlussfahrt ging nach München. Mit meiner besten Freundin stand ich vorm Dallmayr-Haus in der Innenstadt. Wir suchten die Staatskanzlei, weil unsere Klasse dort eine Führung machte. Jemand wies uns den Weg, und nach einem kurzen Spaziergang waren wir dort. Die Kanzlei zu finden war kein Thema. Wir standen vor dem riesigen Gebäude, zogen an der Tür, und sie war verschlossen. Unsere Klasse konnten wir durchs Glas sehen, aber wir kamen nicht rein. Erst nach ewigem Klopfen an der Fensterfront hat uns jemand bemerkt und per Fingerzeigen erklärt, der Eingang ist auf der Rückseite des Gebäudes. Nun ja, die Anlage ist nicht grad winzig. Um auf die andere Seite zu gelangen, mussten wir auch noch mal eine gefühlte Ewigkeit gehen.«

»Aha, zu wissen, wo etwas ist, und zu wissen, wie man dort reinkommt, also wo der Eingang dazu ist, sind zwei ganz verschiedene Dinge«, sage ich.

»Genau!«

»Und wo ist das Problem?«, frage ich. »Dann müssen wir halt den Eingang suchen«, sagte ich und nahm die erste Gabel vom Kuchen.

»Das sagst du so leicht Carlo«, sagt Karla. »Frage jeden Menschen, dem du auf der Straße begegnest, ob er oder sie viel Geld haben will oder glücklich sein will, und du bekommst ein Ja. Doch wie viele von denen machen sich wirklich aufrichtige Gedanken darüber, wie sie in das Glashaus des Reichtums oder des Glückes hineinkommen. Wir bewundern schöne Häuser, gut bezahlte Jobs, teure Autos oder den Jetsetlifestyle mancher Menschen, alles Dinge, die in unserer Gesellschaft offen sichtbar und erreichbar sind. Doch wie viele suchen nach dem Eingang, der zu ihnen führt?«

Mir war nicht ganz klar, worauf Karla hinauswollte. Um beschäftigt auszusehen, nahm ich einen Schluck Kakao. »Worauf willst du hinaus, Karla?«

Jetzt nahm sie auch einen Schluck Kaffee und verweilte. Es machte sich eine Stille breit, die viele Menschen gewohnt sind, mit leeren Worten zu unterbrechen, doch kannte ich Karla gut genug, um zu wissen, dass ich diese Stille in Ruhe aushalten durfte, ohne mich dabei unwohl zu fühlen.

»Weißt du, Carlo, nach dem Abi dachte ich, alles wird besser. Mit den Jahren, und dank David, verstand ich aber, es wird erst alles besser, sobald ich besser werde.«

»Besser worin?«

»Besser darin, ich selbst zu sein. Besser darin, zu entfalten, wer ich im Innersten bin, wer ich wirklich sein will und wer ich wirklich nicht sein will.«

»Du meinst, ich habe eine Wahl zu sein, wer ich bin, und doch bin ich schon im Innersten jemand. Wie soll das gehen?«

Karla wusste genau, ich wollte sie nicht infrage stellen. Ich wollte sie wirklich verstehen.

»Bleiben wir beim Eingang zur Staatskanzlei«, sagt Karla. »Was meinst du, wo der Eingang zum Glashaus voll Geld ist?«

»Ähm, an der Börse?« fragte ich vorsichtig.

»Denk mal nach, Carlo. Die Börse funktioniert mit Computern. Computer haben kein Geld, die haben nur Mikrochips. Wer Mikrochips versteht, hat noch lange nicht die Börse verstanden. Überleg mal, wer oder was gibt dir Geld?«

»Ja mein Chef, wenn ich 'nen Job hab.«

»Und wer noch?«

»Also wenn ich 'n Business hab, dann bekomme ich Geld von Kunden.«

»Aha, und dein Chef, bevor er dich bezahlen kann, bekommt auch erst mal von Kunden Geld für die Produkte oder Dienstleistungen, die er verkauft.«

»Ja klar. Ich kann folgen.«

»Gut. Und wann geben wir als Kunden einem anderen Menschen Geld?«

»Ja, wenn er oder sie im Gegenzug uns was gibt, was für uns von Wert ist.«

»Siehst du«, sagt Karla und richtet sich im Sitzen auf, »genau das ist der Punkt. Geld macht man nicht. Geld verdient man. Das Glashaus namens Reichtum ist zwar für alle ersichtlich, doch der Zutritt dazu geschieht nicht, indem man versucht, das Glas einzuschlagen, sondern indem man einfach den Eingang sucht, über dem steht: dienen.« – »Dienen?«, fragte ich. »Du meinst, wir wollen uns anderen Menschen unterwerfen?«

»Nein, nein. Dienen heißt anderen Menschen etwas zu geben, was für sie von Wert ist. Wer das gut kann, kommt trotz Dummheit oder Unkultiviertheit zu Reichtum, weil er oder sie einen Weg gefunden hat, anderen Menschen zu dienen. Sportwetten und Kasinos zum Beispiel sind sicher nicht das Sinnbringendste auf dieser Welt, aber Menschen wollen damit bedient werden.

»Jetzt bin ich ein bisschen vom Thema abgekommen«, korrigierte sich Karla und nahm noch einen Schluck Kaffee. »Das mit dem Geld war nur ein Beispiel. Was machen wir mit Problemen, die Geld nur schwer lösen kann? Was machen wir, wenn wir launisch oder unmotiviert sind, wenn wir unsere Liebespartner nur kurz behalten können, oder wir tun uns schwer, den richtigen zu finden? Wie gehen wir mit einer Schwäche für Gruppenzwang, Schwermütigkeit, Wut oder Gleichgültigkeit um? Oder was machen wir, wenn wir immer wieder von Zukunftsängsten geplagt sind? Was machen wir dann? Wo ist der Eingang zur Lösung dieser Probleme?«

»Puh Karla, keine Ahnung. Ich bin sicher, du wirst es mir gleich sagen. Mein viertes Fach im Abi war Philosophie, nicht Psychologie.«

»Carlo, das ist weder Philosophie noch Psychologie. Das ist ganz einfache Logik. Überleg mal: Alles, was es gibt, hat eine Ursache. Das heißt, diese eben genannten Schwierigkeiten haben auch eine Ursache. Um sie zu finden, müssen wir den Eingang zu ihnen finden.«

»Hm, versteh, Karla.«

»Okay. Anders gefragt: Gibt es eine Sache, die alle Menschen lernen wollen, um ihr eigenes Leben zu meistern? Gibt es eine Sache, die alle Menschen auf der Welt, unabhängig von ihrer Herkunft, unabhängig von ihrer Kultur, ihres Geschlechts, ihres gesellschaftlichen Status und unabhängig von ihrem Kontostand, zu einem fähigeren Menschen macht?«

»Hm …«, überlege ich laut, »Tol-er-anz?«.

»Ja, sicher sehr wertvoll. Was fällt dir noch ein? Hau mal ein paar Ideen raus.«

»Ähm, die Fähigkeit, zu teilen, sich mit anderen zu verbinden, Ehrlichkeit, Verständnis, Mäßigung, also, dass man nicht immer gleich ausrastet. Was gibt's noch? Friedfertigkeit, Geduld, …., ähm, Liebe?«

»Alles tolle Vorschläge, Carlo. Es klingt allerdings so, als hättest du den Tugendkatalog der alten Griechen abgelesen.«

Ich stand auf dem Schlauch.

»Was macht all diese Dinge möglich?«, fuhr Karla fort. »Woher kommt das bei einem Menschen, wenn er oder sie all diese Eigenschaften besitzt?«

»Hm, du gehst ganz schön in die Tiefe, Karla. Ich bin mir nicht sicher, ob Kaffee und Kuchen für so ein Gespräch ausreichen«, versuchte ich, mit einer hauchdünnen Schicht Coolness meine Ahnungslosigkeit zu überdecken. Ich schwieg und kehrte mit meinem letzten Stückchen Kuchen die Sahne auf meinem Teller zusammen.

Karla schmunzelte. »Die Antwort, die ich habe, ist viel Arbeit, Carlo. Ich kann sie dir sagen, ich kann sie dir sogar aufschreiben. Doch nur, weil deine Ohren sie hören oder deine Augen sie lesen, heißt das nicht, dass dein Geist und dein Herz sie auch verstanden haben.«

Verdammt, schon wieder Arbeit, dachte ich mir. Muss ich mir denn jeden Scheiß im Leben erarbeiten?! Bevor Karla meine Gedanken lesen konnte, nahm ich den letzten großen Schluck aus meiner Tasse, um dahinter mein Gesicht zu verstecken.

DER NACHBAR

Langsam habe ich das Gefühl, Karla ist selbst gespannt, wie das Gespräch weitergeht. »In meiner Zeit als Mathestudentin in Freiburg habe ich oft die Wohngemeinschaft gewechselt«, fuhr sie fort. »Mal hab ich was Cooles und mal was Günstiges gefunden. Die letzte Wohnung, die ich bezog, hatte beides. Es war die perfekte WG-Wohnung mitten in der Stadt, direkt an der Dreisam. Es war eine Altbauwohnung mit zwei Riesen-Zimmern, vier Meter hohen Decken, Parkettboden und einer Küche mit Balkon. Meine Mitbewohnerin war eine Freundin von 'ner Freundin. Wir kannten uns schon gut und haben uns auch als Mitbewohnerinnen bestens verstanden. Zwei Monat nachdem ich einzog, wurde unter uns die Wohnung neu bezogen. Bis dahin hatten wir keine Probleme mit unseren Nachbarn, aber dieser Typ hat das Leben im Haus komplett verändert. Jedes Mal, wenn wir Musik spielten, kam er hoch. Wir schlossen die Fenster bei unseren Abenden mit Freunden, doch er klingelte uns trotzdem für seine Belehrungen herbei. Der Typ war Mitte 30 und sah etwas nerdig aus. Er war gut gebaut, aber hatte unreine Haut und eine Hornbrille. Bei uns in Freiburg sagte man auch statt nerdig gerne fredig. Er war wirklich ein Fred, und so nannten wir ihn Muskelfred. Aber anscheinend ging er jeden Tag ins Fitnessstudio und hatte daher das Selbstbewusstsein, uns ständig die Hölle heiß zu machen. Wir versuchten, die Situation mit ihm zu besprechen und zu klären, aber er war einfach stur und abweisend. Mit einem Mädel haben wir ihn auch nie gesehen. Er war einfach seltsam.

Mit der Zeit braute sich in meinem Kopf ein Sturm zusammen. Wie kann man nur so dumm sein?!, fragte ich mich. Der will uns doch nur ärgern. Der hat nichts Besseres zu tun im Leben. Was für ein Loser! – Und so weiter und so fort. Ich war so wütend auf ihn. Täglich lief ein Monolog in meinem Kopf ab, in dem ich Muskelfred beleidigte und ihm sagte, was ich wirklich über ihn dachte. Was mit dem perfekten WG-Leben begonnen hatte, wandelte sich in einen Albtraum. An manchen Tagen blieb ich vor dem Hauseingang stehen und seufzte vor Genervtheit. Doch ausziehen wollte ich auch nicht. Dafür war die Wohnung einfach zu schön. Und außerdem, wir waren zuerst da.«

»Aha, so schätze ich dich aber gar nicht ein, Karla. Das muss wirklich lange her gewesen sein. Hat es sich denn gelohnt zu bleiben?«, frage ich. »Ich mein, lieber in Ruhe wohnen und dafür halt ohne Balkon, oder nicht?«

»Na ja, damit war die Geschichte nicht zu Ende. Ich habe die Wohnung ja immer noch. Zum Glück bin ich Davids Rat gefolgt und hab sie nach meinem Studium behalten und untervermietet, bis ich sie mir kaufen konnte.«

»War das nicht illegal?«, fragte ich und kam mir selbst leicht fredig vor. Karla zog nur die Augenbraue hoch.

»Dann lernte ich David kennen. David kam immer öfter zu mir und bekam schnell mit, was mit unserem Muskelnerd los war. Doch anstatt sich mit mir über ihn zu ärgern, stellte David mir eine Frage, die ich zuerst überhaupt nicht verstanden hatte. Er fragte: ›Was hat Muskelfred damit zu tun, dass du so sauer bist?‹«

Jetzt musste ich lachen. »Geile Frage!«

»Ich war außer mir«, fuhr Karla fort. »›Bist du jetzt etwa auf seiner Seite?!‹, warf ich David vor. Ich fand ihn unmöglich.«

Und wieder erkannte ich Karla kaum wieder. Wie sich Menschen ändern können, dachte ich mir.

»Was Muskelfred damit zu tun hatte, dass ich sauer war? Alles! David erzählte mir dann aus seiner Familie. Er meinte so was wie: ›Meine Eltern und Geschwister glauben bis heute, es sei meine Schuld, wenn sie beleidigt sind, wegen etwas, was ich gesagt oder getan habe. Doch die Frage, die ich meiner Familie immer wieder stelle, ist: Wenn jemand leidet, weil er beleidigt ist, habe ich ihm das Gefühl gegeben oder er sich selbst? Und wenn jemand auf jemanden bei einer Verabredung wartet, wartet er, weil ich nicht da bin, oder weil er nichts zu tun hat? Meine Familie kapiert das nicht unbedingt, aber du, Karla, du verstehst doch, wenn ich sage: Muskelfred nervt dich nicht, weil er nervig ist. Er nervt dich, weil du genervt bist. Die Ursache hier bist du.‹ Als ich das hörte, hab ich David rausgeschmissen«, sagte Karla lachend und schaute kopfschüttelnd aus dem Fenster. »Was für ein Arsch, dachte ich mir damals. Muskelfred macht uns das Leben schwer, und dann bin ich es auch noch schuld. Nach seinem Rausschmiss meldete sich David 'ne Zeit lang nicht mehr. Jeder Tag, der verstrich, an dem er sich nicht meldete, machte mich nachdenklicher. Erst Monate später, nachdem alles mit unserem Nachbarn vorbei war, verstand ich, es ging überhaupt nicht um Schuld. Es hat eine ganze Woche gedauert, bis ich verstand, was David mir sagen wollte: Es würde sich hier erst etwas ändern, wenn ich mich selbst änderte.«

Es tönt Jubel aus dem Garten. David, die kleine Lilly und der kleinere Henri sind vom Spaziergang zurück. Lilly ist fünf, Henri erst drei.

»Mmm, es riecht nach Kuchen«, sagt David, als er eintritt. Mit seinem karierten Hemd könnte David immer noch als Physikstudent durchgehen. Doch seine Lachfalten verraten, dass er die 30 schon überschritten hat. »Grüß dich, Carlo. Karla hat schon gesagt, du hast in Mathe 'ne 2 bekommen. Die Arbeit hat sich also gelohnt.« Ich stehe auf und strecke David die Hand zum Gruß aus. Er ignoriert meine Hand und gibt mir gleich eine feste Umarmung. »Glückwunsch zum Abi«, sagte er, als hätte er auch was dazu beigetragen. »Ich freu mich riesig für dich!«

»Wir haben grad von dir gesprochen«, sagt Karla.

»Ich hoffe auch Gutes«, entgegnet David.

»Die Story vom Muskelfred in Freiburg. Weißt du noch?«

»Klassiker!«, sagt David. »Die Kleinen spielen noch im Garten. Ich hol grad was zu trinken und bin dann wieder draußen.«

»Du David«, sage ich, »mal grad 'ne Frage wegen der Nachbarsstory.« »Wie kamst du auf die Idee, dass Karla bei sich selbst anfangen sollte, anstatt bei Muskelfred?«

»Das kann ich dir ganz genau sagen, Carlo. Darauf gibt es eine kurze Antwort und eine lange Antwort. Die kurze Antwort ist: ein Haufen Arbeit. Und die lange Antwort gibt's beim Abendessen. Ich hoffe, du kannst bleiben. Wir müssen dich unbedingt feiern.« David war schon in der Küche und hatte zwei Flaschen in der Hand. Bevor ich nachdenken und antworten konnte, verschwand er im Garten.

»Deswegen liebe ich diesen Mann«, sagt Karla und setzt sich wieder. »Er ist der beste Papa der Welt. Er liebt unsere Kinder über alles und zeigt es ihnen jeden Tag, auch wenn sie nerven.«

»Und, wie ging's dann weiter mit Muskelfred?«, fragte ich.

»Ganz einfach. Weil mich die Auseinandersetzungen mit ihm nicht weiterbrachten, also, weil ich ihn nicht ändern konnte, musste ich mich selbst ändern. Anstatt über ihn nachzudenken, begann ich, über mich nachzudenken. Anstatt ihn loswerden zu wollen, begann ich, meine Wut und meinen Frust über ihn loszuwerden. Es fing alles in meinem Kopf an, mit den Bildern und fiktiven Gesprächen. Dann kam der Geburtstag meiner Mitbewohnerin. Einer von uns musste runter und ihm erklären, wir werden die Nacht durch laut sein. Wir haben Schnick-Schnack-Schnuck drum gespielt, wer zu ihm geht. Ich hatte verloren. Was für ein Zufall, oder?

»In meinem Kopf lief sofort ein Film ab, wie er sich aufregt, mich zur Sau macht und dann am Partyabend die Polizei ruft und die Feier ruiniert. Ich beobachtete mein Gehirn beim Denken und fing an zu lachen.« Karla lachte. »Na ja«, fuhr sie fort, »indem ich mein Denken beobachtete, fiel mir auf, dass mein Gehirn sich einfach selbst irgendeine Geschichte erzählte, und ich begann mir um etwas Sorgen zu machen, was nicht tatsächlich passierte, sondern nur in meinem Kopf lebte. Das war für mich ein Wendepunkt.«

»Ha? Wieso? Was hast du dann anders gemacht?«

»Ich begann mir einfach eine neue Version des Films in meinem Kopf zu konstruieren. Ganz bewusst wählte ich in meiner Vorstellung Bilder und Worte, die ein gelungenes Gespräch mit Muskelfred darstellten. Ich stellte mir vor, ich stehe ruhig und gesammelt vor seiner Tür und bitte ihn, uns feiern zu lassen. Er würde dann verständnisvoll zustimmen und uns eine super Feier wünschen.«

»Und?«, fragte ich ungläubig.

»Genau das ist passiert. Ich stehe vor seiner Tür, sage ruhig und freundlich, was Sache ist, und platziere meine Bitte. ›Geht in Ordnung‹, sagte er. ›Ich werd dann wahrscheinlich zu meinen Eltern gehen übers Wochenende. Viel Spaß!‹ Er machte schnell und verlegen die Tür zu. Ich stand da wie versteinert. Dann fing ich an zu lachen. Ich lachte über das Gespräch, aber ich lachte vor allem darüber, was ich mir für einen Kopf gemacht hatte.«

»Und, hat er sich dran gehalten?«, frage ich immer noch misstrauisch.

»Und wie. Kein Ton kam von ihm. Wir wissen nicht, ob er an dem Wochenende in seiner Wohnung war. Stress gab es jedenfalls nicht.«

»Nie wieder?«

»Wie, ›nie wieder‹?

»Ja, hat sich damit der ganze Stress mit ihm aufgelöst?«, wollte ich wissen.

»Ne ne. Wir hatten dann schon wieder unsere Momente und Auseinandersetzungen. Doch es wurde immer besser, und ich machte mir immer weniger daraus, wie er drauf war. Worauf ich mich konzentrierte, war, was in mir selbst los war. Dieses kurze Gespräch mit Muskelfred vor der Party war für mich damals wie ein kleines Wunder. Ich war überrascht, welch direkte Wirkung mein Denken auf mein Leben und sogar auf meine Mitmenschen hat.«

»Ja wie?! Wie funktioniert das denn?«

»Ich bin kein Yogi, Carlo. Es funktioniert einfach. Genauso wie es funktioniert, wenn wir unsere Gedanken einfach gehen lassen, meistens in negative Richtungen, dann kommt auch das raus, worüber wir im Negativen nachdenken. Davon ist kein Mensch ausgeschlossen. So wie du bist, was du isst, so bist du, was du denkst.«

»Das ist alles? Das ist das, was Menschen lernen können, sollen, wollen, müssen oder dürfen, um ihr Leben zu bestimmen? Das ist der Eingang, von dem du vorher gesprochen hast? Das ist die Ursache? Unser Denken?«

»Was heißt hier, das ist alles!? Deine Gedanken selbst zu bestimmen, heißt, dein Leben zu bestimmen. Das ist alles andere als einfach. Es ist so, als ob du einen wilden Tiger zähmst oder einen wilden Fluss umleitest. Es kostet Zeit und Mühe, unerbittliche, tägliche und aufmerksame Mühe, Naturgewalten zu bezwingen. Aber ist es das wert? Nun, was meinst du? Ist es das wert, auf deiner Reise durch den Dschungel des Lebens einen Tiger als deinen Gefährten zu haben, oder bei der Gewinnung von Energie die unermessliche Kraft des Wassers in einem ruhigen Kanal zu einem Kraftwerk zu leiten und damit nutzbar zu machen?«

»Ja verdammt, Karla, wer das ernst nimmt, was du sagst, hat ja 'nen Haufen Arbeit vor sich. Da muss ich ja jeden Gedanken auf die Goldwaage legen.«

»So kannst du es sehen, Carlo, musst du aber nicht. Was ist mehr Arbeit? Dein Leben lang ein Spielball deiner Gedanken zu sein, oder die Zeit, die Übung und Disziplin aufzuwenden, deinen eigenen Geist zu entdecken und zu erobern? Es ist ausgeschlossen, dass jemand jeden Gedanken auswählt, das ist klar. Vielleicht können das irgendwelche Gurus im Himalaya, die nichts anderes den ganzen Tag machen als Yoga. Es klappt auch nicht bei jedem Anlauf. Es ist wie gehen lernen. Du willst es halt üben. Aus Krabbeln wird Gehen, aus Gehen wird Laufen, aus Laufen wird Springen, Hüpfen und Sprinten. Und bei all diesen Dingen geht es, bis zu einem bestimmten Alter, immer höher, weiter und schneller. Was unser Denken angeht, können wir bis ans Ende unserer Tage besser werden und neue Höhen erreichen.«

Nach wie vor hörte ich aufmerksam zu. Meine Stirn war allerdings bis an den Anschlag gerunzelt. Wie sollte das alles gehen? Wie konnten unsere Gedanken so mächtig sein? Und wo sollte ich bei allem anfangen?

»Sehe ich das richtig, Karla?«, versuchte ich, Anschluss zu finden, »du hast damit begonnen, einfach die Gedanken, die du nicht wolltest, loszulassen?«

»Absolut. Und im Idealfall ersetze ich sie gleich durch einen Gedanken, der mich stärkt. Es heißt ja auch ›Gedanken sind wie Wolken. Sie ziehen einfach am Himmel unseres Geistes vorbei‹. Die meisten Menschen glauben aber, was sie denken, sei wahr und gut und richtig. Deshalb wollen sie an ihren Gedanken festhalten, selbst wenn sie negativ sind. Nur was passiert, wenn wir unsere Gedanken nicht loslassen? Der Himmel unseres Geistes verdeckt sich, die Wolken verdichten sich, und es entsteht ein Sturm aus Bildern und Worten in unserem Kopf, der ursprünglich nur mit einem harmlosen Wölkchen begann.« Jetzt war Karla in Fahrt mit ihren Gedanken. »Und dann werden wir von Ängsten, Wut und Zweifeln hin- und hergerissen und geben obendrein anderen Menschen und Dingen die Schuld. Glaub mir, ich weiß, wie das ist. Das kann jedem passieren, der das Runder seines Geistes aus der Hand legt. Doch so zu leben, ist eine Entscheidung. Grade nach dem Abi, Carlo, bei all diesen Möglichkeiten, bei all der Ablenkung, deinen Erwartungen und Hoffnungen, willst du darauf achten, was du dir zu Herzen nimmst und was nicht.«

»Puh Karla, sorry, aber ich muss mal kurz wohin«, sage ich und stehe auf. »Vorm Eingang rechts, oder?«

DIE VIERTE DIMENSION

Als ich zurückkomme, ist Karla bei David und den Kindern. Kaffee und Kuchen ist wohl vorbei. Auf der Terrasse kommt gleich Henri auf mich zu und zeigt mir die Stöcke, die er im Wald gesammelt hat. »Kuck mal«, sagt er stolz, »der sieht aus wie ein Pferd.« Ich hebe die Hand für eine *high five*, um ihn zu feiern. Er läuft davon, ohne zu erwidern. Fail.

Karla übernimmt die Aufsicht der Kinder, und David erklärt mich zu seinem Souschef für den Abend. Grill aufbauen, Fleisch marinieren und Kohle anzünden sind unsere Aufgaben. David ist passionierter Angler. Als wir den Grill aus dem Gartenhäuschen kramen, nutzt er die Gelegenheit, mir sein Angelset zu zeigen. Er schwärmt von seinen Angelausflügen in Alaska, Norwegen und Südafrika. Einmal hat er einen fünf Kilo schweren Lachs aus dem Wasser geholt. David erzählt, als sei es gestern gewesen, und zeigt mir stolz die Angel, die ihm dabei geholfen hat. Er spricht aber auch von der Ruhe und der Verbundenheit zur Natur, die ihn und seine Angelfreunde immer wieder an verlassene Orte ziehen.

Nach zwei Stunden Grillen und Salatieren in der Küche steht auf dem gedeckten Glastisch auf der Terrasse ein Buffet zum Niederknien. David nennt es *Surf 'n Turf Barbecue*: einmal Steak vom Rind und einmal Steak vom Lachs, in jeweils vierfacher Ausführung auf einer Riesen-Platte. David und Karla lieben beides innen rosa gegart und außen mit klassischem Grillmuster. »Da ist außer Salz und Pfeffer nur noch braun geschwitzte Butter drauf. Du wirst es lieben«, schwärmt Karla. Daneben stehen Holzschalen mit jeweils bunt gemischtem Blattsalat, einem Tomatensalat und einem selbst gemachten Kartoffelsalat. In kleinen Terrakottaschalen auf dem

Tisch verteilt, gibt es noch Saucen in Weiß, Rot, Grün und Braun. Mit meinen Fingerspitzen am Weißweinglas nehme ich einen tiefen Atemzug. Für einen Moment sehe ich mich von oben, wie ich mit allen am Tisch sitze, auf dieser Terrasse am Rande des Waldes, in der Wärme des Sommerabends. An diesem seltenen Ort voller Hingabe und Aufmerksamkeit für das gute Leben darf ich einfach ich sein, einfach mal fragen, was mich interessiert, offen meine Meinung sagen und das Gute vor meinen Augen voll und ganz annehmen. »Auf dein Abi, Carlo«, kommt es begeistert von Davids Seite. Wir stoßen an.

»Du wolltest wissen, warum ich bei der Muskelfredgeschichte Karla infrage stellte und nicht den Nachbarn«, begann David das Tischgespräch.

»Ähm gern,« antwortete ich in stiller Verwunderung darüber, dass meine leichte Überforderung vom Gespräch mit Karla kein Thema zu sein schien. »Das klingt alles leicht schamanenmäßig, so spirituell abgefahren und esoterisch softiemäßig«, rutschte mir meine ehrliche Meinung raus.

David lachte. Dann kaute er geduldig, als wolle er die Zeit nutzen, um seine Antwort vorzubereiten. »Weißt du, Carlo, ich kann dich verstehen. Das dachte ich früher auch. Und dann verstand ich, dass alles auf der Welt eine Ursache hat, auch das, was wir nicht erklären können. Meiner Ansicht nach ist das einfache Physik. Du kennst das vielleicht beim Billard: Einfallswinkel gleich Ausfallswinkel. Jede Wirkung entspricht der Ursache. Oder ein Gegenbeispiel: Eine Kugel, die auf reibungslosem, das heißt widerstandsfreiem, Untergrund rollt, bewegt sich nach einem Anstoß unendlich lange fort. Es gibt keine Ursache, die sie aufhält. Dieses Prinzip des Widerstands und der Wirkung ist eine physikalische Größe, wie die Schwerkraft, Magnetismus oder Elektrizität. All diese Kräfte sind unsichtbar, aber leugnen wir ihre Wirkung? Ob wir uns dessen bewusst sind oder nicht, dieses Prinzip existiert einfach.«

Physik war nie mein Fach. In der sechsten Klasse konnte ich im Unterricht erklären, wie eine elektrische Klingel mit Magneten funktioniert. Doch alles danach war für mich wie Mathe, einfach unerklärlich. Bis hierhin konnte ich David erstaunlicherweise folgen.

»Eine Frage, Carlo«, sagt David und nimmt einen Schluck Wein. »Wie viele gibt es?«

Karla schmunzelt, als wüsste sie, was kommt.

»Wie viele was?«, frage ich.

»Wie viele Dimensionen gibt es? Also, wie viele Dimensionen hat ein Haus zum Beispiel?«

»Ähm, ich würde sagen Höhe, Breite und Tiefe, oder?«

»Genau! Und sobald ein Haus solche Dimensionen aufweist, ist es dann fertig und bleibt unverändert?«

»Ne ne. Das wird ja sicher mal ausgebaut und renoviert. Denk ich zumindest.«

»Ja, gut. Und was noch? Bleibt es nach seiner Fertigstellung leer? Natürlich nicht, oder?«

»Klar, es zieht jemand ein und stattet es aus. Jeder bringt seinen eigenen Stil oder seine Atmosphäre rein. Und jeder nutzt das Haus mit der Zeit ab.«

»Prima! Ein leer stehendes Haus ist also wie eine Theaterbühne, die darauf wartet, mit Leben gefüllt zu werden. Das heißt, es kommt noch eine weitere Dimension hinzu, eine vierte Dimension. Nennen wir sie einfach mal die vierte Dimension.« Karla und ich schauen uns an und lachen. »Karla nennt sie die seelische Dimension. Du kannst die auch einfach die belebende Dimension nennen.«

»Und was hat das jetzt mit mir zu tun, David? Du, Karla, die Kinder und ich, wir sind doch keine Häuser?«, interveniere ich.

»Komm schon, Carlo, denk mit!«, spricht David in sportlicher Aufforderung, als will er sagen »Lass uns das gemeinsam entdecken«. In Davids Stimme allein steckt schon eine Menge Aussagekraft. Vielleicht noch ein Grund, warum Karla ihn so mag. »Wie könnten wir den Menschen aus dieser Idee mit den vier Dimensionen herausnehmen? Unterliegen wir nicht den gleichen physikalischen Gesetzen? Natürlich trägst du keine Couches, Betten und Tische in dir. Nur in deinem Kopf ist auch eine Inneneinrichtung von dem, wie du dich und dein Leben verstehst, oder etwa nicht?«

»Ja klar, ich fühl mich grad nicht viel schlauer als vorher, aber ich kann dir folgen, David. Wie kommst du auf all das hier? Lernt man so was im Physikstudium?«

David lacht. »Nicht ganz. Im Physikstudium habe ich gelernt, unsere Außenwelt zu erforschen. Ich studierte ihre Zusammenhänge, Ursachen und Gesetze. Nachdem ich wusste, wie das vom Prinzip her geht, begann ich zum Ende meines Studiums, meine Innenwelt zu erforschen und dort genauso Muster und Zusammenhänge zu erkennen.«

»Klingt jetzt nicht so, als sei dir das alles zugeflogen«, sage ich in der Hoffnung, David würde mit einem Ja bestätigen.

»Weißt du, Carlo, bis ich 18 war, stand ich zwischen meinen zwei älteren Geschwistern und meiner kleinen Schwester. Die älteren waren nur ein Jahr auseinander und haben ihr Ding zusammen gemacht. Das machen sie bis heute. Erst drei Jahre später kam ich. Den Altersunterschied konnte ich beim Spielen als Kind und beim Ausgehen als Teenager nie überbrücken. Und meine kleine Schwester Josephine war auch wieder vier Jahre jünger als ich. Wir haben zwar viel zusammen gespielt, aber sie war immer das Kücken und hat von allen anderen so viel Aufmerksamkeit bekommen, dass sie nie wirklich die Nähe zu mir suchte oder gar brauchte. Zeit meines Lebens suchte ich meinen Platz in der Familie und in der Welt. Erst nachdem ich begann, nach innen zu schauen, machte ich auf meiner Suche Fortschritte.«

Ich hörte aufmerksam zu. Mit David und Karla hatte ich viele tiefe Gespräche, doch es war noch nie so persönlich geworden. Ich war erstaunt darüber, wie offen David sein konnte, ohne dabei verletzlich oder unsicher zu wirken.

»Als ich 15 war, kam ein Freund meines Vaters aus Norwegen zu Besuch. Er war vielleicht Ende 70 und sah aus wie Indiana Jones mit Laufschuhen. Er blieb einige Tage bei uns, und bevor er sich verabschiedete, wechselten wir einige Worte. Das Letzte, was er vorm Abschied zu mir sagte, war: ›Es gibt Dinge im Leben, David, die sind ewig, und es gibt Dinge, die sind vergänglich. Konzentriere dich auf die ewigen Dinge.‹«

Wieder Stille. Auch Karla schien keine Regungen zu machen, die Konversation fortzuführen. Diesmal hielt ich die Stille nicht lange aus. »Dann, ja dann trinken wir auf das Ewige«, sagte ich und erhob mein Glas. Karla und David zogen nach.

»An diese Begegnung dachte ich immer wieder im Leben«, fuhr David fort. »Ich fragte mich damals, ob der Freund meines Vaters gesehen hatte, wie die Beziehung zwischen mir und meinen Geschwistern war, oder ob er das einfach so gesagt hatte. So oder so, seine Worte haben mich tief beeindruckt und nachdenklich gestimmt. Denn mein scheinbar schweres Los in der Familie war nicht ewig. Es war eine Geschichte, die ich mir erzählte. Diese Geschichte hatte erst mit meiner Kindheit und Jugend begonnen. In die Ewigkeit nach dem Tod, was auch immer dann kommt, würde ich sie ja nicht mitnehmen. Mit den Jahren verstand ich, die Welt, wie ich sie wahrnehme, ist nicht einfach fertig vorgegeben. Die Welt, die ich wahrnehme, ist meine Welt. Mehr noch, meine Welt ist das Produkt der Geschichte, die ich mir im Innern erzähle. Das trifft auf mich zu, auf dich, auf den Dalai Lama und auf Karla mit ihren Gedanken über ihren Muskelfred. Erst als ich begann, nach innen zu schauen und meine Gedanken zu beobachten und zu wählen, begannen sich Widerstände zu lösen und meine Welt zu ändern.

»Das ist meine Geschichte, wie ich dazu kam, mein Leben zu erobern. Erst nachdem mein inneres Leben mir gehörte, begann auch mein äußeres Leben, nach meinen Vorstellungen zu laufen – von meinem Kontostand bis zum Glück mit Karla, den Kindern, diesem Haus und meiner Arbeit. Und wie du dir sicher vorstellen kannst, würde es all den Genuss hier nicht geben ohne diese innere Arbeit. Es gibt wenig, was wir nicht erreichen können, sobald wir unsere innere Welt erobern.«

WEISER WIDERSTAND

»Noch einen Weißwein?« Es war gut, auch mal wieder Karlas Stimme zu hören.

»Ja gerne, danke«, sage ich. »Was sagst du denn dazu, Karla?«

»Also, sagen wir's mal so, ich hab David nicht wegen seines Aussehens geheiratet«, scherzt sie. »Weißt du, ich glaube, Menschen, die zu viel über sich selbst reflektieren, stehen sich selbst im Weg. Menschen, die gar nicht reflektieren, haben aber stets jemand anderen, der ihnen im Weg steht. Wir können nicht den ganzen Tag allein aufm Berg sitzen, uns gute Gedanken machen und erwarten, dass das fertige sorgenfreie Leben unten im Tal auf uns wartet. Leben findet im Alltag statt, also wollen wir uns auch den Widerständen des Alltags stellen. Wir wollen nicht trotz des Alltags stark im Kopf sein, sondern mit dem, was uns begegnet, das heißt, durch das, was uns täglich begegnet, stark werden.«

»Das ist ähnlich wie beim Tennis«, schloss David an den Gedanken an. »Beim Jugendtraining hatte ich anfangs Hemmungen, gegen größere und bessere Spieler zu spielen. Doch eines Tages war ich beim Gruppentraining mit dem Besten in der Gruppe allein. Anstatt im Spiel gegen ihn unterzugehen, hat mich sein poliertes Spiel motiviert und angeheizt, selbst besser zu spielen. Danach hab' ich immer auf ein Spiel gegen ihm hin gefiebert.«

»Da hast du's«, sagt Karla. »Es gibt Menschen, die ständig Schwierigkeiten aus dem Weg gehen oder tottrampeln wollen. Dabei könnten sie sie als Chancen nutzen, sich selbst auf den Prüfstand zu stellen und die eigenen Gedanken und Gefühle, als das zu erkennen, was sie sind: lebende Ursachen. Diese Menschen kommen selten in ihrem Leben auf die Idee, dass, wenn sie etwas im Äußeren stört, die Ursache nicht im Äußeren, sondern im Innern zu finden ist. Rein äußere Lösungen sind immer nur temporär, solang die Ursache im Innern bestehen bleibt. Die Episode mit meinem Nachbarn in Freiburg ist nur ein Beispiel. Jeder hat seinen ›Nachbarn‹ im Leben. Beim einen ist es der Chef, beim anderen der Ehepartner und für manche sind es einfach ›immer diese Leute‹.«

»Hä? Aber wenn's so einfach ist, warum schauen nicht mehr Menschen nach innen?«, fragte ich.

»Da fragst du mich was, Carlo. Spielt das überhaupt eine Rolle? Wichtig ist, dass *wir* uns dafür entscheiden, nach innen zu schauen und dort Ordnung zu schaffen. Is' doch logisch, oder? Wer innen die richtigen Ursachen schafft, erreicht im Außen die entsprechende Wirkung, wie David vorhin meinte.«

Nachdenklich schwenkte ich mein Weinglas. »Hm, was machen wir 'n da?«, dachte ich laut vor mir hin.

»Es ist alles halb so wild Carlo«, sagt David. »Komm, Karla, wir bringen mal die Kinder ins Bett, und wenn ihr wollt, machen wir noch ein Feuer. Ja?«

»Bin dabei«, sage ich mit neuem Leben in der Stimme. »Dann kümmere ich mich ums Feuer.«

Mein Feuer lodert und glüht vor sich hin, und Karla und David scheinen in Sachen Gutenachtgeschichten eine Überstunde einzulegen. Ich frage mich: Was ist, wenn Karla und David recht haben mit ihren Ideen? Sollten das nicht alle Menschen wissen? Müsste so was nicht schon von klein auf gelehrt werden? Ging es überhaupt um »recht haben« bei der Sache? Es schien eher darum zu gehen, eine innere Haltung aufzubauen, bei der man gelungen mit sich selbst und anderen Menschen umgeht, was auch immer das für den Einzelnen heißt.

»Hey, Spitzen-Feuer!« unterbricht David meine Gedanken.

»Ja, danke. Und das ohne Pfadfinderlebenslauf«, antworte ich mit einem Augenzwinkern in der Stimme.

»Bier?«, fragt David und streckt mir eins entgegen.

»Warum nicht.«

David setzt sich dazu, wir stoßen an und schauen auf das Feuer.

»Ihr habt mich nachdenklich gestimmt, David. Eurer Stil und eure Perspektive gefallen mir. Ob es auch was für mich ist, bleibt abzuwarten, doch es ergibt alles irgendwie Sinn.«

»Schön, Carlo«, sagt David. »Karla hat keine anderen Schüler, mit denen wir solche Themen besprechen können. Und das ist erst der Anfang.«

»Weißt du, David, es ist nur schwer zu glauben, dass sich Probleme, oder ›Widerstände‹, wie ihr sagt, in Luft auflösen, nur weil ich anders über die Sache denke.«

»Moment, Carlo! Widerstände lösen sich nicht in Luft auf. Du, ich, jeder Mensch trägt in sich Widerstände. Damit regeln wir unser Leben. Worauf es ankommt, ist der Grad des Widerstandes. Was uns am meisten gegen den Strich geht, oder womit wir am meisten zu kämpfen haben, zeigt uns lediglich, wogegen wir gedanklich Widerstände hegen. Wer lernt, seine innere Welt, seine Gedanken und Gefühle zu regeln, lässt Dinge zu oder lässt sie gehen. Leben und leben lassen halt.«

»Hm, na ja, Probleme in Beziehungen oder in Sachen Geld oder Lebensorientierung haben sich ja auch über die Jahre aufgebaut. Wie sollen die denn jetzt auf einmal verschwinden? Ein Feuer verpufft ja auch nicht einfach so. Es brennt erst mal aus und kühlt ab. Selbst wenn man Wasser darüber kippt, ist die Asche noch warm.«

»Ah, okay. Moment. Ich weiß, was du sagen willst. Nehmen wir mal als Metapher die Elektrizität. Es ist ja nicht so, dass Thomas Edison als Erfinder des elektrischen Lichtes die Elektrizität selbst erfunden hat. Blitze gibt es, seit es Wetter gibt. Vielleicht weißt du ja, Stromspannung wird in Volt gemessen. Eine Steckdose im Haushalt hat 230 Volt. Ein Blitz hat einige 100 Millionen Volt. Die Spannung drückt die elektrische Energie durch die Leitung. Und da kommt der Widerstand ins Spiel. Es braucht nämlich Widerstand in der

Leitung, um die Stromstärke zu regeln. Nur so wird sie nutzbar gemacht. Viel Widerstand, keine Power. Kein Widerstand, volle Power. Wird der Widerstand in der häuslichen Stromleitung zu gering, steigt die Stromstärke. Erreicht sie zum Beispiel 16 Ampere, gibt es sicherheitsbedingt einen Kurzschluss. Zum Vergleich, in einem Blitz fließen 100.000 bis 200.000 Ampere. Da gibt es keinen Widerstand, da gibt es keine Leitung. Die Stromspannung entlädt sich schlagartig. Das ist auch ein Kurzschluss. Wenn es bei uns in der Stromleitung keinen Widerstand gäbe, würde der Strom auch ständig explodieren. Zu viel Widerstand auf der anderen Seite, und es passiert gar nichts. Kein Licht. Es braucht Widerstand, damit Strom in der Leitung geregelt fließt und wir den Strom nutzen können. Auf die richtige Menge Widerstand kommt es an.«

»Okay, David. Kein Widerstand, viel Strom, und es macht bam, Blitz, Kurzschluss. Viel Widerstand und es passiert nichts. Richtig?«

»Genau. Prima«, sagt David kopfnickend. »Und das mit dem Widerstand funktioniert beim Menschen genauso. Kein Widerstand, kein Nein, keine Zuneigung oder Abneigung, und das Leben explodiert einem ins Gesicht. Das ist das Leben von Menschen mit schwachem Willen. Sie stehen nicht zu dem, was sie wollen, oder wissen schlichtweg nicht, wie sie dazu stehen sollen, und scheuen sich vor Konfrontationen und den Widerständen anderer. So was passiert, wenn wir ignorant zu allem Ja sagen und es aus Schwäche hinnehmen. Wer allerdings zu jedem und allem Nein sagt, verhindert, dass das Leben auf einen zukommt. Dieselbe Mauer, die das Schlechte raushält, hält auch das Gute raus. Zu viel Widerstand, und das Leben erstarrt, nichts fließt, wie beim Strom. Immer nur nein, immer nur dagegen, immer alles scheiße finden, und das Leben wird schwerfällig und mühsam. Ein Auto, das sich nicht bewegt, kann man nicht lenken. Wir müssen auch Dinge zulassen.«

»Widerstand. Ja. Nein. Dinge zulassen, hm … Okay. Und wie regeln wir nun den Widerstand?«

»Da sind wir wieder bei Karla und ihrem Muskelfred. Man kann sich jetzt darüber streiten, was zuerst da war, Karlas Einstellung oder das Verhalten vom Muskelfred. Tatsache ist aber, Karla hat sich das Leben selbst schwer gemacht, indem sie sich entschieden hatte, über sein Verhalten wütend zu sein. Sicher, als Menschen werden wir immer Emotionen haben. Nur ob wir aus Wut und Angst Intoleranz und Hass machen, liegt ganz bei uns allein. Das passiert in unserem Kopf. Das entscheidet unsere Einstellung, unsere innere Haltung.«

»Ach so. Und erst als sie ihre Einstellung änderte, änderte sich wie sie die Situation erlebte. Aha ... Und wie ändere ich jetzt meine Einstellung zu Problemen, zu Menschen, zu mir, zum Leben?«

»Also das kann ich dir auch ganz genau sagen, Carlo, aber das ist eine Episode für sich. Wir haben schon Gott und die Welt halbwegs durchgearbeitet. Meinst du nicht, das reicht für heute?«

»Also ich muss morgen nicht arbeiten«, sage ich vorfreudig auf eine Zugabe.

»Es reicht für dich zu wissen, dass deine Einstellung entscheidend ist, Carlo. Nehmen wir die Zeit nach dem Abitur als erste Übung. Die meisten Abiturienten denken, sie hätten es geschafft und wären auf dem Olymp. Selbstverständlich ist das Abitur ein Erfolg, und der sollte gefeiert werden. Nur wo ein Ende ist, kommt der nächste Anfang. Wer mit der Einstellung aus dem Abi geht, bei null anzufangen, lernt mehr und wird mehr als derjenige, der glaubt, er oder sie kann alles und weiß alles. Bisher hattet ihr gelernt, in der Schule zu bestehen. Jetzt willst du lernen, wie man im Leben besteht. Und das musst du für sich selbst herausfinden. Deine Einstellung zu dem, was dir ab heute begegnet, also das, was du dir in deinem Kopf erzählst, entscheidet, was du daraus machst, ganz einfach. Solang dir deine Gedanken gehören, gehört dir dein Leben.

»Stell dir das mal vor: Du kannst deine Einstellung zu allem wählen. Du entscheidest, warum ein Problem oder eine Enttäuschung Teil deines Lebens ist, was du daraus lernen willst, wie es dir hilft, deinen Ideen vom guten Leben näher zu kommen, oder wie es dir hilft, ein fähigerer Mensch zu werden. All diese Dinge kannst du kraft deiner Gedanken wählen, wenn du die Kraft aufbringst, deine Gedanken zu wählen.«

Wieder Stille. David und ich sitzen einfach da und schauen dem lautlosen Flattern der Flammen zu und horchen auf das Knistern des Holzes. Mit einem Glas Wein kommt Karla in den Garten und setzt sich schweigend dazu. Die Stille ist unsere Unterhaltung. Jeder schaut aus seiner eigenen Perspektive auf das Feuer. Unsere Aufmerksamkeit und unsere Augen werden von unterschiedlichen Flammen verführt, doch ist es ein und dasselbe Feuer. Auch wenn jeder das Feuer anders erlebt, werden wir alle von der gleichen Wärme bestrahlt und leuchten alle im gleichen Licht.

WAS WÜRDE ICH TUN, WENN ICH NOCH MAL VON VORNE ANFANGEN KÖNNTE?

Es gibt Menschen, die fragen mich, wie ich den Mut hatte, so lange ohne Abschluss meinen Weg zu gehen, so lange alleine in der Welt unterwegs zu sein und so oft was Neues von vorne anzufangen. Ehrlich gesagt hatte ich nie wirklich den Mut dazu, denn ich hatte auch keine Angst davor. Es schien mir vielmehr selbstverständlich, dem nachzugehen, was ich als meine Wahrheit verstanden hatte. Meiner Familie und Karla habe ich viel von dieser Perspektive zu verdanken.

Obwohl ich meinen Weg ging, ist rückblickend vieles alles andere als perfekt gelaufen. Da mag sich die Frage stellen: Was würde ich anders machen, wenn ich noch mal von vorne beginnen könnte? Meine ehrliche Antwort: gar nichts! Alles, was ich bis heute getan habe, hat mich zu dem gemacht, der ich bin. Aus der Vergangenheit habe ich vieles gelernt, und für meine Zukunft habe ich noch viel zu lernen. Beides macht mich sehr dankbar. Drei Sachen wünsche ich mir allerdings für dich.

Erstens, dass du rauskommst. Reise! Egal wohin. Egal, ob im FSJ, auf Hilfsprojekten oder einfach so, reise an die Strände und Gipfel dieser Welt. So lernst du nicht nur andere Menschen und Länder oder Kulturen kennen. Eine Reise von neun bis zwölf Monaten holt uns aus unserem üblichen Denkkreis raus. So kommst du auf Ideen, auf die du daheim nie gekommen wärst, und lernst dich selbst besser kennen. Mehr noch, es kann sein, dass du dich selbst vollkommen neu definierst. Wenn du direkt nach dem Abi etwas machen musst, weil du dich der Verantwortung stellst, mach das ein Jahr, und dann mach deine Reise danach. Dein Studium und deine Ausbildung laufen dir nicht davon. Im Gegenteil. In dieser Reisezeit findest du deine verdammt guten Gründe, durchzuziehen, was du dir vornimmst. Sobald du zurück bist, wirst du merken, daheim hat sich nichts geändert, auch die Semmeln beim Bäcker nicht. Nichts wird dir helfen, schneller deinen Weg zu finden.

Zweitens, wünsche ich dir, dass du dich mit Geld anfreundest. Was meine ich damit? Wer Geld zu wichtig nimmt und sich ihm unterordnet, wird sein Sklave. Wer Geld nicht wichtig genug nimmt, und ihm versucht aus dem Weg zu gehen oder es abzulehnen, bleibt unter seinen oder ihren Möglichkeiten. Freunde dich mit Geld an und sieh es als das, was es ist: ein Hilfsmittel, nicht mehr und nicht weniger. In meinen Augen hat es sich gelohnt, mich mit Geld und meiner Einstellung dazu auseinanderzusetzen. Mit Geld als mein Buddy kann ich mich viel besser auf die Dinge konzentrieren, die man nicht mit Geld kaufen kann.

Drittens wünsche ich dir, Konflikte mit Menschen nicht als Problem zu sehen, sondern als Chancen. Gratuliere dir und deinen Freunden zu jeder schwierigen Auseinandersetzung mit anderen. Zu schnell brennen unsere Emotionen mit uns durch: Wir sind stolz und überheblich, wir machen uns klein und sehen uns als Opfer, oder wir sind wütend und wollen alles hinschmeißen. Das ist zu leicht. Das kann jeder. Über den Konflikt hinauszuwachsen und sich zu fragen »Was kann ich da Gutes draus ziehen?« oder »Wofür kann ich dankbar sein in dieser Situation?«, das erfordert und fördert menschliche Größe.

Und wenn die Tage kommen, an denen du nicht mehr weiterweißt, an denen deine Ziele weit entfernt scheinen und du glaubst, der Dschungel des Lebens hat dich mit seinem dichten Gewächs fest im Griff, denke dran,

Du findest deinen Weg!

Du findest deinen Weg der Freiheit und der Sicherheit.
Den Weg, an dem du im Einklang mit deinen Werten
deine Aufmerksamkeit klar und gezielt einsetzt,
und deine Träume und Ziele ohne Kompromisse erlebst.

Du findest deinen Weg der Freundschaft und der Nähe.
Den Weg, auf dem du dir mit Selbstachtung und Vertrauen begegnest, und die Freunde anziehst, die dich feiern und unterstützen.

Du findest deinen Weg des Reichtums und der Fülle.
Den Weg, auf dem die Früchte deiner zeitlosen Taten am Wegesrand reifen und jeden deiner Tage bereichern.

Du findest deinen Weg der Gesundheit und Stärke.
Den Weg, auf dem du täglich lernst zu lieben, sodass Ausgeglichenheit dein natürlicher Zustand ist, und du Kraft und Dankbarkeit in allem findest, was dir begegnet.

Ja, du findest deinen Weg!

QUELLEN

1 Jay-Z http://atlanticyardsreport. blogspot.de/2013/02/video-jay-z-implicitly-saluted-ratner.html

2 Rihanna, *Unfaithful*, Shaffer Smith, Mikkel S. Eriksen, Tor Erik Hermansen, Def Jam Records, SRP Records, 2006

3 www.dzhw.eu/pdf/pub_fh/fh-201002.pdf

4 www.destatis.de/DE/PresseService/ Presse/Pressemitteilungen/2016/02/ PD16_066_211.html

5 Statistisches Bundesamt, Bildung und Kultur, Fachserie 11, Reihe 4.1., Artikelnummer 2110410168004, März 2016

6 www.internationale-studierende.de/ fragen_zur_vorbereitung/studieren_ in_deutschland/

7 https://de.statista.com/statistik/ daten/studie/2854/umfrage/ bachelor--und-masterstudiengaenge-in-den-einzelnen-bundeslaendern/

8 www.sueddeutsche.de/bildung/ hochschulen-jedem-seine-nische-1.2697382

9 www.dzhw.eu/pdf/pub_fh/fh-201404.pdf

10 Jim Carrey, *Jim Carrey's Commencement Address at the 2014 MUM Graduation*, www.youtube. com/watch?v=V80-gPkpH6M

11 Run DMC, *It's like that*, Darryl McDaniels, Joseph Simmons, Larry Smith, Profile Records 1983

12 Oran Klaff, *Pitch Anything*, McGraw Hill, 2011

13 Oran Klaff, *Pitch Anything*, McGraw Hill, 2011

14 Stand 27.11.16 auf www.walkfree.org

15 Earl Nightingale, *Lead the Field*, www.bnpublishing.com, 2007

16 Abraham Maslow, *A Theory of Human Motivation*, Psychological Review, 50, 370-396; Quelle: http:// psychclassics.yorku.ca/Maslow/ motivation.htm

17 Jim Rohn, *Best Life Ever*, www.youtube.com/ watch?v=YVzQA66ZquM

18 James Marshall, *The 3 Pillars of Seductive Success*, www.youtube. com/watch?v=33rsHCWgISI

19 John C. Maxwell, *The 21 Irrefuteable Laws of Leadership*, Thomas Nelson, 2007

20 Stephanie Capparell und Margot Morrell, *Shackletons Führungskunst*, Rowohlt Verlag, 2003

21 Karl Pilsl, *Die Naturkonforme Strategie*, Verlag Gute Nachricht, 2004

22 Malcolm Gladwell, *Outliers,* Back Bay Books, 2009

23 Oscar Wilde, *The Critic as Artist,* Erschienen in *Complete Works of Oscar Wilde,* Haper Collins Publishers 2003

24 The Tim Ferriss Experiment, www.apple.com/itunes/download/?id=984734983

25 Viktor Frankl, *Man's Search for Meaning,* Beacon Press, 2006

26 www.dwds.de/wb/glauben#et-1

27 www.dwds.de/wb/lieben#et-1

28 Marianne Williamson, *Rückkehr zur Liebe,* Goldmann Verlag, 1993

29 Whitney Cummings, https://itunes.apple.com/us/podcast/the-tim-ferriss-show/id863897795?mt=2

30 https://de.m.wikipedia.org/wiki/Starbucks

31 https://de.statista.com/themen/275/mcdonalds/

32 www.whatchristianswanttoknow.com/why-are-there-so-many-churches-why-are-there-so-many-denominations/

33 Alvin Toffler, *Future Shock,* Bantam Verlag, 1984

34 Malcolm Gladwell, *Outliers,* Back Bay Books, 2009

35 Jon Krakauer, *In eisige Höhen. Das Drama am Mount Everest,* Piper Verlag, 2000

36 Tai Lopez, *Why I read a book a day (and why you should too): the law of 33%,* www.youtube.com/watch?v=7bB_fVDlvhc

37 Tony Robbins *I Am Not Your Guru* 2016; www.netflix.com/id-de/title/80102204

AU-PAIR

33 UNVERGESSLICHE GESCHICHTEN ÜBER DIE RISIKEN UND NEBENWIRKUNGEN DES AUSWANDERNS AUF ZEIT

AU-PAIR
33 WAHRE GESCHICHTEN ÜBER SKURRILE GASTFAMILIEN,
VERRÜCKTE KLEINKINDER UND DAS GROSSE ABENTEUER AUSLAND
Von Nina Ponath
312 Seiten, Taschenbuch
ISBN 978-3-86265-074-3 | Preis 9,95 €

»Nina Ponath entschied sich nach ihrem Abitur für ein Au-pair-Jahr in Frankreich – und erlebte eine turbulente Zeit. Über ihre Erfahrungen und die von 32 anderen Au-pairs hat die Studentin ein Buch geschrieben, das mit viel Humor über ›das große Abenteuer Ausland‹ erzählt.«   *KIELerLEBEN*

»Das Buch AU-PAIR berichtet von den positiven und negativen Seiten des Lebens im Ausland und welcher Kulturschock einen dabei erwarten kann. Ein witziges und interessantes Buch für alle, die selbst mit dem Gedanken spielen, Au-pair zu werden.«
Leipziger Volkszeitung

»AU-PAIR nimmt den Leser mit auf eine Weltreise durch die Seiten. Eine erfrischende Lektüre zur Vor- und Nachbereitung des großen Abenteuers.«   *General Anzeiger Bonn*

CARLO REUMONT, Jahrgang 1984, absolvierte 2016 an der LMU in München seinen Master in Philosophie. Seine Arbeitserfahrungen haben ihn als Kellner nach Spanien, als Golflehrer an die Ostsee und als Stadtführer nach München gebracht. Er ist Mitgründer des Comedy Club Munich. Aufgewachsen ist Reumont in Südafrika. Sein liebstes Hobby ist Golf (Handicap 11,9).

Carlo Reumont
10 DINGE, DIE DU NACH DEM ABITUR
<u>NICHT</u> TUN SOLLTEST

ISBN 978-3-86265-638-7
© Schwarzkopf & Schwarzkopf Verlag GmbH, Berlin 2017

KATALOG
Wir senden Ihnen gern kostenlos unseren Katalog.
Schwarzkopf & Schwarzkopf Verlag GmbH
Kastanienallee 32, 10435 Berlin
Telefon: 030 – 44 33 63 00
Fax: 030 – 44 33 63 044

INTERNET | E-MAIL
www.schwarzkopf-schwarzkopf.de
www.facebook.com/schwarzkopfverlag
info@schwarzkopf-schwarzkopf.de